ロースクール刑法総論

編集

町 野　　 朔
丸 山　雅 夫
山 本　輝 之

信 山 社

編者はしがき

　本書は，法科大学院で開講される予定の刑法演習（既習者コースは1年次，未習者コースは2年次）の教材として作られたものである。法科大学院によっては，4単位が予定されていることもあるが，それにも対応できるものとなっている。

　第1分冊の総論は12のテーマ，第2分冊の各論は13のテーマ，合計25のテーマを扱う予定である。1テーマ当たり原則として3つの判例を「設例」の形で取り上げることとし，それぞれについて，導入部の「入口の質問」と「設例解題」を設け，双方向の対話型の演習では，解題に続く「展開質問」を中心に議論されることが想定されている。さらに，各テーマの全体に渡るものとして，「出口の質問」が設定されている。

　1回の演習で3つの判例を取り上げて，これを消化するのは，教員にも学生にもかなり大変である。そこで，判例を設例化して，事実の整理に要する労力を削減し，刑法の解釈・適用の問題に多くのエネルギーを傾注することができるようにした。しかし，判決文に直接あたることは学習上有益であり，自分なりの新しい論点を見出すことにもつながる。法曹を目指す者は，その大切さを忘れてはならない。

　他方，判例の取捨選択に関しては，従来のリーディングケースよりも，平成に入ってからの新しい判例をピックアップした。だが，新しい判例を理解するためには，古いものであってもリーディングケースの理解が不可欠であるし，議論の前提として，基本書・教科書に書かれている基本事項の理解も必要である。そのうえで，当該事案において妥当な結論は何か，そこに至る論理は如何なるものかが，よく検討されねばならない。

　刑法においても，他の法領域においても，法技術の習得ばかりでなく，法的センスの獲得も必要である。これらは，新司法試験においても，また，実務に入っても，必要なことである。学習者には，本書を用いた演習授業に積極的・自発的に参加し，自身の法的センスと法技術を磨き上げていくことが求められている。

＊　　　　＊　　　　＊

　本書が法科大学院の開講になんとか間に合ったのは，ひとえに，法科大学院開設準備で多忙な折，執筆の労をとって下さった先生方のおかげである。心よりお礼を申し上げたい。

　また，本年度が法科大学院初めての授業であり，先生方に使っていただくうちに，改善すべき点も出てくると思う。至らぬ点については，先生方や読者諸氏にご教示をお願いしたい。切磋琢磨のなかで，より良い演習授業と演習書を作り上げたいと思う。

2004年4月

町野　　朔
丸山　雅夫
山本　輝之

ロースクール刑法総論

目 次

編者はしがき

凡 例

1 刑法原理と刑法解釈 〔萩原 滋〕…1

1 罪刑法定主義と拡張解釈の限界 (1)

- 設例Ⅰ サイバーポルノ事件（最三小決平成13年7月16日）(1)
- 入口の質問 (1)
- 設例Ⅰ解題 サイバーポルノと罪刑法定主義 (1)
- 展開質問1 (3)

2 最高裁の有権的解釈と刑法改正 (4)

- 設例Ⅱ テレホンカード事件（最三小決平成3年4月5日）(4)
- 入口の質問 (4)
- 設例Ⅱ解題 1987年の刑法改正と文書犯罪 (5)
- 展開質問2 (7)

3 最高裁判決の読み方とその射程 (8)

- 設例Ⅲ ファクシミリ書面事件（広島高岡山支判平成8年5月22日）(8)
- 入口の質問 (8)
- 設例Ⅲ解題 ファクシミリ書面と文書偽造罪の成否 (8)
- 展開質問3 (10)
- 出口の質問 (11)

参考文献 (11)

2 結果帰属と因果関係 〔辰井聡子〕…12

1 因果関係と結果 (12)

- 設例Ⅰ 大阪南港事件（最三小決平成2年11月20日）(12)
- 入口の質問 (12)
- 設例Ⅰ解題 「相当因果関係説の危機」？ (12)
- 展開質問1 (15)

2　相当因果関係 (15)
　　　　設例Ⅱ　高速道路進入れき死事件（最二小決平成15年7月16日）(15)
　　　　入口の質問 (15)
　　　　設例Ⅱ解題　相当性の判断方法 (15)
　　　　展開質問2 (17)
　　3　早すぎた結果惹起，因果関係の錯誤，遅すぎた結果惹起 (18)
　　　　設例Ⅲ　ライター引火事件（横浜地判昭和58年7月20日）(18)
　　　　入口の質問 (18)
　　　　設例Ⅲ解題　早すぎた結果惹起 (18)
　　　　展開質問3 (20)
　　　　出口の質問 (21)
　　参考文献 (21)

3　不作為犯 〔長井長信〕…22

　　1　不作為による故意犯 (22)
　　　　設例Ⅰ　火鉢事件（最三小判昭和33年9月9日）(22)
　　　　入口の質問 (22)
　　　　設例Ⅰ解題　不真正不作為犯の成立要件と放火罪 (23)
　　　　展開質問1 (24)
　　2　不作為による過失犯 (25)
　　　　設例Ⅱ　薬害エイズ厚生省事件第1審判決（東京地判平成13年9月28日）(25)
　　　　入口の質問 (25)
　　　　設例Ⅱ解題　作為義務と注意義務 (26)
　　　　展開質問2 (27)
　　3　不作為による幇助 (28)
　　　　設例Ⅲ　釧路せっかん死事件（札幌高判平成12年3月16日）(28)
　　　　入口の質問 (28)
　　　　設例Ⅲ解題　不作為による幇助と作為義務 (29)
　　　　展開質問3 (31)
　　　　出口の質問 (31)
　　参考文献 (31)

4 正当防衛 〔山本輝之〕…33

1 相 当 性 (33)
- (設例Ⅰ) 菜切包丁脅迫事件(最二小判平成元年11月13日) (33)
- (入口の質問) (33)
- (設例Ⅰ解題) 正当防衛の違法阻却根拠と「相当性」の判断要素・方法 (34)
- (展開質問1) (39)

2 喧嘩と正当防衛——侵害の急迫性と防衛意思 (40)
- (設例Ⅱ) 内ゲバ事件(最一小決昭和52年7月21日) (40)
- (入口の質問) (40)
- (設例Ⅱ解題) 喧嘩と正当防衛——侵害の急迫性と防衛意思 (40)
- (展開質問2) (44)

3 誤想過剰防衛 (45)
- (設例Ⅲ) 英国人騎士道事件(最一小決昭和62年3月26日) (45)
- (入口の質問) (45)
- (設例Ⅲ解題) 誤想過剰防衛の解決 (45)
- (展開質問3) (48)
- (出口の質問) (48)
- 参考文献 (48)

5 被害者の同意 〔齋野彦弥〕…49

1 成立要件 (49)
- (設例Ⅰ) 偽装交通事故事件(最二小決昭和55年11月13日) (49)
- (入口の質問) (49)
- (設例Ⅰ解題) 違法性阻却事由としての被害者の同意 (49)
- (展開質問1) (57)

2 不処罰根拠・危険引受け (58)
- (設例Ⅱ) ダートトライアル事件(千葉地判平成7年12月13日) (58)
- (入口の質問) (58)
- (設例Ⅱ解題) 違法性の実質論と同意の不処罰根拠 (58)
- (展開質問2) (65)

3 医療行為 (65)

設例Ⅲ　フィリピン人偽医師美容整形事件（東京高判平成9年8月4日）(65)
　　　入口の質問 (65)
　　　設例Ⅲ解題　医療行為と被害者の同意 (66)
　　　展開質問3 (70)
　　　出口の質問 (71)
　　参考文献 (71)

6　故意と錯誤 ……………………………………………〔島田聡一郎〕…72

1　故意の意義（構成要件関連性），事実の錯誤と違法性の錯誤の区別 (72)
　　　設例Ⅰ　特殊公衆浴場営業許可事件（最三小判平成元年7月18日）(72)
　　　入口の質問 (72)
　　　設例Ⅰ解題1　故意の意義・構成要件関連性 (72)
　　　展開質問1-1 (73)
　　　設例Ⅰ解題2　意味の認識 (74)
　　　展開質問1-2 (75)

2　具体的事実の錯誤，方法の錯誤 (76)
　　　設例Ⅱ　流れ弾事件（最三小判昭和53年7月28日）(76)
　　　入口の質問 (76)
　　　設例Ⅱ解題　客体の錯誤と方法の錯誤 (76)
　　　展開質問2 (78)

3　抽象的事実の錯誤 (78)
　　　設例Ⅲ　覚せい剤誤認所持事件（最一小決昭和61年6月9日）(78)
　　　入口の質問 (78)
　　　設例Ⅲ解題1　抽象的事実の錯誤 (79)
　　　展開質問3-1 (80)
　　　設例Ⅲ解題2　近時の議論 (80)
　　　展開質問3-2 (81)

4　違法性の錯誤 (82)
　　　設例Ⅳ　100円札模造事件（最一小決昭和62年7月16日）(82)
　　　入口の質問 (82)
　　　設例Ⅳ解題1　違法性の意識 (82)
　　　展開質問4-1 (83)

(設例Ⅳ解題2)　相当な理由（可能性）の判断方法　(84)
　(展開質問4－2)　(86)
　(出口の質問)　(86)
　参考文献　(87)

7　過失犯 ……………………………………………………〔町野　朔〕…88

1　結果の回避可能性　(88)
　(設例Ⅰ)　第2の黄色点滅信号事件（最二小判平成15年1月24日）　(88)
　(入口の質問)　(88)
　(設例Ⅰ解題)　過失犯における結果の回避可能性　(89)
　(展開質問1)　(90)

2　信頼の原則　(90)
　(設例Ⅱ)　第1の黄色点滅信号事件（最三小判昭和48年5月22日）　(90)
　(入口の質問)　(90)
　(設例Ⅱ解題)　行為者の法令違反と信頼の原則　(91)
　(展開質問2)　(93)

3　管理・監督過失　(94)
　(設例Ⅲ)　ホテル・ニュージャパン事件（最二小判平成5年11月25日）　(94)
　(入口の質問)　(95)
　(設例Ⅲ解題)　管理・監督者の過失責任　(95)
　(展開質問3)　(97)
　(出口の質問)　(98)
　参考文献　(98)

8　責任能力 ……………………………………………………〔川本哲郎〕…99

1　責任能力の判定基準　(99)
　(設例Ⅰ)　恋愛妄想殺人傷害事件（最三小決昭和59年7月3日）　(99)
　(入口の質問)　(99)
　(設例Ⅰ解題)　精神障害と責任能力判定のあり方　(99)
　(展開質問1)　(101)

2　覚せい剤自己使用事犯と責任能力　(102)
　(設例Ⅱ)　幻覚妄想放火未遂事件（大阪地判平成11年1月12日）　(102)

入口の質問（102）
　　　設例Ⅱ解題　責任能力判断の具体的あり方――覚せい剤自己使用の場合（102）
　　　展開質問2（103）
　３　原因において自由な行為（104）
　　　設例Ⅲ　連続9時間暴行ショック死事件（長崎地判平成4年1月14日）（104）
　　　入口の質問（104）
　　　設例Ⅲ解題　原因において自由な行為――実行行為途中に心神耗弱状態に陥った場合（104）
　　　展開質問3（107）
　　　出口の質問（107）
　　参考文献（108）

9　未遂犯　〔末道康之〕…109

　１　実行の着手（109）
　　　設例Ⅰ　ダンプカー引きずり込み事件（最三小決昭和45年7月28日）（109）
　　　入口の質問（109）
　　　設例Ⅰ解題　強姦罪における実行の着手（109）
　　　展開質問1（111）
　２　既遂と未遂（112）
　　　設例Ⅱ　二重底木箱大麻密輸入事件（最一小決平成9年10月30日）（112）
　　　入口の質問（112）
　　　設例Ⅱ解題　コントロールド・デリバリーと既遂の成否（112）
　　　展開質問2（115）
　３　中止犯（116）
　　　設例Ⅲ　哀願病院搬送事件（札幌高判平成13年5月10日）（116）
　　　入口の質問（116）
　　　設例Ⅲ解題　中止犯の成立要件（116）
　　　展開質問3（119）
　　　出口の質問（119）
　　参考文献（119）

10　正犯と共犯　〔橋田　久〕…120

　１　共謀共同正犯（120）

- **設例Ⅰ** スワットけん銃所持事件（最一小決平成15年5月1日）(120)
- **入口の質問** (120)
- **設例Ⅰ解題** 共謀共同正犯の成立要件 (120)
- **展開質問1** (122)

2 間接正犯 (123)

- **設例Ⅱ** スナックホステス母子強盗事件（最一小決平成13年10月25日）(123)
- **入口の質問** (123)
- **設例Ⅱ解題** 共同正犯と間接正犯・教唆犯の区別基準 (123)
- **展開質問2** (125)

3 過失の共同正犯 (125)

- **設例Ⅲ** 世田谷通信ケーブル火災事件（東京地判平成4年1月23日）(125)
- **入口の質問** (125)
- **設例Ⅲ解題** 過失の共同正犯の成立要件 (125)
- **展開質問3** (127)
- **出口の質問** (127)

参考文献 (127)

11 共犯の因果性 〔大越義久〕…130

1 幇助の因果性 (130)

- **設例Ⅰ** 板橋宝石商殺し事件（東京高判平成2年2月21日）(130)
- **入口の質問** (130)
- **設例Ⅰ解題** 共犯の処罰根拠と共犯の因果性 (130)
- **展開質問1** (131)

2 共犯からの離脱 (132)

- **設例Ⅱ** 暴行現場立去り事件（最一小決平成元年6月26日）(132)
- **入口の質問** (132)
- **設例Ⅱ解題** 実行着手後における共犯からの離脱 (132)
- **展開質問2** (133)

3 共犯と身分 (133)

- **設例Ⅲ** マスコット窃取・暴行傷害事件（大阪高判昭和62年7月17日）(133)
- **入口の質問** (134)

(設例Ⅲ解題) 身分犯の意義と事後強盗罪　(134)

　　　(展開質問3)　(135)

　　　(出口の質問)　(135)

　　参考文献　(135)

12 罪　　数 ……………………………………………〔丸山雅夫〕…136

　1　行為の個数と罪数　(136)

　　　(設例Ⅰ)　連続的速度違反事件（最二小決平成5年10月29日）　(136)

　　　(入口の質問)　(136)

　　　(設例Ⅰ解題) 行為の一個性と罪数の判断基準　(136)

　　　(展開質問1)　(139)

　2　併合罪における制限併科主義の意義　(140)

　　　(設例Ⅱ)　新潟女性監禁事件（最一小判平成15年7月10日）　(140)

　　　(入口の質問)　(140)

　　　(設例Ⅱ解題) 制限併科主義と内在的制約　(141)

　　　(展開質問2)　(143)

　3　罪数論と手続法　(143)

　　　(設例Ⅲ)　土地無断売却事件（最大判平成15年4月23日）　(143)

　　　(入口の質問)　(144)

　　　(設例Ⅲ解題) 実体的罪数論と手続法との関係　(144)

　　　(展開質問3)　(146)

　　　(出口の質問)　(147)

　　参考文献　(147)

[凡　例]

(1) 基本書の引用に際しては，以下の略語を使用した。

大越・総論	大越義久・刑法総論（有斐閣，第3版，2001）
大塚・総論	大塚　仁・刑法概説（総論）（有斐閣，第3版，1997）
大谷・総論	大谷　實・刑法講義総論（成文堂，新版，2000）
川端・総論	川端　博・刑法総論講義（成文堂，1995）
佐久間・総論	佐久間修・刑法講義〔総論〕（成文堂，1997）
斎藤（信）・総論	斎藤信治・刑法総論（有斐閣，第5版，2003）
曽根・総論	曽根威彦・刑法総論（弘文堂，第3版，2000）
団藤・総論	団藤重光・刑法綱要総論（創文社，第3版，1990）
内藤・総論上・中・下Ⅰ・下Ⅱ	
	内藤　謙・刑法講義総論上・中・下Ⅰ・下Ⅱ（有斐閣，1983・1986・1991・2002）
西田・各論	西田典之・刑法各論（弘文堂，第2版，2002）
西原・総論	西原春夫・刑法総論（成文堂，1977）
西原・総論上・下	西原春夫・刑法総論上巻・下巻（成文堂，改訂版・改訂準備版，1993）
林・総論	林　幹人・刑法総論（東京大学出版会，2000）
平野・総論Ⅰ・Ⅱ	平野龍一・刑法総論Ⅰ・Ⅱ（有斐閣，1972・1975）
平場・総論	平場安治・刑法総論講義（有信堂，1952）
福田・総論	福田　平・刑法総論（有斐閣，全訂第3版増補，2001）
藤木・総論	藤木英雄・刑法講義総論（弘文堂，1975）
堀内・総論	堀内捷三・刑法総論（有斐閣，2000）
前田・総論	前田雅英・刑法総論講義（東京大学出版会，第3版，1998）
町野・総論Ⅰ	町野　朔・刑法総論講義案Ⅰ（信山社，第2版，1995）
松宮・総論	松宮孝明・刑法総論講義（成文堂，第3版，2004）
山口・総論	山口　厚・刑法総論（有斐閣，2001）
山口・探求総論	山口　厚・問題探求刑法総論（有斐閣，1998）
山中・総論Ⅰ・Ⅱ	山中敬一・刑法総論Ⅰ・Ⅱ（成文堂，1999）

(2) 判例解説の引用に際しては，以下の略語を使用した。

百選Ⅰ総論・Ⅱ各論	芝原邦爾＝西田典之＝山口厚編・刑法判例百選Ⅰ・Ⅱ（有斐閣，第5版，2003）
重判解	重要判例解説（ジュリスト増刊，1966～）
セレクト	判例セレクト（法学教室別冊付録，1986～）
争点	西田典之＝山口厚編・刑法の争点（有斐閣，第3版，2000）
最判解刑事篇	法曹会編・最高裁判所判例解説刑事篇（1955～）
「時の判例」ジュリ	「時の判例」ジュリスト
判例総論	西田典之＝山口厚＝佐伯仁志・判例刑法総論（有斐閣，第3版，2002）
大コンメ	大塚仁＝河上和雄＝佐藤文哉＝古田佑紀編・大コンメンタール刑法（青林書院，第2版，1999～）

(3) その他の参考文献は，文末に番号を付して掲記し，本文中の引用にあたっては，その番号を使用した。

1 刑法原理と刑法解釈

論点
1. 罪刑法定主義と拡張解釈の限界
2. 最高裁の有権的解釈と刑法改正
3. 最高裁判決の読み方とその射程

1 罪刑法定主義と拡張解釈の限界

設例Ⅰ サイバーポルノ事件

Xは，自ら開設し，運営していたいわゆるパソコンネットのホストコンピュータのハードディスクにわいせつな画像データを記憶，蔵置させ，それにより不特定多数の会員が自己のパソコンを操作して，電話回線を通じ，ホストコンピュータのハードディスクにアクセスして，そのわいせつな画像データをダウンロードし，画像表示ソフトを使用してパソコン画面にわいせつな画像として顕現させ，これを閲覧することができる状態を設定した。【最三小決平成13年7月16日刑集55巻5号317頁［百選Ⅱ各論99事件］参照】

入口の質問
1. 罪刑法定主義の根拠と内容について説明しなさい。
2. 刑法解釈には，文理解釈，主観的解釈，客観的解釈，体系的解釈，目的論的解釈，縮小解釈，拡張解釈などの手法が用いられる。これらの解釈方法について説明しなさい。
3. Xはわいせつ物公然陳列罪（刑175）で起訴された。わいせつ物とはどのような物をいうのか。また，わいせつ物の公然陳列を禁止することに憲法上および刑法原理上の問題はないか。

設例Ⅰ解題 サイバーポルノと罪刑法定主義

(1) わいせつ物公然陳列の意義

コンピュータ・ネットワークを利用して不特定または多数の人々がわいせつな画像を閲覧できるようにすることは，わいせつな文書，図画その他の物を公然と陳列することを禁止する刑法175条に違反するであろうか。設例Ⅰについて最高裁は次のように判断した。すなわち，「被告人がわいせつな画像データを記憶，蔵置させたホストコンピュータのハードディスクは，刑法175条が定めるわいせつ物に当たるというべきである」。また，「同条が定めるわいせつ物を『公然と陳列した』とは，その物のわいせつな内容

を不特定又は多数の者が認識できる状態に置くことをいい，その物のわいせつな内容を特段の行為を要することなく直ちに認識できる状態にするまでのことは必ずしも要しないものと解される。被告人が開設し，運営していたパソコンネットにおいて，そのホストコンピュータのハードディスクに記憶，蔵置させたわいせつな画像データを再生して現実に閲覧するためには，会員が，自己のパソコンを使用して，ホストコンピュータのハードディスクから画像データをダウンロードした上，画像表示ソフトを使用して，画像を再生閲覧する操作が必要であるが，そのような操作は，ホストコンピュータのハードディスクに記憶，蔵置された画像データを再生閲覧するために通常必要とされる簡単な操作にすぎず，会員は，比較的容易にわいせつな画像を再生閲覧することが可能であった。そうすると，被告人の行為は，ホストコンピュータのハードディスクに記憶，蔵置された画像データを不特定多数の者が認識できる状態に置いたものというべきであり，わいせつ物を『公然と陳列した』ことに当たると解される」，と。

コンピュータ・ネットワークの普及はごく最近の出来事であるから，現行刑法が制定された前世紀の初め頃には，このような方法でわいせつな画像が公然と陳列されることなどはおよそ想像もつかないことであったであろう。もちろん，他の表現物と同様に，わいせつ物も各時代の技術的水準を最大限に活用してその頒布，販売あるいは公然陳列が企てられてきたのであり，従来の判例においても，わいせつな映画フィルム（大判大正15・6・19刑集5巻267頁），録音テープ（東京高判昭和46・12・23高刑集24巻4号789頁），ビデオテープ（東京高判昭和53・3・2刑月10巻3号151頁），ダイヤルQ^2を利用してわいせつな音声を聞かせるためにデジタル信号としてそれを記憶させた録音再生機（大阪地判平成3・12・2判時1411号128頁［百選II各論〈4版〉93事件］）などがわいせつ物と判断されている。

本判決はこれらの先例の延長線上に位置付けられるものといってよい。もっとも，コンピュータ・ネットワークを介してわいせつな画像を閲覧する場合には，閲覧者は，わいせつな画像を発信するホストコンピュータ（サーバー）から電話回線を通じてその情報を自分のコンピュータ（パソコン）に取り込み，自分のパソコン上でわいせつな画像を閲覧するのであって，一旦サーバーから自分のパソコンに情報を取り込んでしまえば，電話回線を切断した後もサーバーから取り込んだ情報（わいせつな画像）を自分のパソコン上に顕現することが可能である。つまり，閲覧者はホストコンピュータから発信された画像を直接的，同時的に閲覧するわけではないのである。しかし，本判決は公然陳列の成立時期について，閲覧者がわいせつな画像を現実に閲覧したことは必ずしも要しないとしているので，この点の違いは重要ではないということになるのであろう。

刑法175条の保護法益について，伝統的な見解のように性秩序ないし性風俗と解するにせよ，最近の見解のようにわいせつ物を見たくない人の性的自己決定あるいは青少年に対する悪影響の防止と解するにせよ，本罪の法益はわいせつな内容によって侵害されるわけであるから，本罪の客体が物であることは必ずしも重要ではない。「わいせつな文書，図画その他の物」と定められていることからいって，立法者が想定していた本罪の客体が有体物であることは明らかであるが，わいせつな画像のように有体物でないものはおよそ本罪の客体とはなりえないのであろうか。ちなみに，1995年改正前の刑法184条は「偶然の輸贏に関し財物を以て博戯又は賭事を為したる者」と定めていたが，通説によれば，通常の用語例と異なり同条の「財物」は有体物のみならず広く財産上の利益を指すものと解されていた。そこで，情報としての画像データ自体をわいせつ図画に当たると判断した下級審判例も見られた（岡山地判平成9・12・15判時1641号158頁［セレクト'98刑法8事件］）。

本判決は従来の判例を踏襲して（前掲大判大正

15・6・19、最二小決昭和32・5・22刑集11巻5号1526頁［百選Ⅱ各論98事件］など)、公然陳列とは客体たるわいせつ物の内容を不特定または多数の者が認識できる状態に置くことをいうとしたが、その物のわいせつな内容を特段の行為を要することなく直ちに認識できる状態にするまでのことは必ずしも要せず、比較的容易にわいせつな画像を再生閲覧することが可能であれば、画像データをホストコンピュータに記憶、蔵置させたことをもって、公然陳列を認めることができるとした。そうすると、ダイヤルQ²の場合これを利用するためには高い料金を支払わなければならないのであるが、このシステムを利用して不特定または多数の人々にわいせつな音声を聞かせる場合も比較的容易に音声を聞くことができるとして、そのような録音再生機が作動するようにセットした時点で公然陳列が認められ、不特定または多数の者が現実にその音声を聞いたかどうかは問題とならないということになるのであろうか。

(2) 類推解釈と拡張解釈の限界

通説によれば、拡張解釈は許容されるが、類推解釈は罪刑法定主義に違反するとされる。類推とは、2つの事実の間に共通の要素を求め、これを基礎として1つの事実に対して妥当することは他の事実に対しても妥当するという論断を下して、1つの事実について成立する結論を他の事実に押し広げることをいうが、このような推論の形式をとることは刑法の解釈においては一切許されないとする見解がある。この見解によれば、法律がいくつかの禁止行為を列挙した上、それから漏れる行為について「その他の物」、「その他の方法」などと定めているような場合には（例えば「鉄道若しくはその標識を損壊し、又はその他の方法により」［刑125］)、どのようなことになるであろうか。そうした場合には法律を適用するためには類推の論理形式が不可避であり、むしろ法律自体が類推を許容している場合と見るべきであり、そのような場合に限り類推は許容されるとする見解もある。そうすると、刑法総則に不真正不作為犯の処罰に関する規定が置かれていない現状では、不真正不作為犯の処罰は類推解釈であるから、罪刑法定主義に違反するということになりそうである。不真正不作為犯は作為で犯す場合との構成要件的同価値性が肯定されるときに成立するとされており、そこではまさに類推の論理形式が使用されているといわざるをえないからである。

類推解釈と拡張解釈を限界付ける基準としてしばしば援用されてきたのは「言葉の可能な意味」の公式である。すなわち、拡張解釈が刑法の成文の言葉の可能な意味の限界内にとどまるのに対し、類推解釈はその可能な意味の限界を踏み越えて、成文に規定のない事実に対して刑法規範の妥当性を認めるものである、とされるのである。この見解に対しては、法律で使われる言葉は多義的であいまいなことが少なくないから、この公式は伸縮自在であって、許容される拡張解釈との一線を画する基準としては役に立たないとの批判が加えられている。

さらに、罪刑法定主義は予測可能性を保障する原理であるから、国民の予測可能性を超えた解釈は類推解釈として許されないといわれることも多い。しかし、刑法の解釈は国民すなわち一般人が通常理解する範囲内でしかなしえないのであろうか。刑法解釈は一般人がその法文を読んだときに思い浮かべることのできる範囲内でしかなしえないとすると、言葉の日常用語例を超えた拡張解釈はおよそ許されないことになり、それではあまりにも法解釈を制約しすぎることになり、妥当性を欠く場合が出てくるであろう。

展開質問1

1. 少数説ながら、類推解釈は許容されるとする見解も主張されている。類推許容説は、類推解釈と拡張解釈とを区別することは不可能であると見るのである。解題で述べた類推禁止説

の問題点（①類推の論理形式の使用は不可避である，②言葉の可能な意味という基準はあいまいである，③予測可能性を超えた解釈であっても許容されるべき場合がある）について，通説はどのように反論したらよいか。
2. 刑法175条にいう「わいせつな文書，図画その他の物」とは有体物に限られるか。また，わいせつな画像データを記憶，蔵置したコンピュータのハードディスクをわいせつ物に当たると解するのは許容される拡張解釈であり，罪刑法定主義に違反するものではないといえるか。
3. 刑法解釈の妥当性をテストする1つの方法として，考えられる特定の事例にその解釈をあてはめたときに妥当な結論が得られるかを考えてみるという思考実験がよく試みられる。判例によれば，公然陳列とは不特定または多数の者が認識できる状態に置くことをいい，不特定または多数の者が現実に閲覧したことは必ずしも必要ではないとされる。それでは，不特定または多数の者の面前でわいせつな映画を上映するためにフィルムをセットしたが，まだ上映してはいない場合，あるいは，ファクシミリを使用してわいせつな写真を不特定または多数の人々に送信するためにセットしたが，まだ送信はしていない場合にも，わいせつ物公然陳列罪が成立するか。また，わいせつ物を頒布販売した場合には，同時にわいせつ物公然陳列罪が成立していると解すべきか。

2 最高裁の有権的解釈と刑法改正

> **設例II** テレホンカード事件
> Xは，公衆電話で使用する目的で，NTT作成に係る通話可能度数50度の未使用のテレホンカード595枚について，権限がないのに，その電磁的記録に手を加えて，いずれも通話可能度数1998度のテレホンカードに改ざんした上，Yに対し，改ざんしたテレホンカード595枚を，その旨を告げた上で1枚につき3500円で売り渡した。【最三小決平成3年4月5日刑集45巻4号171頁［百選II各論〈4版〉81事件］参照】

入口の質問
1. サイバーポルノも一種のコンピュータ犯罪であるが，この間，コンピュータを利用した不正行為に対処するために刑法の改正が行われたり，新たな法律が制定されたりしている。コンピュータ犯罪やコンピュータ・ネットワークの不正使用に対する法的規制にはどのようなものがあるか。
2. 有価証券とはどのようなものをいうのか。また，有価証券偽造罪の保護法益，その偽造，変造および同行使について説明しなさい。

設例Ⅱ解題 1987年の刑法改正と文書犯罪

(1) 背景事情

　罪刑法定主義の本旨からいえば，立法当時には予想していなかった新しい事態が出現したときには，新たに法律を制定してこれに対処すべきであって，刑法を拡張的に解釈することにより法の不備を救済するのはあるべき姿ではないといえよう。設例Ⅱは，現在であれば2001年の刑法の一部改正（以下，2001年の刑法改正という）により新設された163条の2第1項の「人の財産上の事務処理を誤らせる目的で，その事務処理の用に供する電磁的記録であって，クレジットカードその他の代金又は料金の支払用のカードを構成するものを不正に作った者」，および同条第3項の「不正に作られた第1項の電磁的記録をその構成部分とするカードを，同項の目的で，譲り渡し……た者」に該当することになるが，本節では，本改正以前においてこのような行為はどのように取り扱われてきたのか，また取り扱われるべきであったのかについて考えてみよう。

　1970年代以降わが国でもコンピュータが広く使われるようになるにつれて，コンピュータ犯罪に対する対策の必要が認識され，論議されるようになった。文書偽造罪との関係でも，従来は，文書には可視性，可読性がなければならないと解されていたので，コンピュータによる情報処理において使用される電磁的記録も文書偽造罪の客体となりうるかどうかが問題とされ，これを積極に解する判例も見られた（自動車登録ファイルは刑157の「公正証書の原本」に該当するとしたものとして，最一小決昭和58・11・24刑集37巻9号1538頁［百選Ⅱ各論〈2版〉87事件］，銀行のATMで使われるキャッシュカードは刑159の「権利義務に関する文書」に該当するとしたものとして，大阪地判昭和57・9・9判時1067号159頁）。

　そこで，1987年には刑法の一部改正が行われ（以下，1987年の刑法改正という），コンピュータ犯罪に対する立法的な解決が図られた。すなわち，刑法7条の2において「『電磁的記録』とは，電子的方式，磁気的方式その他人の知覚によっては認識することができない方式で作られる記録であって，電子計算機による情報処理の用に供されるものをいう。」と定義した上，161条の2において電磁的記録不正作出・供用罪を置き，また157条1項後段で公正証書原本不実記載と並べて公正証書の原本として用いられる電磁的記録不実記録を罰することとしたのである（同供用につき刑158）。1987年の刑法改正により電磁的記録については161条の2あるいは157条1項後段が適用されることとなり，電磁的記録は文書とは別個の客体として取り扱われることとなったわけである。

　コンピュータが使われるようになるまでは，有価証券といえば文書の形態のものしか存在しなかったから，有価証券偽造罪は文書犯罪の一種であって，文書偽造罪の特別法と解されていたといってよい。そのことからすれば，1987年の刑法改正は162条以下の有価証券偽造罪の解釈にも反映されてしかるべきで，電磁的記録については有価証券偽造罪は適用されないと解されるべきこととなるはずであったといえよう。例えば，勝馬投票券は有価証券に該当するとされていたが（東京高判昭和34・11・28高刑集12巻10号974頁），現在では裏面に磁気情報が印磁され自動支払機による払戻しが可能となっており，その磁気情報部分を的中馬券に改ざんした場合には電磁的記録不正作出罪が成立するとされている（甲府地判平成元・3・31判時1331号160頁［百選Ⅱ各論〈4版〉90事件］）。

　問題は，電磁的記録については有価証券偽造罪は成立しないと解すると，設例Ⅱのように，テレホンカードをはじめとするプリペイドカードの磁気情報部分を改ざんした上，これを大量に売りさばく行為を取り締ることが難しくなっ

てしまうことであった。そのようにして改ざんされたプリペイドカードを情を明かして譲渡する行為は161条の2の電磁的記録の不正作出にも同供用にも該当しないからである。そこで，1987年の改正にもかかわらず，「交付」をも処罰の対象とする有価証券偽造罪の成否が問題となったのである。

(2) テレホンカードの有価証券性

設例Ⅱについて最高裁は次のように判示した。すなわち，「テレホンカードについては，その発行時の通話可能度数及び残通話可能度数を示す度数情報並びに当該テレホンカードが発行者により真正に発行されたものであることを示す発行情報は，磁気情報として電磁的方法により記録されており，券面上に記載されている発行時の通話可能度数及び発行者以外の右情報は，券面上の記載からは知り得ないが，残通話可能度数については，カード式公衆電話機にテレホンカードを挿入すれば，度数カウンターに赤色で表示され，右の発行情報もカード式公衆電話機に内蔵されたカードリーダーにより読み取ることができるシステムとなっている。そうすると，テレホンカードの右の磁気情報部分並びにその券面上の記載及び外観を一体としてみれば，電話の役務の提供を受ける財産上の権利がその証券上に表示されていると認められ，かつ，これをカード式公衆電話機に挿入することにより使用するものであるから，テレホンカードは，有価証券に当たると解するのが相当である。」そして，「有価証券の変造とは，真正に作成された有価証券に権限なく変更を加えることをいうと解されるところ，テレホンカードを有価証券に当たると解する以上，その磁気情報部分に記録された通話可能度数を権限なく改ざんする行為がこれに当たることは，明らかである。また，偽造等をした有価証券の行使とは，その用法に従って真正なものとして使用することをいうと解されるから（参照判例略），変造されたテレホンカードをカード式公衆電話機に挿入して使用する行為は，変造された有価証券の行使に当たるというべきである。」

1987年の刑法改正との関係については次のように述べられている。すなわち，「この改正の経過から，電磁的記録を含むテレホンカードのようなものは有価証券ではないことが確認されたと解することはできない。すなわち，右改正の趣旨は，電磁的記録が通常の文書と異なり，その物自体としての可読性がない上，文書と同様の意味で作成名義人をとらえることが困難であることなどによるものと考えられる。これに対し，有価証券については，右改正前から，本件で問題となっているテレホンカードのように，携帯することのできるカード型で，その券面上の記載及び外観から，作成名義人に当たる発行者及び提供を受ける役務の種類・数量を容易に知り得るものが存在していたが，この種のカードの場合，前記のように，磁気情報部分のみが有価証券に当たるのではなく，これと券面上の記載及び外観が一体不可分のものとして，有価証券としての実体を形成していたのであるから，右改正により文書に関してのみ電磁的記録についての規定が新設されたからといって，このような形態のカードが有価証券でないことが確認されたということはできないのである。」，と。

本決定は一体説と呼ばれる見解を採用し，有価証券は文書に限られ電磁的記録は有価証券たりえないとする見解，および有価証券は財産上の権利を化体したものであれば足り，文書であると電磁的記録であるとを問わないとする見解はいずれも排斥された。本決定は，テレホンカードは文書の一種であると見ているのであろうか，それともその点を否定した上で有価証券と認められると判断したのであろうか。テレホンカードも文書としての外観を備えているがゆえに有価証券性が肯定されたのだと考えるならば，本決定はテレホンカードの文書性を肯定したものであると見ることができるであろうし，可視性，可読性のない磁気情報部分も含めて有価証券と認められたという点を捉えるならば，本決定は文書とは認められないテレホンカードにつ

いて有価証券性を肯定したものと見ることもできよう。

　本決定のように、テレホンカードの磁気情報部分と券面上の記載および外観とが全体として有価証券を構成すると解するときには、それに伴って有価証券の「偽造・変造」および「行使」の概念も修正されることになる。有価証券は文書の一種であると考えられていたときには、外観の変更を伴わずに有価証券を「変造」することは考えられないことであったが、本決定の立場においては、磁気情報部分のみを改ざんし外観には何らの変更を伴わない場合も当然「変造」（改ざんした電磁的記録が有価証券の本質的部分を構成すると解されるときには「偽造」）に該当することになる。また、有価証券は文書の一種であると考えられていたときには、「行使」とは人に対して有価証券を真正なものとして使用することが予定されていたが、本決定の立場においては、人を介さない方法による使用も「行使」に該当することになる。しかし、そのような使用方法は「事務処理の用に供する」ということであって、「行使」ではないというのが1987年の刑法改正の趣旨ではなかったのか。

　さらに、有価証券偽造罪の保護法益は、本決定の立場においてどのように解されることになるのであろうか。本罪の保護法益が有価証券に対する公共の信用にあるとすると、それは一般人をして真正な有価証券と誤信させるに足りるものでなければならない。しかるに、可視性、可読性のない磁気情報部分については公共の信用は問題とならないのではないかとの疑問が生ずるのである。そこで、有価証券偽造罪の保護法益は有価証券に対する「人」の信用に限られるものではなく、有価証券制度そのものに求めるべきだとする見解も主張されている。

展開質問2

1. テレホンカード事件における有価証券の解釈は、許される拡張解釈として妥当なものといえるか。
2. テレホンカード事件には、法廷意見の立場では既存のテレホンカードではなく表面には何らの表示もないホワイトカードに不正に磁気情報を印磁して公衆電話に挿入すれば通話可能にする場合には有価証券偽造罪を適用することができず、脱法行為を防止するためには立法措置が必要である旨の補足意見が付されていたが、2001年の刑法改正によりこのような法の不備は是正されたのであろうか。人の事務処理を誤らせる目的で、クレジットカードやテレホンカードに印磁されるべき磁気情報をホワイトカード上に印磁する行為は刑法163条の2に該当するか。
3. 磁気情報の印磁された勝馬投票券や鉄道の定期券の磁気情報部分を権限がないのに改ざんした場合には、有価証券偽造罪（刑162）、電磁的記録不正作出罪（刑161の2）、支払用電磁的記録不正作出罪（刑163の2）のうちのいずれが適用されるのか。
4. 行使の目的で、真正なクレジットカードあるいはテレホンカードと誤信させるような外観を呈するプラスチック製のカードを作成したが、それには何らの磁気情報も含まれていなかった場合（いわゆる空カード）、何らかの犯罪が成立するか。

③ 最高裁判決の読み方とその射程

設例Ⅲ ファクシミリ書面事件

Xは生活費に困り，金融業者のAに融資を申し込んだところ，返済能力を示す証拠書類の提示を求められたので，虚偽の書類をファクシミリにより送信してAを欺こうと企て，岡山市教育委員会財務課から実父B宛に郵送されていた郵便葉書による支払金振込通知書の宛名欄，担当課欄，通知書番号欄，年月日欄，金融機関名欄，預金種別欄，口座番号欄，支払金額欄，差引支払金額欄，支払内容欄の各文字一部を修正液で消去した上に，ワードプロセッサーを使用してその宛名欄に「岡山県岡山市《番地略》甲野花子」，支払内容欄に「口座振込日平成4年11月12日」と各記入し，さらに，右担当課欄（作成名義欄）に，ワードプロセッサーを使用して「中央福祉母子福祉課」と印字した紙を貼り付けたほか，同様の方法により，通知書番号欄に「《略》」，年月日欄に「平成4年11月9日」，金融機関名欄に「中国銀行青江支店」，預金種別欄に「普通」，口座番号欄に「《略》」，支払金額欄および差引支払金額欄に「2,100,000円」と各印字した紙を貼り付け，これを送信原稿として，自宅のファクシミリを利用してA方のファクシミリ宛に送信して，同ファクシミリで印字させ，Aにこれを閲覧了知させた。【広島高岡山支判平成8年5月22日高刑集49巻2号246頁，判時1572号150頁［平成8年度重判解刑法8事件］参照】

入口の質問

1. 文書偽造罪にいう「文書」の要件について説明しなさい。

設例Ⅲ解題 ファクシミリ書面と文書偽造罪の成否

(1) 写真コピーの文書性

写真コピー（電子複写）が出現する以前においては，文書偽造罪の客体である「文書若しくは図画」（以下，文書という）は原本に限られるとされるのが一般であった。文書は，物体の上に記載された意思表示であって，法律関係または取引上重要な事実関係について証拠となりうるものでなければならず，写しは作成者の意思を表示したものかどうかに疑問があるばかりでなく，写しが証拠として使用されることはほとんどなかったからである。しかし，写真コピーが普及してからは，それが証拠資料として使われる機会はかなり増えてきた。最高裁は，公文書原本を改ざんした上写真コピーで複写したものを真正な原本を複写したものであるかのように装って使用した事案につき，次のように述べてその文書性を肯定した。

「公文書偽造罪は，公文書に対する公共的信用を保護法益とし，公文書が証明手段としてもつ社会的機能を保護し，社会生活の安定を図ろうとするものであるから，公文書偽造罪の客体となる文書は，これを原本たる公文書そのものに限る根拠はなく，たとえ原本の写であっても，原本と同一の意識内容を保有し，証明文書としてこれと同様の社会的機能と信用性を有するものと認められる限り，これに含まれるものと解

するのが相当である。(中略)写真機,複写機等を使用し,機械的方法により原本を複写した文書(以下「写真コピー」という。)は,写ではあるが,複写した者の意識が介在する余地のない,機械的に正確な複写版であつて,紙質等の点を除けば,その内容のみならず筆跡,形状にいたるまで,原本と全く同じく正確に再現されているという外観をもち,また,一般にそのようなものとして信頼されうるような性質のもの,換言すれば,これを見る者をして,同一内容の原本の存在を信用させるだけではなく,印章,署名を含む原本の内容についてまで,原本そのものに接した場合と同様に認識させる特質をもち,その作成者の意識内容でなく,原本作成者の意識内容が直接伝達保有されている文書とみうるようなものであるから,このような写真コピーは,そこに複写されている原本が右コピーどおりの内容,形状において存在していることにつき極めて強力な証明力をもちうるのであり,それゆえに,公文書の写真コピーが実生活上原本に代わるべき証明文書として一般に通用し,原本と同程度の社会的機能と信用性を有するものとされている場合が多いのである。右のような公文書の写真コピーの性質とその社会的機能に照らすときは,右コピーは,文書本来の性質上写真コピーが原本と同様の機能と信用性を有しえない場合を除き,公文書偽造罪の客体たりうるものであつて,この場合においては,原本と同一の意識内容を保有する原本作成名義人作成名義の公文書と解すべきであり,また,右作成名義人の印章,署名の有無についても,写真コピーの上に印章,署名が複写されている以上,これを写真コピーの保有する意識内容の場合と別異に解する理由はないから,原本作成名義人の印章,署名のある文書として公文書偽造罪の客体たりうるものと認めるのが相当である。」(最二小判昭和51・4・30刑集30巻3号453頁[第1の写真コピー事件,百選Ⅱ各論85事件])

つまり,写真コピーは,①原本の内容を正確に再現できること,および②実生活上原本に代わるべき証明文書として一般に通用し,原本と同程度の社会的機能と信用性を有することを根拠として,その文書性が認められたのである。その際,写真コピーに原本作成名義人の印章・署名が写し出されているときには,有印公文書偽造罪(刑155Ⅰ)・同行使罪(刑158Ⅰ)が成立するとされた。

学説の一部には,本判決に対して罪刑法定主義に違反するとして疑義を表明する向きもあったが,本判決の趣旨は最高裁の別の小法廷などでも確認され(最一小決昭和54・5・30刑集33巻4号324頁[第2の写真コピー事件],最二小決昭和61・6・27刑集40巻4号340頁[第3の写真コピー事件]),確立された判例といえる。

(2) 写真コピー判例の射程

最高裁判決は判例として後の裁判に対して拘束力がある。むろん,「すべて裁判官は,その良心に従ひ独立してその職権を行ひ,この憲法及び法律にのみ拘束される」(憲76Ⅲ)から,判例は後の裁判に対して当然に拘束力を有しているわけではない。しかし,判例と相反する判決は上訴審で破棄される可能性が高いばかりでなく(刑訴405参照),殊に将来変更される可能性の少ない確立された判例については,個々の裁判官がその判例に疑問を感じていたとしても,これに真っ向から対立するような判決は書きづらいであろう。ただ,法律には解釈の余地すなわち法的評価に関する裁判官の裁量余地があるように,判例もそれを機械的にあてはめるだけでは済まないことが少なくなく,多種多様な事案に判例の法理を適用すべきかどうかについて裁判官には裁量の余地がかなりある。例えば,テレホンカード事件の法理は,使用済テレホンカードのパンチ穴をふさぎ,通話可能度数を改ざんして作成されたものにこれを適用できるか否かにつき,下級審判例の結論は分かれている(その有価証券性を否定したものとして,名古屋地判平成5・4・22判タ840号234頁[セレクト'94刑法10事件],これを肯定したものとして,東京高判平成6・8・4判時1524号151頁)。

設例Ⅲでも，第1の写真コピー事件の法理がファクシミリで送信された書面に適用されるか否かが問題となった。第1審の岡山地判平成7・11・20は次のように述べて，Xについて公文書偽造，同行使罪の成立を否定した。すなわち，ファクシミリによる通信は，送信文書の電気信号を受信先のファクシミリで読みとって印字するものであるから，その写しは，原本と同一の意識内容を保有していることになるが，数字等の見分けが容易につかず，原本では一目瞭然であるはずの改変の痕跡が判明し難いなどの画像の不鮮明さは，現在普及しているファクシミリによって受信される文書に一般的にみられ，現段階のファクシミリ文書にとっては避け難い特性であるとし，一般にファクシミリは通信の一手段として認識されており，そのため，権利義務や資格等に関する事実を証明する文書については原本の代用として認められていないのが通常であるから，ファクシミリで作成した写しは，原本と同一の社会的機能と信用性を有するものと認めることはできず，文書偽造罪で保護しようとする文書に当たらない，と。

これに対して，広島高岡山支判平成8・5・22は次のように述べて原判決を破棄し，公文書偽造，同行使罪が成立するとした。すなわち，ファクシミリは，文書の送受信用の機器であると共に，複写用の機器でもあり，それによって作成された受信文書は，送信文書の写しではあるが，その写し作成者の意識が介在混入する余地がなく，原本である送信文書が電気的かつ機械的に複写されるものであるといえるから，ファクシミリについても，真正な原本を原形どおり正確に複写したかのような形式，外観を有する写しを作成する機能を有するものである。また，ファクシミリによる文書の写しの社会的機能と信用性についても，真正な原本を原形のまま正確に複写したかのような形式，外観を有するファクシミリによる文書の写しは，一般には，同一内容の原本が存在することを信用させ，原本作成者の意識内容が表示されているものと受け取られて，証明用文書としての社会的機能と信用性があることは否定できない。Xの作成した通知書写しは，岡山市の母子福祉担当課からXに対する支払金が振り込まれることを証明する原本文書の存在を信用させ，金融業者から借入れをするについて，保証書的役割を果たしたのであり，文書としての要件を満たしている，と。

岡山地裁と広島高裁岡山支部とで結論が分かれたのは，ファクシミリで送信された書面が，①原本の内容を正確に再現できるものかどうか，および②原本と同程度の社会的機能と信用性を有するかどうかに関して，その評価を異にしたからであったと整理できよう。これに対して，設例Ⅲについて偽造公文書行使罪の成立は考えられないだろうか。つまり，Xは偽造された公文書の原本をファクシミリを使用して行使したものと見るのである。ドイツの判例は，文書は原本に限られるが，写しの使用は原本の行使に当たるとしている。わが国でも，第1の写真コピー事件判決は罪刑法定主義に違反すると批判する人の中にこの見解を採る論者がいるし，自分の作成した偽造文書の縮小コピーを真正な文書のように装って提出した場合に偽造文書行使罪の成立を認めた下級審判例がある（福島地判昭和61・1・31判時1233号159頁）。さらに，ファクシミリで送信された書面が発信者の意思を表示するものであって，かつその書面から発信者（作成名義人）が認識可能なときは，それは写しではなく原本として取り扱われるべきであるとする見解も主張されている。

展開質問3

1. 設例Ⅲは，第1の写真コピー事件の法理を適用すべき事例と見るべきか。
2. 第3の写真コピー事件は，「その改ざんが，公文書の原本自体になされたのであれば，未だ

文書の変造の範ちゅうに属するとみられる程度にとどまつているとしても，原本とは別個の文書を作り出すのであるから，文書の変造ではなく，文書の偽造に当たるものと解すべきである。」と判示された判例である。同判決には，「公文書の原本の非本質的部分に作為を施してコピーを作成する行為は，実質的には変造と目すべきものである。偽造と変造とは，法定刑に変わりがないとはいえ，一般的には前者の方が犯情において重いと解されていることに照らし，改ざんコピーの作成をすべて偽造と解するというのは，妥当な帰結とはいえないであろう。」とする島谷六郎裁判官の反対意見が付されている。そのような妥当でない帰結を避けるためには，行使の目的で公文書の非本質的部分を改ざんしたものをコピーした場合には，公文書変造罪の成立を認めるべきではないか。

3. 他人になりすまして融資金入出用カードを騙し取ろうと企て，自分の運転免許証の上に，他人の氏名，生年月日，本籍・国籍，住所，交付の各欄および免許証番号欄の一部を切り取って，これを該当箇所に重なるように置き，上からメンディングテープを全体に貼り付けて固定し，それを金融会社支店に設置された自動契約受付機のイメージスキャナー（画像情報入力装置）に読み取らせ，同イメージスキャナーと回線で接続された同支店設置のディスプレイ（画像出力装置）に表示させた場合，どのような罪が成立するか。ただし，詐欺罪の成否については論じないこととする。（大阪地判平成8・7・8判タ960号293頁［イメージスキャナー事件，百選Ⅱ各論87事件］参照）

出口の質問

1. 類推禁止の原則は刑法総則の規定についても適用されるか。例えば，「単に予期された侵害を避けなかったというにとどまらず，その機会を利用して積極的に相手に対して加害する意思で侵害に臨んだときは，もはや［刑法36条の］急迫性の要件を充たさない」とした最一小決昭和52・7・21刑集31巻4号747頁［百選Ⅰ総論22事件］（第4講参照）は，罪刑法定主義に違反するのではないか。
2. 被告人に不利益な方向で変更された最高裁判例を遡及適用することは罪刑法定主義に違反するとの見解について，どう思うか（最二小判平成8・11・18刑集50巻10号745号［第2次岩教組事件，平成8年度重判解刑法2事件］参照）。

参考文献

① 山口厚「わいせつ物の意義」百選Ⅱ各論200頁
② 木村光江「有価証券偽造罪——変造テレホンカードの問題を中心に」阿部純二ほか編・刑法基本講座6巻（法学書院，1993）254頁
③ 川端博「改ざんした公文書をファクシミリにより印字させる行為と公文書偽造罪の成否」平成8年度重判解156頁

（萩原　滋）

2 結果帰属と因果関係

論　点
1. 因果関係と結果
2. 相当因果関係
3. 早すぎた結果惹起，因果関係の錯誤，遅すぎた結果惹起

1 因果関係と結果

設例Ⅰ　大阪南港事件

Xは，某日午後8時から9時頃までの間，Aの頭部を洗面器の底や皮バンドで何回も殴る等の暴行を加えたところ，Aは内因性高血圧性橋脳出血を起こして意識消失したため，XはAを現場から約100キロメートル離れた大阪南港の資材置場に自動車で運搬し，午後10時40分頃，同所に放置して立ち去ったところ，Aは翌16日未明，内因性高血圧性橋脳出血により死亡するに至った。なお，Aは，資材置場に放置されている間に何者かに頭頂部を角材で数回殴打される暴行を受けており，その暴行はすでに発生していた内因性高血圧性橋脳出血を拡大させ，幾分か死期を早める影響を与えるものであった。【最三小決平成2年11月20日刑集44巻8号837頁［百選Ⅰ総論13事件］参照】

入口の質問
1. Xの暴行とAの死亡との間に条件関係は認められるか。条件関係についての2つの代表的な見解にそれぞれ依拠して解答せよ。
2. 米兵ひき逃げ事件（最三小決昭和42・10・24刑集21巻8号1116頁［百選Ⅰ総論11事件］）において，最高裁は相当因果関係説を採用したとされている。結果発生に至る因果経過が「経験則上当然予想しえられるところであるか」という同決定の基準に従って判断すると，Xの行為とAの死亡との間に相当因果関係は認められるか。
3. 資材置場においてAに暴行を加えた者には，何罪が成立しうるか。

設例Ⅰ解題　「相当因果関係説の危機」？

(1) 判　例

最高裁判所は，設例Ⅰの事案に関し，「犯人の暴行により被害者の死因となった傷害が形成された場合には，仮にその後第三者により加えられた暴行によって死期が早められたとしても，犯人の暴行と被害者の死亡との間の因果関係を肯定することができ」るとして，Xに傷害致死罪の成立を認めた原判断を支持した。

本事案において，Xの暴行からAの死亡に至る因果経過，すなわち「Xが暴行を加えた後，資材置場に放置されたAに第三者が暴行を加え，その結果Aが16日午前〇時△分に死亡する」という経過は，決して経験則上予測可能なものとはいえない。それにもかかわらず，最高裁が，Xの暴行と死との間の因果関係を認めたのはなぜだろうか。

第1の可能性として，最高裁は相当因果関係説を採用していないということが考えられる。確かにこの事案では，最高裁は因果経過の相当性を問題にしておらず，学説はこの第1の可能性を考えるようになった。しかし，最二小決平成15・7・16刑集57巻7号950頁（設例II参照）は，被害者の行為介入事例において因果経過の相当性を論じ，判例が相当因果関係説を前提としていることを明らかにしている。昭和42年決定においても最高裁は相当因果関係説に依拠した判断を示しており，この事件については異なる立場にたっていたとすることは考えにくい。

とすると，第2に，最高裁が本事案で相当因果関係について論じなかったのは相当因果関係説を採用していないためではなく，本事案の争点が「因果関係の相当性」にはないためだという仮説が浮上する。学説のなかには，最高裁が相当因果関係説を採っているという前提と，第三者の故意行為の介入という一般には相当因果関係を失わせるとされてきた事情（設例II解題参照）にもかかわらず因果関係が肯定されたことを「因果関係の相当性」問題の枠内で整合的に理解するために，第1行為の危険性の大小，介在事情の寄与の度合を新たに相当性判断の基準に取り込むものもある（曽根・総論83頁以下，前田・総論183頁）。しかし，「行為が高い危険性を有していたか」「介在事情がどの程度結果に寄与したか」という観点と，「行為から結果に至る因果経過が経験則上予測可能であったか」という観点は異質であり，両者を「因果関係の相当性」という1つの要件に結びつけることには無理がある。それらの考慮がもし必要なものだとして

も，相当因果関係とは別のところに位置づける必要がある。

「犯人の暴行により被害者の死因となった傷害が形成された場合には……犯人の暴行と被害者の死亡との間の因果関係を肯定することができ」るとする最高裁の判示からは，「死因となる傷害の形成」という被害者の死亡への寄与それ自体が「致死」の評価に値するという判断が読み取れる。これは，理論的には，行為と結果の因果関係というよりは，「結果」の内容に関わるものとの評価が可能である。刑法における「結果」の問題とは，行為者が引き起こした変化が，構成要件的結果と評価できるかの問題であるが（例えば，何の価値もないメモ1枚の窃盗には，窃盗罪は認められないが，それは，「メモ1枚の占有奪取」という行為者が引き起こした変化が，窃盗罪の規定する違法結果とは評価できないからである。），最高裁は，本事案で，「傷害を負っていなかった者に死因となる傷害を与えて当該死因により死亡させた」ことを，傷害致死罪の構成要件に該当する違法結果であると判断したものと考えられる。この問題は，従来から，窃盗や傷害といった被害を量ではかることのできる犯罪については「可罰的違法性」の問題として論じられてきた。死というものが1つの過程である以上，殺人・致死の罪についても，「その過程をどの程度押し進める行為が殺人・致死として可罰的となるのか」という問題設定は不可避であり，本決定は，その点を判断したものとみることができる。現実の死に対し，「死因となる傷害を与える」という寄与をなした点を「致死」と評価できるならば，その後別の行為が介入して死期が早まったとしても，行為者の行為が「傷害致死」の結果を発生させた行為であることに違いはない。だからこそ，介入行為を含めた因果経過の相当性は問題にされなかったのである。

ただし，介入行為が引き起こした変化，すなわち死期を早めるという変化も「殺人」ないし「致死」の結果と評価できるならば，介入行為についても，殺人・傷害致死罪の成否が問題とな

りうる（(2)参照）。

(2) 因果関係と結果

大阪南港事件では，無関係の第三者による暴行の介入という到底相当とはいいがたい因果経過にもかかわらず，第1行為と結果との因果関係が肯定された。しかし，その結論は誰の目にも正当と思われたことから，相当因果関係説そのものの妥当性が疑念にさらされることとなった。

本設例では，Xの暴行は，Aの死因を形成しており，Aの死に対して大きな影響を与えている。これに対し，介入行為は「死期を若干早めた」影響を持ったが，介入行為がなくても，Aがまもなく死亡することは間違いなく，Aの死亡に対する寄与度は相対的に小さい。このことから，学説は，「寄与度」の概念を因果関係に取り込む動きを見せた。

しかし，従来「死期を若干早める」ことも，「殺人」「致死」の結果惹起にあたると理解されてきた。そうすると，例えば，Xの暴行だけでは，16日の午前10時頃に死亡する見込みであった被害者を，第三者が暴行を加えることにより同日午前5時に死亡させた場合，「午前5時における死」に対し，第三者は100％の寄与をしていることになる。この場合，「介入行為の寄与度が小さいから，Xの行為と死の間の相当因果関係が認められる」という議論は成り立たない。

そこで，本設例においては，まず，被害者の死という結果は1つしか存在せず，1つの結果に対する正犯は1つしか認められないことを前提として，Xの引き起こした変化こそが「致死」というに値する変化であり，第三者の暴行の引き起こした死期の早期化は傷害にとどまるとすることが考えられる（髙山佳奈子「死因と因果関係」成城法学63号［2000］171頁）。この理解によれば，本設例において顕在化した問題は，1分1秒の死期の早期化をも「殺人」「致死」の結果惹起であるとしてきた従来の学説の不合理性であ

ることになる。

次に，被害者の死という結果が1つであり，1つの結果に対する正犯は1つしか認められないという前提を先の見解と共有しつつ，死という結果にとって本質的なのは時間のみであるとして，第三者の引き起こした死期の早期化のみを「致死」であるとし，Xには傷害罪の責任のみを問う見解がありうる。この2者の対立は，何が「殺人」「致死」を構成する本質的な変化であるかについての対立である。

これに対し，介在行為それ自体も殺人ないし傷害致死行為であることを認めつつ，Xの行為と結果の因果関係を肯定する見解も有力である。この見解は，Xの行為については，第2行為者の行為はXの行為が設定した死の危険を凌駕するような影響を与えるものではなく，Xの設定した危険が結果に実現しているとみて因果関係を認め，第2行為者についても，第2行為者は人の死期を早めるという，殺人と評価されるべき結果をもたらしている以上，Xとは独立に殺人の結果を引き起こしたものと認め，こちらにも殺人ないし傷害致死の罪責を認める。Xの行為と結果の間に第2行為者の故意行為が介入しているにもかかわらず相当因果関係を肯定することは，一見従来の相当因果関係説の枠からはみ出ているようにみえるが，この見解は，第2行為のもたらした影響が小さいことを理由にそれを相当性判断の対象から外しているのであり，「異常な経過による場合は帰責しない」という相当因果関係の考え方自体を動かしているわけではない。前の2つの見解とこの見解との対立点は，1つの結果に対して2つの正犯を認めることが妥当かという点にある。

大阪南港事件を1つのきっかけとして，学説では相当因果関係説の正当性に関する議論が高まったが，この事件に関していえば，真の問題は因果関係論の領域にはなかったわけである。

> **展開質問 1**
> 1. 介在事情の寄与度が小さければ，具体的な死亡が介在行為によって生じたようにみえても，第 1 行為の方に相当因果関係を認めるべきだとする見解がある（前田・総論184頁）。ここでいう「寄与」とは，いったい何に対する寄与と考えられているのか。もしもそれが，「○時△分におけるAの死」という具体的事実の発生に対する寄与であるとすると，第 2 行為者に結果が帰責されないのはなぜか。
> 2. Xと第 2 行為者の両方に，Aの死の責任を問うのは妥当か。その場合，X・第 2 行為者は，それぞれいかなる結果の責任を問われるのか。
> 3. 瀕死の病人にすがりついて肩をゆさぶり，数分死亡時期を早めた行為について，殺人ないし過失致死罪の成立を認めることは妥当か。

2 相当因果関係

> **設例Ⅱ** 高速道路進入れき死事件
> Xは，Aに対し，深夜の公園で約 2 時間10分にわたり間断なく，極めて激しい暴行を繰り返し，さらにマンションの居室に場所を移して約45分の間，断続的に同様の暴行を加えた。Aは隙を見て，そのマンションの居室から靴下履きのまま逃走したが，約10分後，マンションから約800メートル離れた高速道路に進入したところ，疾走してきた自動車に衝突し，後続の自動車にひかれて死亡した【最二小決平成15年 7 月16日刑集57巻 7 号950頁参照】。

> **入口の質問**
> 1. 前出の米兵ひき逃げ事件において，最高裁は，第三者の行為の介入が経験上予見可能かを基準として因果関係の有無を判断した。この立場にたったとき，Aが逃走して高速道路に進入した行為は，予見可能といえるか。
> 2. 衝突した自動車の運転手に過失があった場合，運転手の罪責はどうなるか。運転手の罪責の如何は，Xの罪責に影響を与えるか。

設例Ⅱ解題 相当性の判断方法

(1) 判 例

最高裁は，設例Ⅱと同様の事案について，「被害者は，被告人らから長時間激しくかつ執ような暴行を受け，被告人らに対し極度の恐怖感を抱き，必死に逃走を図る過程で，とっさにそのような行動を選択したものと認められ，その行動が，被告人らの暴行から逃れる方法として，著しく不自然，不相当であったとはいえない。そうすると，被害者が高速道路に進入して死亡したのは，被告人らの暴行に起因するものと評

価することができる」として，被告人らの暴行と死亡との間の因果関係を肯定した原判決を支持した。

最高裁は，被害者の行動が「著しく不自然，不相当」ではないといういい方をしているが，これは，被害者の行動の介入によって，本件被告人の行為から結果までの因果関係の相当性は失われないとする趣旨と読むことができる。設例Iにおいて述べたように，近年，最高裁が相当因果関係説を採用しているかが疑問視されてきたが，最高裁は，本事案において，相当因果関係説を前提としていることを明らかにしたうえで，被害者の行為介入事例における相当性判断の一例を示したものといえる。

相当因果関係説における因果関係の相当性という要件は，従来，経験的な予見可能性ないし蓋然性により判断されるとするのが一般的であった。しかし，被害者，第三者にかかわらず，人間の行為が介入する事例について，経験的な予見可能性・蓋然性という基準が有効かについては疑問が提示されている。人間には意思があり，状況の如何に関わらずあらゆる行動を選択することが可能である。そのような対象について，予見可能性・蓋然性を問うことは妥当だろうか。

下級審判例には，強姦の被害者が夢中で走って逃げ，勢い余って農道から外れ崖から転落して死亡した事案（東京高判昭和42・3・7下刑集9巻3号175頁，東高刑事報18巻3号81頁，判タ209号234頁）や，被害者が突きつけられた刃物を素手でつかんで傷害を負った事案（水戸地土浦支判昭和37・9・20下刑集4巻9・10号877頁）に相当因果関係を認めたものがある。しかし，これらの被害者の行動が，本当に予測可能といえるかは疑問である。本事案において，被害者がわざわざ高速道路に進入したことについても同じことがいえる。かといって，これらに事案において，被害者の行動が「予見可能でない」というだけで直ちに帰責を否定するのも妥当ではないであろう。

最高裁は，設例IIの事案において，被害者が被告人らに極度の恐怖感を抱いていたこと，必死に逃走を図る過程でのとっさの行動であったことなど，Xらの暴行により被害者が冷静に行動を選択できる状況でなくなっていたことを推認させる事情を挙げたうえで，その行動が暴行から逃れる方法として，不自然・不相当ではないとの判断を下している。これは，Xらの暴行により，被害者が冷静な行動選択ができなくなったために，高速道路への進入という必ずしも通常ではない被害者の行為が導かれた点を重視しているものと考えられる。すなわち，被害者の行為介入事例である本事案では，単純な予測可能性ではなく，被害者の行動が行為者の行為に誘発されたものといえるかどうか，いいかえると，被害者の行動を含む因果経過を行為者がコントロールしたといえるかどうかが判断の決め手とされているのである。

(2) **被害者の行為の介入**

被害者の行為介入事例の因果関係については，比較的最近の2つの最高裁判例が注目を集めた（最一小決昭和63年5月11日刑集42巻5号807頁［柔道整復師事件，百選I総論〈3版〉11事件］，最一小決平成4年12月17日刑集46巻9号683頁［夜間潜水訓練事件，百選I総論12事件］）。いずれの決定においても，最高裁は，予見可能性や経験的通常性といった，相当因果関係説を特徴づける基準を用いなかったため，学説は，判例は相当因果関係説を採用していないのではないかと疑うようになった。本決定により，最高裁が基本的に相当因果関係説を維持していることは明らかになったと思われるが，本決定を含め，判例が，経験的な予見可能性・蓋然性といった基準だけでは行為介入事例を適切に判断できないという問題意識を持っていることは確かといえる。

行為介入事例においていかなる基準を用いて相当性判断を行うのが適切かは，相当因果関係が必要とされる根拠に関わる問題である。相当因果関係説が，予見可能性・蓋然性の低い因果経過をたどって発生した結果の帰責を否定する

べきだとしてきたのはなぜか。実は，この基本的な点について，学説は一致した見解をもっていない。

比較的有力なのは，一般予防の観点から相当因果関係説を基礎づける見解である。この見解は，結果を発生させた行為を処罰することにより人々の行動を規制し，犯罪抑止の目的を達成するためには，一般的に結果を発生させることが相当であるような行為だけを処罰すれば充分であるとし，それが相当因果関係が要請される理由であるとする（山口・総論55頁，町野・総論Ⅰ164頁，堀内・総論71頁）。ここからは，予見可能性・蓋然性といった基準に代わって因果経過の「利用可能性」という基準が導かれる。しかし，この見解に対しては，刑法が発生を防止しようとしているのは構成要件によって規定された一定の結果であって，特定の（一般に利用可能な）因果経過をたどって発生した結果に限られない以上，一般予防の観点からは，現に結果を発生させている行為を処罰対象から外す理由はないはずだとの批判がある。また，行為介入事例における基準としての有効性にも問題を残している。

これに対し，別の見解は，相当因果関係の必要性を，行為者によるコントロール可能性に求める。条件関係はあっても，被害者の極めて特異な体質のゆえに結果が発生したとか，傷害を負って倒れていた被害者の周囲に雷が落ちて被害者が死亡したといった場合には，その異常な経過をたどって発生した偶然の結果であって，行為者に帰責するのは妥当でないと考えられてきた。その理由は，端的に，「行為者が結果発生をコントロールしたとはいえない」という点にあるとするのがこの見解である（佐伯・後掲①20頁以下，辰井聡子・百選Ⅰ総論21頁）。これによると，相当性とは，行為者が結果発生をコントロールしたといえる場合に認められることになる。本事案で，最高裁が，Ｘの暴行により被害者が冷静な判断力を失っていた点を重視していることや，夜間潜水訓練事件において被告人が被害者らの不適切な行動を「誘発」したとされたことなどは，どちらかというと，後者の見解に親和的であるといえよう。

また，相当因果関係については，一般予防の観点により基礎づける第１の見解を採りながら，人間の意思行為の介入については，「構成要件的結果を認識して惹起する自由な行為の背後の行為については，構成要件的結果は帰属されない」とする「遡及禁止」の原理を認めることにより，必ずしも異常でない行為の介入の場合にも第１行為者への帰責が否定されうることを認める見解もある（山口・総論64頁）。この見解は，人間の行為介入事例に関しては，コントロールの有無により相当性を判断する見解と類似の考え方をとるものといえるが，それ以外の事例，例えば客観的に見れば異常であるが行為者には特に認識・予見可能であった事情が関与した事案については結論を分けることになる。

展開質問２

1. 一般予防目的から相当因果関係説を基礎づける見解は，因果経過が利用可能性の低いものである場合にまで，当該行為を処罰することは，人々の行動の自由を過度に制限することになると論じる。この議論をどう思うか。具体的な事例を挙げて考察せよ。
2. これに対し，行為者が結果発生をコントロールしていた以上，たとえ利用可能性は低くても処罰されるべきであり，行為者自身が危険性を認識して行う行為を処罰の対象とすることは，行動の自由を不当に制限するものではないとの議論もある。どう思うか。
3. 結果発生のコントロールの有無を基準とする見解は，相当因果関係説のなかの客観説・折衷説のどちらと親和的か。
4. 第三者の行為が介入した事案と比較して，被害者の行為介入事例における相当因果関係の

判断において，特に留意するべき事項はあるか。あるとすれば，それはどのような事情か。そのような事情に留意するべきなのはなぜか。

③ 早すぎた結果惹起，因果関係の錯誤，遅すぎた結果惹起

設例Ⅲ ライター引火事件
　Xは，妻が家出したことから，自宅に放火して家屋を燃やすとともに焼身自殺をしようとして，家屋内にガソリンを散布した。Xは，妻から帰宅を知らせる電話があるかもしれないと思いしばらく待ったが，電話がないので焼身自殺を決行しようと決意し，死ぬ前に最後の煙草を吸おうとライターで煙草に火をつけたところ，ライターの火がガソリンの蒸気に引火して爆発し，家屋を全焼させた。【横浜地判昭和58年7月20日判時1108号138頁［百選Ⅰ総論61事件］参照】。

入口の質問
1. 本設例で放火罪の実行の着手はいつ認められるか。
2. Xが当初予定したとおり，ガソリン散布の後，あらためて家屋への点火行為を行った結果，家屋焼損の結果が発生した場合のXの罪責を論ぜよ。

設例Ⅲ解題 早すぎた結果惹起

(1) 判例
　横浜地判は，本設例と同様の事案について，ガソリン散布行為の段階で放火罪の実行の着手を認めたうえで，以下のような判断を示している。「前記［ガソリンの臭気が室内に充満し，被告人は鼻が痛くなり，目もまばたきしなければ開けていられないほどであった］状況の下でライターを点火すれば引火するであろうことは一般人に容易に理解されるところであって予想し得ないような事柄ではなく，被告人はライターを点火するときに本件家屋を焼燬［焼損］する意思を翻したわけでもないから，右のような経緯で引火したことにより本件の結果が生じたからといって因果関係が否定されるものではな［い］」。
　横浜地裁は，ガソリン散布に実行の着手を認めているが，「ライターを点火すれば引火するであろうことは……」の下りはライター点火行為と結果との間の因果関係を判断しているとも読め，さらに「ライターを点火するときに本件家屋を焼燬［焼損］する意思を翻したわけでもない」の下りは，行為者自身の行為介入事例を想定しているようにも読め，故意をもって行われた放火行為をどの行為に認めているのかは必ずしも明らかではない。仮に，ガソリン散布を放火行為と見ているのだとすると，本件は，行為者の第2行為が介入した事例だということになり，相当因果関係の存否と因果関係の錯誤が問題となる。横浜地裁の判示は，第1行為との間に意思の連続性が認められる限りにおいて，行為者の第2行為介入事例に相当因果関係を認め

る趣旨と理解できよう。因果関係の錯誤については論じていないところから，因果関係の錯誤は故意を阻却しないとする多数説に立脚したものと解される。

(2) 早すぎた結果惹起

ガソリンをまいた後，煙草を吸ってから放火しようとしたのに煙草への点火により家が焼損した，相手に睡眠薬を与えて眠らせてから首を絞めて殺害しようとしたのに睡眠薬が効きすぎて相手が死亡してしまった，といったように，準備として行った行為により結果が発生してしまった場合を「早すぎた結果惹起」という。この場合，直接に結果を発生させた第2の行為に，放火罪・殺人罪の故意がないことははっきりしている。したがって，行為者に故意既遂罪の罪責が認められるか否かは，①準備行為と結果との間に因果関係が認められるか，②準備行為時に既遂罪の故意が認められるかによって決まることになる。

(3) 相当因果関係

因果関係については，準備行為と結果との間に行為者自身の行為が介入していることから，相当因果関係の存否が問題となる。判例は，被告人が被害者を殺害しようとして首を縄で絞めたが，その行為では被害者は死亡せず，被害者が死亡したと思いこんだ被告人が死体遺棄のつもりで行った第2行為から死亡結果が発生した事案について，第1行為と死亡との間の因果関係を認め，殺人罪を肯定している（大判大正12・4・30刑集2巻378頁［百選Ⅰ総論14事件］）。これに対し，被害者を熊と間違えて猟銃を発射し重傷を負わせた被告人が，苦しむ被害者を見て，早く楽にさせようと考えて，被害者を射殺した事案については，第1行為と結果との間の因果関係を否定し，業務上過失致傷罪と殺人罪の併合罪を認めている（最一小決昭和53・3・22刑集32巻2号381頁［熊撃ち事件，百選Ⅰ総論10事件］）。ここから，判例は，過失的な行為の介入の場合には因果関係を肯定し，故意的な行為の介入の場合には因果関係を否定するものだとされている。

しかし，この結論は，理論的にはどのように基礎づけられるのだろうか。

過失的行為は予見可能な場合が多く，故意的行為はそうではないというのが1つの解答であろう。これによる場合，本件被告人が煙草に火をつける行為は，予見可能か，予見不可能か，どちらであろうか。ここにも，行為介入事例において予見可能性を論じることの困難さが現れている。そもそも，予見可能性という基準の根拠が明らかでない点は，設例Ⅱの解題で述べた。

利用可能性を基準とした場合にはどうか。一般予防という目的に遡って考えると，煙草に火をつける等のよくある行為については，利用可能性を認めるべきことになるように思われるが，これは妥当だろうか。そもそも，「利用可能性」という基準は，行為介入事例の判断において，「予見可能性」よりも有効といえるだろうか。

コントロールの有無に着目する場合，過失的行為であっても，被告人が第1行為とは連続しない，新たな意思決定を行ったと見られる場合には，因果関係が否定されることになろう。本事案において被告人が煙草に火をつけた行為は，新たな意思決定に基づく行為というべきか。かりにそうだとして，本事案において因果関係を否定する結論を導くことは妥当か。

(4) 既遂の故意と未遂の故意

仮に，第1行為と結果との因果関係が肯定されたとすると，つぎには，その第1行為時に，放火既遂の故意が認められるかが問題となる。

このとき，被告人は，結果発生を確定的にする行為を留保している段階である。すなわち，この段階で行為者が認識・予見している事実は，「この行為から結果が発生する」というものではなく，「この行為からは結果は発生せず，後で別の行為を行うことで初めて結果が発生する」という事実である。これは，放火の構成要件該当事実の認識といえるだろうか。もしいえないならば，ガソリン散布行為はそれ自体放火の結果が発生する危険性の高い行為ではあるが，そこから結果が発生したとしても，過失が認められ

る限度でしか行為者を処罰することはできないことになる。

ガソリン散布行為時に放火の故意が認められないとすると、その行為に放火未遂罪が認められるかがさらに問題となる。認められるとすれば、未遂成立時に必要な認識・予見の内容と、既遂成立時に必要な認識・予見とは異なるものだということになる。(なお、「遡及禁止」論を採用する前述の見解は、次のようにして、準備行為には放火の故意が否定されるが、放火未遂は成立しうるとする結論を導く。まず、準備行為は、故意の第2行為を留保している行為であり、もし行為者の想定の通りに事態が進行すれば、[故意の第2行為の介入による]遡及禁止により、準備行為は結果を帰責されないことになる。したがって、準備行為時の行為者の認識・予見は、構成要件該当事実の認識とはいえず、故意が認められない。これに対し、未遂犯においては、処罰時期の繰上げにより遡及禁止原理が修正されており、自己の故意行為が留保されている段階でも未遂犯が成立しうる。)

(5) 因果関係の錯誤

もし、第1行為と結果との因果関係、第1行為時の故意の双方が認められるとしても、現実の因果経過は、当初Xが想定していたものとは異なっている。そこで、この因果関係の錯誤が、故意を阻却しないかが問題となる。前述の大判大正12・4・30は、「縄で首を絞めて殺す」という事実を認識していた被告人に対し、「砂浜に遺棄した結果砂末を吸引して窒息死する」という経過をたどって発生した死の結果についての責任を認めている。

学説では、まず、因果関係の認識はそもそも故意の要素ではないとして、大審院判例の結論を肯定するものがある(前田・総論305頁)。しかし、例えば藁人形に鋲を打ち込みつつ誰かの死亡を祈っている者は、行為と結果を認識していても、殺人罪の構成要件該当事実を認識しているとはいえないであろう。自らの行為から、相当な因果関係をたどって結果が発生することを認識していない者には、構成要件該当事実の認識があるとはいえない。この意味では、因果関係の認識は故意の要素である(不要説も、実際には「実行行為性の認識」という形で同様の認識を要求している)。

問題は、現実に発生した事実の経過を認識・予見している必要があるかにある。有力な説は、現実の因果経過の具体的態様を正確に認識する必要はないが、因果経過の重要部分の認識は必要であるとする(大谷・総論195頁)。これによると、行為時にその行為から相当な因果経過をたどって結果が発生することの認識があっても、現実の因果経過が当初の予定から大きく外れた場合には、故意責任が認められないことになる。

これに対し、別の見解は、「自分の行為から相当な因果経過をたどって結果が発生する」という事実を認識・予見していれば、構成要件該当事実の実現について非難が可能であるとして、現実の因果経過の認識を不要とする。これによるなら、現実の因果経過に相当因果関係が認められる以上、因果関係の錯誤は故意を阻却しないことになる。

(6) 遅すぎた結果惹起

本設例とは反対に、行為者は第1行為から結果が発生することを認識・予見していたのに、実際には第2行為を経て初めて結果が発生した場合は、遅すぎた結果惹起と呼ぶことができる(伝統的には「ウェーバーの概括的故意」の事例と呼ばれる)。前述の大判大正12・4・30はその例である。この場合、直接的に結果を発生させた第2行為には、故意を認めることができない。したがって、第1行為と結果との相当因果関係、因果関係の錯誤が問題となる。

展開質問3

1. 大正12年判決と昭和53年決定の結論を分けたポイントはどこにあるか考察せよ。
2. 構成要件該当事実の認識が故意責任の要件とされるのはなぜか。準備行為時のXの認識は、

放火既遂罪の故意責任を認めるに充分なものか。

出口の質問

1. 条件説にしたがって帰責を肯定すると不当な結論が生じるのはどのような場合か。その場合に、結論が不当であるのは、いかなる理由によるのか。
2. 自然現象等が介入した場合と、人間の行為が介入した場合とで、異なる考慮が必要か。必要とすれば、いかなる理由でか。

参考文献

① 佐伯仁志「因果関係論」山口厚＝井田良＝佐伯仁志・理論刑法学の最前線（岩波書店，2001）1頁
② 髙山佳奈子「相当因果関係」山口厚編著・クローズアップ刑法総論（成文堂，2003）1頁

（辰井聡子）

3 不作為犯

論 点
1 不作為による故意犯
2 不作為による過失犯
3 不作為による幇助

1 不作為による故意犯

> **設例Ⅰ** 火鉢事件
>
> Xは，電力会社の集金係であったが，某日午後5時頃から，未整理帳簿類の整理記帳等をするために同社営業所事務室で残業をしていた。午後11時頃から宿直員Aと約6合の酒を飲んだうえ，Aの就寝後もひとりで，原符3万7000枚位をボール箱3個につめて机下に保管してある木机の下に，木製火鉢に多量の木炭をついで股火鉢をしながら執務をしていたところ，翌日午前2時頃に至り，先に飲んだ酒のために嘔吐感を覚え，大量の炭火が起こっている火鉢と傍のボール箱の間の距離が異常に接近したままの状態で，火鉢を机の外の安全な場所に移動するとか炭火を弱くするなど，容易にとりうる処置を行わずに同所を離れ，別室で休憩仮眠してしまった。午前3時45分頃，ふと仮眠から覚めて自席に戻ろうと事務室に入ったところ，上記炭火の過熱からすぐ側にあったボール箱入原符に引火し，さらに自席の木机に延焼発燃しているのを発見した。Xは，自ら消火し，あるいは宿直員Aほか2名の協力を得れば，火勢や消火設備の関係から容易に消火しうる状態であったにもかかわらず，このまま放置すれば営業所建物に延焼，焼損に至るべきことを認識しながら，不慮の失火を目撃した驚きと自己の失策の発覚をおそれるあまり，あるいは焼損の結果発生があるだろうことを認容しつつ，とっさに自己のショルダーバックを肩にかけ，そのまま同営業所を立ち去った。その結果，上記発燃火はそのまま燃え拡がって，午前4時過ぎ頃に至り，営業所建物1棟を全焼したうえ，隣接する住居，倉庫等7棟を全焼，1棟を半焼するに至らせた。【最三小判昭和33年9月9日刑集12巻13号2882頁［百選Ⅰ総論5事件］参照】

> **入口の質問**
>
> 1．不作為とは何か。作為と不作為はどのように区別されるか。
> 2．不作為犯にはどのようなものがあるか。
> 3．不真正不作為犯を処罰することは罪刑法定主義に反するとの見解があるが，これについてどう思うか。
> 4．保障人説とはどのようなものか。保障人的地位あるいは作為義務の発生根拠について，どのような議論があるか。

設例Ⅰ解題　不真正不作為犯の成立要件と放火罪

(1) 問題の所在

設例Ⅰでは，不作為による放火罪の成否が問題となる。犯罪構成要件は，通常は作為で実現されるが，文理上，不作為による構成要件の実現が排除されているわけではない。本設例では，Xの行為について「火を放つ」という積極的行為と同様に処罰できるのか，できるとすればその根拠は何かが問題となる。

なお，不作為犯をめぐる議論の中心はこれまで不作為による故意犯の単独正犯であったが，近時，不作為による過失犯（設例Ⅱ），あるいは，不作為犯と共犯が問題となる事案（設例Ⅲ）も議論の対象となってきていることに注意すべきである。

(2) 不真正不作為犯の成立要件

1．不作為による構成要件の実現を肯定するには，①不作為（と結果と）の因果関係，②作為義務，③作為の可能性（ないし容易性）が必要とされる。

まず，結果犯の既遂が成立するには，不作為と結果との因果関係が必要である。ここでは「期待された行為がなされていれば，結果は発生しなかったであろう」という関係があれば因果関係が肯定される（齋野彦弥・百選Ⅰ総論10-11頁，松宮・後掲⑨8頁以下など参照）。

ただ，因果関係が肯定できるすべての不作為を処罰するわけではない。結果防止の「保障人的地位」にある者についてのみ「作為義務」が問題となる。

2．問題は，作為義務を基礎づける保障人的地位はどのような場合に認められるか，という点にある。作為義務の発生根拠について，①法令，②契約・事務管理，③条理・慣習の3類型が挙げられ，行為態様に応じて多元的に説明されてきた。しかし最近では，(a)先行行為を基準とする見解（日高・後掲⑥154頁），(b)法益保護についての「事実上の引受け」の存在を基準とする見解（堀内・後掲⑧255頁），(c)（事実上の）排他的支配のある場合と（規範的観点から）支配領域性が認められる場合に作為義務を認める見解（西田・後掲③90頁）などが有力に主張されている（土屋眞一＝名取俊也・大コンメ2巻54頁以下参照）。

本設例を考える場合には，これら判例・学説の提示する基準の当否を具体的に検討する必要がある。

(3) 不作為による放火罪の成否

1．不作為による放火罪に関する判例としては，設例Ⅰで取り上げた最高裁昭和33年判決以前のものとして，①大判大正7・12・18刑録24輯1558頁（養父殺害事件）と②大判昭和13・3・11刑集17巻237頁（神棚事件）があるが，これらはいずれも，①被告人の管理者的地位，②（何らかの）先行行為の存在，③結果防止（消火）の容易性といった客観的事情のほか，④「既発の火力（危険）を利用する意思」の存在を強調していた。これに対して，最高裁昭和33年判決は，設例Ⅰと同様の事案について，次のように判示して，Xに不作為による放火罪を認めた。

「右炭火の過熱から前記ボール箱入原符に引火し更に右木机に延焼発燃したという事実は，被告人の重大な過失によって右原符と木机との延焼という結果が発生したものというべきである。この場合，被告人は自己の過失行為により右物件を燃焼させた者（また，残業職員）として，これを消火するのは勿論，右物件の燃焼をそのまま放置すればその火勢が右物件の存する右建物にも燃え移りこれを焼燬［焼損］するに至るべきことを認めた場合には建物に燃え移らないようこれを消火すべき義務あるものといわなければならない。」

「被告人は自己の過失により右原符，木机等の物件が焼燃されつつあるのを現場において目撃しながら，その既発の火力により右建物が焼燬［焼損］せられるべきことを認容する意思をもつ

てあえて被告人の義務である必要かつ容易な消火措置をとらない不作為により建物についての放火行為をなし，よってこれを焼燬［焼損］したものであるということができる。」（［　］は引用者による）

本判決については，大審院判決が「既発の火力（危険）を利用する意思」という主観的事情を強調していたのに対して，焼燬（焼損）の認容で足りるとした点に意義があるとされている（振津隆行・百選Ⅰ総論13頁参照）。本判決以後の下級審判例もほとんど「認容の意思」の有無で犯罪の成否を決めている（土屋眞一＝名取俊也・大コンメ2巻71頁以下参照）。

2．ところで，最高裁判決が，「被告人は自己の過失行為により右物件を燃焼させた者（また，残業職員）」であることを理由に消火義務を認めている点については，先行行為を重視したものとの理解が一般的であるが，事務室への排他的支配を認めたとの理解もある（林・後掲④51頁，西田・後掲③82頁）。

不作為による放火罪を認めた判例の多くは，何らかの先行行為があることを重視して作為義務（消火義務）を認めており，付随的に，排他的支配関係を理由に加えている（村瀬均・大コンメ7巻17頁以下参照）。判例のように多元的に作為義務を根拠づける場合には，本件においても，Xの過失ある先行行為，事務室への排他的支配，さらには残業職員としての立場・地位（会社従業員には，雇用契約上あるは就業規則上，火気取扱いについて注意義務が課されているのが通常であろう）といった諸事情を多元的に示すことになろう。作為義務を一元的に基礎づける見解によっても，本件では作為義務が容易に認められるであろう。

3．最高裁判決が「焼燬（焼損）の認容」で足りるとした点に対しては，不真正不作為犯の成立範囲を限定する意味で，むしろ大審院判例のように，「結果発生に対する強い積極的態度」を要求すべきとの批判もあるが（藤木・後掲⑦275頁），現在の通説は，このような悪しき「動機」を要求するとすれば，このような主観的要件の存在によって客観的要件充足の検討がおろそかになり，処罰範囲が不当に拡張されるおそれがあると批判している。

主観的要件をどのような意味において，そしてどの範囲で要求するのか，についても十分に考えておく必要があろう。

(4) 設例の検討

設例では，第1に，Xの先行行為が問題となる。先行行為説によれば，木机や書類が近接しているにもかかわらず火鉢に火を起こしたというXの行為を捉えて作為義務を根拠づけることは容易であろう。しかし，設例を少し変え，①Xの他に残業職員が複数いた場合や，②火を起こしたのがX以外の者で最後にX一人が残った場合には，先行行為説での解決は困難となろう。

他方，規範的要素のみで作為義務を根拠づける場合にも，例えば，本件事例を少し変え，残業職員が三々五々帰宅し，たまたまXだけが最後に残ったような場合，Xは会社所有者でも事務所管理者でもないことから，事務所について継続的に保護・管理義務を負う者とはいえない，ともいえそうである（従業員であることで一般的に防火義務が課されている，といえるなら話は別であろう）。この場合はやはり，Xだけが結果発生に至る事態を排他的に支配しているといった理由づけが必要になろう。

展開質問1

1. 作為義務の発生根拠について，先行行為を基準とする説に依拠した場合，本設例の解決は容易なようにみえるが，この説に不都合はないのか。あるとすれば，それは具体的にどのような点に現れるか。
2. 本設例においては他に宿直職員が寝泊まりしているが，このような場合に，Xに排他的支

配があるといえるか。あるとすれば、それはどのような意味においてか。
3. 残業職員としての立場を理由に作為義務を認めるとすれば、それはどのような根拠に求められるか。就業規則等において残業職員について火気取扱い、火の後始末について特段の定めがない場合はどうか。雇用契約関係を前提とした信義則を理由に作為義務を認めることは可能か。あるいは、そのような考え方は妥当か。
4. 本設例とは違い、例えば、火鉢の火を起こしたのが他の職員であって、その職員が帰宅した後に、Xが火鉢の火から原符等に延焼しているところを発見したが、そのまま立ち去った場合はどうか。
5. 本設例とは違い、例えば、仮眠から覚めるのもっと遅く、火がすでに燃え広がって大騒ぎになっていたとしたら、Xの行為はどのように評価されるか。
6. 不真正不作為犯が問題とされた犯罪として、放火罪以外にどのような類型があるか。
7. 不真正不作為犯における故意はどのようなものか。作為義務の錯誤の法的取扱いをめぐってどのような議論があるか。

② 不作為による過失犯

> **設例Ⅱ** 薬害エイズ厚生省事件第1審判決
>
> Xは、1984（昭和59）年7月から約2年間、厚生省の薬務局生物製剤課長として、同課所管に係る生物学的製剤の輸入・販売等の承認、検定および検査等の事務全般を統括していたところ、HIV（ヒト免疫不全ウイルス）が混入しているおそれのある、米国製の非加熱濃縮血液凝固因子製剤（以下、非加熱製剤という）について、販売中止ないし回収をさせ、あるいは、患者への投与を控えさせる等の措置をとらなかった。その間、(1)T大学医学部付属病院において、1985（昭60）年5月12日から6月7日までの間に、血友病患者Aが、T大学副学長Y医師により非加熱製剤（第Ⅷ因子製剤）を投与され、これによってHIVに感染し、エイズを発症し、1991（平3）年12月に死亡した。また、(2)製薬会社役員Zらが、加熱製剤の販売開始に伴い非加熱製剤によるエイズ感染の危険性が知られるようになった後も、非加熱製剤の販売を中止するとか、すでに販売された非加熱製剤を回収するなどの措置をとらなかったために、O医科大学付属病院において、1986（昭61）年4月1日から3日までの間に、肝臓病患者Bが、手術を受けた際に止血剤として非加熱製剤（第Ⅸ因子製剤）を投与され、これによってHIVに感染し、エイズを発症し、1995（平7）年5月に死亡するに至った。【東京地判平成13年9月28日判時1799号21頁［セレクト'02刑法1事件］参照】

入口の質問

1. 過失犯は不作為的構造をもつといわれることがあるが、それはどのような意味においてか。過失犯の実行行為をどのように理解すべきか。
2. 過失不作為犯における注意義務違反と作為義務はどのような関係にあるか。

3. (1)の事実について，AにHIVを感染させエイズにより死亡させたとして起訴されたT大学副学長Yに対して，東京地裁は，本件当時，Yには結果についての予見可能性は認められず，結果回避義務違反もないとして無罪を言い渡した（東京地判平13・3・28判時1763号17頁［薬害エイズ帝京大学病院事件，百選Ⅰ総論54事件］，佐久間修・百選Ⅰ総論110-111頁参照。なお，本件について検察官が控訴していたところ，2004年2月23日，東京高裁はYの心神喪失を理由に公判を停止した）。また，(2)の事実については，非加熱製剤を製造・販売した旧ミドリ十字の歴代役員Zらに対して，大阪地裁は，Zらには，加熱製剤販売開始以降の本件当時，非加熱製剤によるHIV感染の危険性について予見可能であり，非加熱製剤の販売を中止せず，販売済みの非加熱製剤の回収措置を怠ったとして，全員に実刑判決を言い渡した（大阪地判平12・2・24判時1728号163頁，大阪高判平成14・8・21判時1804号146頁）。

YおよびZらに対する上記裁判所の判断は，Xの罪責判断に連動するか。非加熱製剤によるHIV感染の危険性と被害者死亡という結果についての予見可能性判断は，XとYおよびZらとで同一なのだろうか。

設例Ⅱ解題　作為義務と注意義務

(1) 問題の所在

本設例では，非加熱製剤を所管する厚生省薬務局生物製剤課の課長であったXが，非加熱製剤によるHIV感染，エイズ発症による死亡という重大な結果を回避するための必要な措置，すなわち，非加熱製剤の販売を中止させ，すでに販売されている製剤の使用を中止・回収させるなどの措置をとらなかったという不作為について，業務上過失致死罪の成否が問題となる。

まず，(1)(2)の事実に関して，それぞれYおよびZらについて，結果についての予見可能性および結果回避義務の有無が問題となり，これを前提として，Xについて，このような結果防止のため，行政官として非加熱製剤の製造・販売を中止させ，あるいは，販売された非加熱製剤の回収等の措置をとるべき作為義務があるといえるか，それが肯定できるとして，このような行政上の不作為と被害者死亡とに間に因果関係はあるか，Xにおいて結果についての予見可能性および結果回避義務違反はあったのか否か，についてさらに検討されなければならないのである。

ここでは，不作為犯の問題，すなわち作為義務の発生根拠に絞って考えよう。

(2) 過失犯の構造と不作為犯

ところで，新過失論は，結果回避義務を「特定の結果を回避すべく社会生活上必要な措置を執るべき客観的義務」と捉え，これを違法要素と位置づける。過失行為は，このような基準行為からの逸脱として理解される。そして，注意義務の発生根拠とされるのは各種の行政取締規則であり，その違反が結果回避義務違反の判断に直接結びつくことになる。新過失論は，作為犯と不作為犯の区別に関して規範形式が命令か禁止かにより区別する規範論的アプローチを採用し，過失行為を命令規範に違反する不作為として構成する傾向にある。

これに対し，旧過失論は，法益侵害説の立場から，作為・不作為も法益との関連で把握すべきことになる。例えば，高速運転事例の場合，時速60キロでの運転という身体運動（作為）によって初めて法益の侵害・危険が惹起されると解することから，その行為態様は通常は作為犯ということになる。しかし，すでに法益の危険状態が発生している場合に，過失により結果発生を防止する行為をしないという不作為によって，結果を惹起する事態も十分に思考可能である。本設例はまさにこのような事例にあたることに

なる。

いずれにせよ，本設例では，非加熱製剤を回収したり，その使用を医師に控えさせたりするよう製薬会社に働きかけなかったという不作為が問題となる。Xに回収措置等をとる刑法上の作為義務があるか否かが重要な論点となるのである。

(3) 作為義務の発生根拠

東京地裁によれば，当時の厚生省組織令，薬事法の規定上も，実際上行われてきた業務内容などからしても，生物製剤課には生物学的製剤使用に伴う公衆危害を防止すべき行政上の義務があり，そのための行政指導を行う権限と地位は同課課長であるXにあったとされる。問題は，このような行政上の義務が刑法上の作為義務にまで高められるか否かである。

作為義務についての先行行為説に依拠した場合，先行行為となるのは非加熱製剤の製造・輸入についての厚生大臣の承認行為である（薬事14）。先行行為について過失が必要であるとする立場にたてば，非加熱製剤の承認段階では，エイズウイルス混入の危険性についての予見可能性は認められないことから，先行行為性を認めることは困難となろう。これに対して，先行行為に過失は不要で，客観的に危険創出があれば足りるとの見解によれば，承認行為に危険創出を肯定できるであろう。しかしながら，それはX自身の先行行為ではない。厚生省という組織体を一体のものと評価して作為義務を肯定することも理論的に考えられるが，ここで問われているのは，組織体自体の責任ではなく，あくまでも個別のXの刑事責任（個人責任）である。このような観点からすれば，先行行為説による作為義務の根拠づけには限界があることになろう。

あるいは，危険源に対する支配領域性という観点から作為義務を基礎づける見解によれば，自己の支配領域内の危険源に対する監視義務を根拠に回収義務等を基礎づけることになろう。しかしこの場合にも，販売・流通後の非加熱製剤については，製薬会社にも事実上の支配は認めがたく，これについてさらに行政官であるXが事実上支配しているとすることには，なお無理があるだろう。これを克服するには，支配領域性の概念を規範的レベルまで拡張する必要があるが，事実上の支配に欠ける結果について，被告人の地位や権限といった規範的要素のみからその支配性を肯定するとすれば，過失不作為犯の処罰範囲は不当に拡大することになりかねないであろう。

さらに，非加熱製剤の危険性に関する情報が製薬会社と厚生省に独占され，他の者による危険回避の可能性がほとんど奪われていたことから，Xと患者（消費者）との間の「情報の格差」によって作為義務を基礎づけうるとの視点も提示されている（大塚・後掲①73-74頁。なお，林・後掲⑤23頁も参照）。

作為義務の根拠づけについて上記いずれの視点からアプローチするにしても，①Xの不作為と被害者死亡という結果との間に因果関係はあるのか，②Xについて結果回避義務を基礎づけうるだけの予見可能性が果たして認められるのかについて，過失犯固有の問題としてさらに検討される必要がある。

展開質問 2

1. YやZらの有罪・無罪は，Xの有罪・無罪に直結するものであろうか。Xの不作為とYやZらの行為はどのような意味で関連しているのか。

2. Xが行政官として果たすべき職責ないし権限は，具体的にどのようなものか。法令上の職責ないし権限の不作為が直ちに業務上過失致死罪の罪責につながるものであろうか。

3. 先行行為を基準に作為義務を考える見解をとった場合，本設例における先行行為は具体的に何か。それはX自身の行為か。そうでないとした場合，それでもなおXに作為義務を認め

4. 先行行為には（故意または過失によって結果発生の危険を惹起したという）義務違反性が必要だとする見解があるが，それは妥当か。あるいは，客観的に危険を創出したといえばよいとする考えは妥当か。
5. Xには支配領域性があるといえるか。あるいは，事実上の支配領域性を超え，規範的な観点を強調する考え方についてどう思うか。
6. 危険源に対する情報の格差を根拠に作為義務を根拠づける考え方についてどう思うか。

③ 不作為による幇助

> **設例Ⅲ** 釧路せっかん死事件
> X女は，B男と結婚し長男Cおよび次男Dの2児をもうけたが，その後Bと不仲になり，CとDを連れて別居した後，協議離婚をし，XがC，Dの親権者となった。その後，XはA男と親しくなり同棲を始めて結婚し，AとC・Dとの間で養子縁組がなされ，さらに二人の間に長女Eが生まれた。Xは，同棲後間もなくAから暴力を振るわれ，その後も度々暴力を振るわれるようになったことから，3人の子供を連れて実家に逃げ帰り，C，Dの親権者をXとしてAと協議離婚した。しかし。離婚の数日後，Aから優しく言われてよりを戻すなどして数度にわたり，同居，別居を繰り返したが，この間に，AとCおよびDは協議離縁をしている。その後，再び同居している間に，AはCやDに対し，長時間立たせたり，正座をさせるなどのほか，平手や手拳で顔面や頭部を殴打するなどのせっかんを繰り返すようになり，この間，Xは，これを見ても制止することなく，無関心な態度を示していた。
> このような暮らしを続けていた折，X（当時妊娠中であった）とAが外出先から帰宅したところ，子供部屋が散らかっていたため，AはDに「おもちゃを散らかしたのはお前か」などと強い口調で尋ねたが，Dはこれに何も答えず睨みつけるような目つきをしたため，Aはこれに腹を立て，Dの顔面や頭部を数回殴打したところ，Dが突然短い悲鳴を上げてその場に倒れ，意識を失い，ほどなくして硬膜下出血等による脳機能障害によって死亡した。その間，Xは，隣にある台所で夕食の支度をしていたが，Aの怒鳴り声を聞いて，Aがいつものようにせっかんを加えるかもしれないと思ったが，まだAがDに手を加えている様子でなかったことや，自分が子供部屋に行くとAから怒られると思い，見て見ぬ振りをしようと考えていた。【札幌高判平成12年3月16日判時1711号170頁［百選Ⅰ総論82事件］参照】

> **入口の質問**
> 1. 直接の実行行為者Aについて，どのような犯罪が成立するか。
> 2. 不作為犯と共犯が問題となりうる犯罪類型として，どのようなものがあるか。
> 3. 不作為による教唆犯は否定されるのが一般であるが，それはなぜか。また，それは妥当と思うか。

4. 共謀共同正犯を肯定する判例・通説において，不作為による幇助を認める必要性はあるか。すべてを共謀共同正犯として処理できるのではないか。できないとすれば，不作為による幇助が認められるのはどのような場合か。

設例Ⅲ解題　不作為による幇助と作為義務

(1) 問題の所在

本設例におけるXの罪責を検討する前提として，まず，Aの罪責を確定する必要がある。Aは，平手や拳でDの頭部等を殴打し，その結果Dが死亡した。Aに殺意が認められないとすれば，傷害致死罪（刑205）が成立することになる。Dの母親・親権者であるXは，Aの暴行を認識しながらもこれを阻止していない。そこで，このようなXの不作為が，Aの行為にどのような意味で関与したと評価されるべきであろうか。

(2) 判　例

本設例と同様の事案について，釧路地判平成11・2・12判時1675号148頁（セレクト'99刑法6事件）は，不作為による幇助犯が成立するためには，「他人による犯罪の実行を阻止すべき作為義務を有する者が，犯罪の実行をほぼ確実に阻止し得たにもかかわらず，これを放置しており，要求される作為義務の程度及び要求される行為を行うことの容易性等の観点からみて，その不作為を作為による幇助と同視し得ることが必要」であるとしたうえで，被告人には「Aの暴行を実力をもって阻止」しなければならなかったが，それをすることが著しく困難な状況にあったとして，無罪を言い渡した（なお，Xは，当初自分の犯行であるとの虚偽の申告をしたため，傷害致死で起訴されたが，後にAが真犯人である旨を告白・証言したことから，傷害致死幇助に訴因変更された経緯がある）。

これに対して，前掲札幌高判平成12・3・16は，原判決が掲げる「犯罪の実行をほぼ確実に阻止し得たにもかかわらず，これを放置した」という要件は不必要であり，「Aの暴行を実力をもって阻止する行為」（以下，実力阻止行為）以外にも，「AとDの側に寄ってAがDに暴行を加え

ないように監視する行為」（以下，監視行為）や「Aの暴行を言葉で制止する行為」（以下，制止行為）を行うことは可能であったとして，原判決を破棄し，被告人に傷害致死幇助を認め，懲役2年6月，執行猶予4年を言い渡した。札幌高裁は，補足説明において次のように判示している。

「1　不作為による幇助犯は，正犯者の犯罪を防止しなければならない作為義務のある者が，一定の作為によって正犯者の犯罪を防止することが可能であるのに，そのことを認識しながら，右一定の作為をせず，これによって正犯者の犯罪の実行を容易にした場合に成立し，以上が作為による幇助犯の場合と同視できることが必要と解される。（中略）

5　以上によれば，被告人の行為は，不作為による幇助犯の成立要件に該当し，被告人の作為義務の程度が極めて強度であり，比較的容易なものを含む前記一定の作為［監視行為，制止行為および実力阻止行為］によってAのDに対する暴行を阻止することが可能であったことにかんがみると，被告人の行為は，作為による幇助犯の場合と同視できるものというべきである。」（［　］は引用者による）

本件ではXとAとの間の意思連絡は認定されていないが，判例は古くから片面的幇助を肯定しており，この点は幇助犯の成否に影響しない（堀内信明＝安廣文夫・大コンメ5巻548-549頁，554頁参照）。本件で判断が分かれたのは，不作為による幇助の成立要件の内容，すなわち，作為義務の具体的内容，作為可能性・容易性の判断である。

判例・通説は，幇助とは「正犯の実行を容易にすること」とする（奥村正雄・百選Ⅰ総論172-173頁参照）。正犯行為との間に物理的・心理的因

果関係があればよく，正犯結果との条件関係は必要とされない。不作為による幇助については，その反面として，要求される作為義務の内容も，正犯行為による結果発生を容易にし促進すれば足りることになる。

釧路地裁は，罪刑法定主義の見地から犯罪成立に絞りをかける必要があるとの立場から，作為義務の内容として，期待される行為は「犯罪の実行をほぼ確実に阻止し得た」ものでなければならないとした。これに対して，幇助行為は正犯行為の容易化・促進で足りるとする判例・通説からは，不作為による幇助とは「正犯の実行行為の障害となる行為」をしないこととされることになる（齊藤彰子・百選Ⅰ総論167頁参照）。

もっとも，このように作為による「幇助」の論理とパラレルに不作為による幇助を理解することについては，疑問もある。不作為正犯については，従来，結果防止の確実な行為の不作為だけが問題とされ，処罰範囲が一定程度限定されてきたが，不作為による幇助についても，これと同様の限定が要請されるべきだと解することにも，一定の合理性が認められるであろう。また，作為による幇助からの類推を理論的に徹底すれば，不作為による幇助は，端的に「正犯行為を困難にできた（障害となる行為をできた）のにそれをしない」行為と解することになろう。しかし，このような理解からは，結果防止の可能性がおよそ無い場合にも，正犯行為を困難にすることができた（例えば，結果発生を遅らせることだけはできた）限り，幇助犯を認めることなろう。しかしながら，札幌高裁判決も，「正犯者の犯罪の実行を容易にした」ことの前提として，「正犯者の犯罪を防止する作為義務のある者」がその可能性を認識しつつ一定の作為を為さなかったことを要求しているのである。作為による幇助の論理を徹底させることは，処罰範囲の拡大を意味していることにも注意を払うべきであろう（中森・後掲②97-98頁参照）。

本設例のように，作為正犯に関与する作為義務者の不作為の場合には，学説においても，判例の結論を支持するものが多数である。しかし，学説においては，作為義務者の不作為はむしろ原則として正犯であるとの見解や，法益に対して直接的に保護義務を負う保護保障人の不作為は正犯であり，一定の人，物，空間に対する責任に基づいて犯罪的攻撃を阻止すべき立場にある監督保障人の不作為は原則として幇助になるとする見解も有力に主張されている。このような見解によれば，Aの暴行を実力で阻止する可能性を肯定する札幌高裁の認定を前提とする限り，Dの生命に対する直接的な保護義務を負っているXについて，その不作為を正犯として評価することも十分可能であろう（齊藤彰子・百選Ⅰ総論167頁参照）。

(3) 設例の検討

本設例を検討するに際しては，上記のような，不作為による幇助犯の成立要件，とりわけ作為義務の具体的内容をどのように理解するかが重要である。他方で，作為義務者の不作為は原則として正犯であるとする学説や，保護保障人の不作為として正犯を認める学説についても，その理論的根拠，結論の当否について検討しておく必要がある。

ところで，本設例の事案について釧路地裁と札幌高裁とで結論が分かれたが，その理由は，不作為による幇助犯の成立要件に関する法的解釈の違いもさることながら，被告人の本件行為に至った事情・理由などに関する事実認定に違いがあったからである。本件のように，家庭内において児童虐待と夫婦間暴力とが併発・競合した事案における事実認定の困難さを如実に示しているものといえよう。この種の事案の解決にあたっては，その実態についての心理学的・社会学的調査・研究の成果を積極的に取り込むことも必要となろう。

> **展開質問 3**
>
> 1. 幇助が認められるには，①正犯行為ないし結果と条件関係が存在することが必要であるとする見解，②正犯行為あるいは正犯結果を容易にし促進すれば足りるとする見解，③幇助を抽象的危険犯とする見解などが主張されているが，どのように考えるべきか。
> 2. 作為による幇助について正犯行為を促進すればよいとする判例・通説は，不作為の場合には，「正犯の実行行為の障害となるものと認められる行為をしなかったことで足りる」とするが。このような逆転の論理についてどう思うか。それは妥当な結論であろうか。
> 3. 本件原審の釧路地裁は，正犯の実行を確実に阻止しえた場合にのみ不作為による幇助が成立すると判示したが，このような限定の実質的根拠はどこにあるか。このような限定は必要だと思うか。
> 4. XはDの唯一の親権者であり，Dの生命を直接保護すべき立場にある。だとすれば，Xはむしろ正犯として評価されるべきではないか。

> **出口の質問**
>
> 1. 不真正不作為犯に関する総則規定を設けることは，問題の解決に資するものと考えられるか。具体的にどのような規定が望ましいと考えるか（改正刑法仮案13，改正刑法準備草案11Ⅰ，改正刑法草案12，ドイツ刑法13参照）。
> 2. 歴代積み重ねられてきた厚生省の行政行為について，一行政官の刑事責任（個人責任）を問うことは，果たして社会正義に適っているといえるか。
> 3. 欠陥のある製造物・商品によって人に死傷の結果が発生した場合に，それを回収しなかった不作為に着目して，刑事責任を問うべきだとの主張（刑事製造物責任論）があるが，どう考えるか。仮にそれが刑事政策的に妥当なものだとして，製造・販売業者に作為義務（回収義務）を肯定するには，どのような理論構成が妥当か。
> 4. 家庭内における児童虐待や夫婦間暴力について，刑法上問題となりうる犯罪類型として，どのようなものがあるか。また，これらの事案に対して，刑事規制（刑罰法規）は有効に機能しているか，あるいはどのような問題点があるか。
> 5. 児童虐待の防止等に関する法律（平成12年5月24日法律第82号，いわゆる児童虐待防止法）はどのような内容の法律か。同法は，児童虐待の防止に有効に機能しているか。機能していないとすれば，問題はどのような点にあるか。見直しも含めて検討せよ（同法附則2参照）。
> 6. 配偶者からの暴力の防止及び被害者の保護に関する法律（平成13年4月13日法律第31号，いわゆる配偶者暴力防止法）はどのような内容の法律か。同法は配偶者からの暴力被害の防止に有効に機能しているか。機能していないとすれば，問題はどのような点にあるか。見直しも含めて検討せよ（同法附則3参照）。

参考文献

① 大塚裕史「薬害エイズ厚生省ルート第1審判決について」現代刑事法35号（2002）69頁
② 中森喜彦「判批」現代刑事法29号（2001）95頁
③ 西田典之「不作為犯論」芝原邦爾ほか編・刑法理論の現代的展開総論Ⅰ（日本評論社，1988）67頁

④ 林幹人「不作為犯」町野朔ほか・考える刑法（弘文堂，1986）39頁
⑤ 林幹人「国家公務員の作為義務」現代刑事法41号（2002）20頁
⑥ 日高義博・不真正不作為犯の理論（慶応通信，1979）
⑦ 藤木英雄・可罰的違法性の理論（有信堂，1967）
⑧ 堀内捷三・不作為犯論（青林書院新社，1978）
⑨ 松宮孝明「不作為犯と因果関係論」現代刑事法41号（2002）8頁

（長井長信）

4 正当防衛

論　点
1. 相当性
2. 喧嘩と正当防衛——侵害の急迫性と防衛意思
3. 誤想過剰防衛

1 相当性

設例 I　菜切包丁脅迫事件
　Xは，空地に貨物自動車（ダンプカー）を駐車させようとしたYから，Xの車が邪魔であると怒号され，自車を移動させたが，Yの粗暴な言動に立腹し，「言葉遣いに気をつけろ」と言ったところ，年齢も若く，体格にも優れたYが「お前，殴られたいのか」と言って，手拳を前に突き出し，足を蹴り上げる動作をしながら近づいてきたため，怖くなり，自車の傍らを走って逃げようとしたが，その際平素果物の皮むきなどに用いるために運転席に置いてあった菜切包丁（刃体の長さ約17.7センチメートル）を思い出し，それを窓から取り出し腰のあたりに構え，「殴れるものなら殴ってみい」，「切られたいんか」などと申し向けて脅迫した。【最二小判平成元年11月13日刑集43巻10号823頁［百選Ⅰ総論24事件］参照】

入口の質問

1. Xは，菜切包丁を腰のあたりに構えて，Yを脅迫したという事実について，暴力行為等処罰に関する法律1条違反（示凶器脅迫罪）で起訴された。第1審は，Xの行為に暴力行為等処罰に関する法律1条の罪の成立を認めたのに対し，原審は，過剰防衛の成立を認めた。これに対し，最高裁判所は，Xの菜切包丁を腰のあたりに構えてYを脅迫した行為は，「Yからの危害を避けるための防御的な行動に終始していたものであるから，その行為をもって防衛手段としての相当性の範囲を超えたものということはできない。そうすると，Xの［示凶器脅迫］は刑法36条1項の正当防衛として違法性が阻却される」と判示し，第1審判決，原審判決を破棄し，Xに無罪を言い渡した。しかし，最高裁は，どのような理由から，Xの行為が防衛行為の「相当性」の要件をみたすと判断したのであろうか。相当性の範囲を逸脱しているとして，過剰防衛の成立を認めた原審とは，どのような点で判断が異なったのであろうか。そこでは，どのようなことが判断要素とされたのであろうか。

2. Xは，刃体の長さ約17.7センチメートルの菜切包丁を携帯していたという事実について，銃砲刀剣類所持等取締法22条（刃体の長さが6センチメートルをこえる刃物の携帯の禁止）違反で

も起訴された。同条は，「何人も，業務その他正当な理由による場合を除いては，……刃体の長さが6センチメートルをこえる刃物を携帯してはならない」と定めている。この「業務その他正当な理由による場合」とは，どのような場合をいうのか。

設例Ⅰ解題 正当防衛の違法性阻却根拠と「相当性」の判断要素・方法

(1) 判 例

従来の判例は，防衛行為態様が適切であったかどうかという基準により，防衛行為が相当であるか否かを判断してきた。例えば，押問答を続けているうち，Aが突然被告人の左手の中指と薬指をつかんで逆にねじあげたので，被告人は痛さのあまり振りほどこうとして右手でAの胸のあたりを1回強く突いたところ，Aが仰向けに倒れ，たまたま付近に駐車していた自動車の後部バンパーに後頭部を打ちつけ，治療45日を要する傷害を負った，という事案に関する最一小判昭和44・12・4刑集23巻12号1573頁（百選Ⅰ総論〈3版〉25事件）は，「刑法36条1項にいう『已ムコトヲ得サルニ出テタル行為』とは，急迫不正の侵害に対する反撃行為が，自己または他人の権利を防衛する手段として必要最小限度のものであること，すなわち反撃行為が侵害に対する防衛手段として相当性を有するものであることを意味するのであつて，反撃行為が右の限度を超えず，したがつて侵害に対する防衛手段として相当性を有する以上，その反撃により生じた結果がたまたま侵害されようとした法益より大であつても，その反撃行為が正当防衛行為でなくなるものではないと解すべきである」と判示して，生じた結果から過剰防衛の成立を認めた原判決を破棄している。また，ダンサーである被告人（40歳の女性）が，駅のホームで酒に酔ったA（男性）からしつこくからまれ，コートの襟のあたりをつかまれたため，「あんたなんか死んでしまえばいい」と言って突き飛ばしたところ，Aはよろめいてホームから線路上に転落し，入線してきた電車にはさまれて死亡した，という事案（西船橋駅事件）に関する千葉地判昭和62・9・17判時1256号3頁は，「Aは……高等学校で体育の教師として勤務していた者であり，これに対して被告人は40歳になろうとする女性であって，必ずしも被告人が体力的に優っているとはいえない……，一連の経過によると，Aが酒に酔っている者によくみられるところの，自制心が働かず，その行動が制御されずに相手方に立ち向かうような状況にあったことが看取され，従ってそのようなAから離れるためには被告人なりに力を入れてつく必要があったとみられること，これらの諸事情に照らせば，被告人のAを突いた所為が被告人自身からAを離すに必要にして相応な程度を越えていたとは到底いえない」と判示して，被告人に正当防衛の成立を認めている。

このように，判例は，防衛行為により生じた結果よりも，素手による攻撃に対して素手による防衛行為を行ったという，その行為態様の適切さが重視しており，学説においては，判例は，武器対等か否かを基準として防衛行為の相当性を判断するものであると理解されている。このような立場によるなら，本設例のように，単に素手で攻撃してくるものに対して，殺傷能力の有する危険な凶器である果物ナイフを用いるのは，防衛行為の態様として適切さを欠いているから，相当なものとはいえないということにもなりうる。「素手で殴打或いは足蹴の動作を示していたにすぎないYに対し，殺傷能力のある刃体の長さ約17.7センチメートルの菜切包丁を構えて立ち向かい，……脅迫したことは，防衛の手段としての相当性の範囲を逸脱したものというべきである」と判示した，本設例に関する原審の判断は，このような立場にたったものである。

もっとも，従来の判例も，用いられた武器を

単純に形式的に比較するのではなく、攻撃者と防衛行為者の年齢、性別、体力、力量などの事情を考慮に入れたうえで、実質的な観点から、武器対等であるかどうかを判断している。例えば、最二小判昭和26・3・9刑集5巻4号500頁は、被告人は、凶暴な人物であるという噂があり、背が彼より一寸高く四角張った体つきで、被告人のような者が2人がかりでかかっても素手ではかなわないようなAが生木を持って打ちかかってきたので、それを奪い取ったが、同人がなおも素手で組み付こうとしたため、その生木で同人の頭部を1回殴打して死に至らしめたという事案において、「反撃として奪い取つた生木で相手方を殴打することも防衛行為として已むを得ない場合もあり得る」として、被告人に正当防衛の成立を認めている。また、仙台高秋田支判昭和35・7・27下刑集2巻7・8号997頁は、体格の頑丈な43歳の壮年で、過去に数回暴行傷害事件を起こしたことのあるAが手拳で攻撃してきたため、65歳の老人である被告人が履いていた下駄で反撃し、暴行を加えたという事案に関し、被告人の行為に正当防衛の成立を認めている。

　このような立場からするなら、本設例のように、攻撃者が粗暴で、防衛者よりも年齢的に若く体力的にも優れていて、力量的にハンディがあるような場合には、素手の攻撃に対して凶器を用いても、防衛行為としての相当性が必ずしも否定されるものではないということになる。本最高裁判例も、このような理由からXの行為は相当な防衛行為であるとしたのかもしれない。

　だが、最高裁判所は、このような観点からのみではなく、Xの行為が「防御的な行動に終始していた」ということもあげて、防衛行為の相当性を肯定している。本件の類似の事案に関する下級審の判例にもこのような観点から正当防衛の成立を認めたと考えられるものがある。和歌山地判昭和50・4・22刑月7巻4号564頁は、被告人らは、抗争状態にある暴力団の組合員が日本刀などを振りかざして仲間の組員を追ってきて危害を加えようとしたので、それぞれ日本刀を振りかざしたり、拳銃の引き金を引くなど共同して凶器を示し彼らの生命身体に危害を加えるべく脅迫したとして、暴力行為等処罰に関する法律1条違反に問われたという事案について、「被告人らの行動は、単なる威迫的心理的な行動たる脅迫に止まり、物理的力の行使にまでは行って［おらず］、それは典型的な防衛的行動と認められる［から］……本件脅迫行為は、已むことを得ざるに出た行動であると解される」としている。被告人の行為が「防御的な行動」であることを理由として、防衛行為としての相当性を認めた本判決は、最高裁判例としては新しいものといえる。だが、これも、従来の判例と同様、防衛行為か攻撃行為かという行為態様を対象として相当性の成否を判断使用としている点では異なるものではない。

　これに対し、近時、行為の危険性の重大性を考慮して、相当性を判断することを明示した判例が出された。それは、最二小判平成9・6・16刑集51巻5号435頁（平成7年度重判解刑法2事件）である。事案は、同じアパートに2階に住んでいるAと日頃から仲が悪かった被告人が、アパート2階の共同便所で小用を足していた際、突然Aに鉄パイプで頭を殴られ、通路でもみ合いになり、その間、被告人はいったんはAから鉄パイプを取り上げその頭部を1回殴打したが、Aはすぐに鉄パイプを取り戻し、それで襲いかかろうとしたため、被告人は1階に通じる階段の方へ逃げ出したが、その手前で振り向くと、Aが勢い余って通路端に転落防止用に設置された手すりの外側に上半身を前のめりに乗り出した恰好になっていたので、被告人はとっさにAの左足を持ち上げ、4メートル下のコンクリート道路上に転落させ、重傷を負わせた、というものである。最高裁は、「［Aの］被告人に対する急迫不正の侵害は、被告人が右行為に及んだ当時もなお継続していた」としたうえで、「Aの被告人に対する不正の侵害は、鉄パイプでその頭部を1回殴打した上、引き続きそれで殴り掛

かろうとしたものであり，同人が手すりに上半身を乗り出した時点では，その攻撃力はかなり減弱していたといわなければならず，他方，被告人の同人に対する暴行のうち，その片足を持ち上げて約4メートル下のコンクリート道路上に転落させた行為は，一歩間違えば同人の死亡の結果すら発生しかねない危険なものであったことに照らすと，鉄パイプで同人の頭部を1回殴打した行為を含む被告人の一連の暴行は，全体として防衛のためにやむを得ない程度を超えたものであったといわざるを得ない」と判示して，急迫不正の侵害および防衛意思が欠けるとして正当防衛・過剰防衛の成立を否定した第1審，原審の判決を破棄した。

(2) 正当防衛の違法阻却根拠

防衛行為が相当であるか否かの判断は，結局，どのような行為に正当防衛としての違法阻却を認めるべきかという問題であるから，正当防衛の違法阻却根拠から考えられなければならない。

刑法36条1項は，正当防衛について，「急迫不正の侵害に対して，自己又は他人の権利を防衛するため，やむを得ずにした行為は，罰しない」と規定している。例えば，Aがナイフを持ってXに襲いかかってきたので，Xが自分の身を守るためにAを射殺した，という場合，Xの行為は正当防衛になる。ここで「罰しない」とされているのは，正当防衛行為は違法性が阻却され，犯罪が成立しないため，不可罰であるという意味である。

正当防衛行為の違法性阻却について，現在のわが国の学説においては，それを個人の法益保護と法の確証の2つの要素に求めるという見解が有力に主張されている。このうち，「個人の法益保護」の原理は，正当防衛は個人に固有の自己防衛権の行使として正当化されるという原理であるのに対し，「法の確証」の原理は，正当防衛は不法を否定し法秩序を確証するものとして正当化されるという原理である。もっとも，このような見解にも，その2つの要素を正当防衛の固有原理とする見解と，これらを違法阻却の一般原理である優越利益を構成する要素とする見解とがある。前者は，正当防衛は，直接攻撃を受けた被攻撃者の個人的利益の保護ばかりでなく，法秩序そのものの確証にも奉仕するものであり，その違法阻却原理は，正の確証という超個人的な原理（法は不法に屈服してはならない）と自己防衛の要求（汝の侵害を甘受する必要はない）という2つの原理に求められるとする。「正当防衛（Notwehr）の基本思想は，一方では，緊急状態における他人からの侵害行為に対する個人の防衛権を保障するという思想に現れるが，他方では，『法（正）は不法（不正）に譲歩する必要はない』……という命題で表されるように，不正な侵害に対しては，法（正）を擁護するため断固たる反撃を許すという思想にも現れる。前者は，個人保全……の思想であり，後者は，法確証……の思想である」とされる山中教授の見解がその典型的なものである（山中・総論 I 421頁）。この立場は，正当防衛においては，この正の確証という要素が存在するために，緊急避難とは異なり，防衛者は他の手段によって攻撃を避けることができる場合にも，自分自身や第三者を保護するために必要な防衛行為を行うことができるし，また，原則的に防衛行為によって避けられた損害とそれによって惹起された損害との価値がつりあうことも要求されないとする。この見解は，防衛者は「法の代理人」として法の確証に貢献する地位になければならないことを強調するものであるため，彼の倫理的立場に重点が置かれ，行為無価値論に傾斜することになる。

これに対し，後者の立場は，緊急避難のときとは異なり，個人の法益保護とともに，攻撃する不法に対する法の確証という利益が存在する正当防衛においては，このような被攻撃者の法益保護と法全体の確証とが共同して優越利益を形成するとする見解である。例えば，前述の例において，Xは，Aの生命という法益を侵害したが，それによって自分の生命という法益と不法に対する法の確証という利益を守ったのであ

るから、優越利益を守ったことになり、違法性の阻却が認められるというのである。「正当防衛も正当化事由の1つである以上、正当化の一般原理である優越利益の原理の支配を受ける。防衛者の側に自己保全の利益と法の確証の利益とが認められるとき、優越利益の原理が貫徹されたものとして防衛行為は正当化される」とする曽根教授の見解は、その代表的なものである（曽根・総論112頁）。この見解は、違法性の実質は、人間の生活利益の侵害および危殆であるから、利益欠缺の場合だけではなく、ある利益を侵害することによってそれよりも高い価値の利益が維持されたときにも、優越利益の原理によって違法性が阻却されるとする考えを前提とするものであり、結果無価値論的思考をとるものである。

このうち、後者の立場が基本的に正当である。しかし、被攻撃者の法益保護の利益とは別個の法の確証という利益を認め、この両者によって優越利益が形成されるとすることは不当である。法の目的は法益の保護にあるとする結果無価値論の立場からするなら、法が守られたということは、被攻撃者の正当な法益が保護されたということを言い換えたにすぎない。すなわち、法の確証の利益とは、被攻撃者の正当な利益が守られたことによって生ずる反射的な利益にすぎないのであり、それとは独立した法の確証の利益を認めることは、結果無価値論の立場からはむしろ許されないことである。また、法の確証の利益は、単に法が守られたということではなく、むしろ違法な攻撃が抑止されるという一般予防のモデルとして説明されている。これは、正当防衛による反撃をいわば刑罰と同じように考えるものであり、これによると、正当防衛は違法な攻撃を抑止する効果がある場合にのみ認められるということになる。しかし、そうすると、その攻撃が責任能力者によって行われることを要求することになり、この結論は主観的違法論への復帰を意味することになる。

正当防衛の違法阻却根拠を、法の確証の利益を考慮しない優越利益の原理に求める立場にも、現在、2つの立場がある。その1つは、正当防衛においては、緊急避難とは異なり、退避義務ないし回避義務が要求されていないことから、「正は不正に譲歩する必要がない」という意味で、侵害者の利益に対する被侵害者の利益の優越性が認められるのであり、しかもこの優越性は、正当防衛においては、害の衡量が不要であるという意味で絶対的な優越性が認められる、とされる山口教授の見解である（山口・探究総論51頁）。この立場、正当防衛と緊急避難の差異を強調し、正当防衛を正は不正に譲歩する必要がないという意味での一種の権利行為を理解する（36条を35条よりに捉える）立場である。

もう1つの考え方は、正当防衛の違法阻却原理を、被攻撃者の法益の要保護性の方が違法に攻撃する者の法益の要保護性より高く評価される、という相対的な優越性に求める立場である。この考え方は、個人の法益の保護の優越性という緊急避難と共通する原理に、正当防衛の正当化根拠を求める（36条を37条よりに捉える）見解である。

このうち、後者の立場が妥当である。確かに、正当防衛においては、正当な利益である被攻撃者の法益の要保護性の方が、不正な利益である攻撃者のそれよりも優越していると認められる。しかし、この場合、攻撃者の法益の要保護性は、原則として被攻撃者のそれより低く評価されるとはいえ、まったくゼロではないのであり、被攻撃者の側の利益の絶対的優越性を認めることはできないように思われる。また、このような批判は、個人の自らその権利の侵害に対して闘うのは、権利であるだけでなく義務でさえある、という個人主義の基本思想から、不正な侵害者の利益は、正当な被侵害法益の防衛に必要な限度で、その法益性が否定されるとし、正当防衛の違法阻却根拠を侵害者の法益性の欠如に求める見解にも妥当する。

(3) 「相当性」の判断要素

正当防衛が成立するためには、急迫不正の侵

害に対する防衛行為が「自己又は他人の権利を防衛するため，やむことを得ずにした行為」であることが必要であるとして，緊急避難に関する37条1項と同じ表現を用いている。しかし，学説においては，両者は同じ意味ではないと解されている。後者のそれは，本当にやむをえない場合であり，法益を守るために他人の法益を侵害する以外に方法がないことを意味する（これを「補充の原則」という）のに対し，前者のそれは，行為が法益保全のために「必要」であり，かつ，法益保全の手段として「相当」なものでなければならない，という防衛行為の「必要性」と「相当性」の両者を意味する。

本設例の場合，Xの果物ナイフを構えてYを脅迫した行為が，Yの攻撃から自己の身体を防衛するために必要なものであったということは異論がないであろう。問題は，X行為が防衛行為として相当なものといえるか，ということである。

①判断対象——行為，結果，危険性

前述した，正当防衛の違法阻却根拠を，被攻撃者の個人法益の保護ばかりでなく，法秩序そのものの確証に奉仕するものでなければならないという固有原理に求める立場によるならば，防衛者は，「法の代理人」という立場で行為を行うという，行為価値を強調するものであるため，その防衛行為の態様が適切であったかどうかを重視して，防衛行為の相当性を判断することになる。このような立場が，学説における通説であり，また，前述したように，従来の判例にもこのような立場をとったものがある。そして，このような立場によると，その判断対象には，行為者の主観も含まれるということになる。例えば，同じく武器を用いる場合であっても，それが単に威嚇のために用いる場合と，人を殺害するために用いる場合とでは，行為態様に対する評価が異なることになるからである。

これに対し，結果無価値論的思考を前提にして，正当防衛の違法阻却根拠を被攻撃者の法益の要保護性が攻撃者のそれよりも優越するという原理に求める立場によるなら，正当防衛においては，防衛行為によって生じた法益侵害結果が正当化されるか否かが問題なのであるから，攻撃者に生じた結果が判断の対象とされなければならない。そして，それは，事後的判断ということになる。

このような見解に対し，学説には，事後的な結果の衡量によらない，事前的な危険の衡量による「相当性」を肯定する見解が有力に主張されている。例えば，林幹人教授は，「どのような行為が防衛行為として相当であるかは，防衛行為を行う時点に立って，事前的に，考えるのである」とされたうえで，攻撃者が急迫不正の侵害を行おうとしているときには，その危険の重大性をも考慮して，被攻撃者の行為の危険性がどの程度までなら許されるのかを決めなければならない，とされている（林幹人・百選Ⅰ総論〈4版〉52頁）。前述した，最二小判平成9・6・16の判例もこのような立場にたつものであると思われる。しかし，結果が発生した以上，常に危険は存在していたといわざるをえないように思われる。例えば，前述した西船橋事件の場合，Aが死んだ以上，彼を突き飛ばした被告人の行為には死亡の結果を発生させる危険があったといわざるをえないのである。また，この見解は，防衛行為の時点だけを捉えて危険判断をするべきであるとされているが，どうしてその時点を取り出すことが正当化されるのか理解することはできないように思われる。例えば，前述した西船橋駅事件のような場合，この見解からは，被告人が胸を突いた時点だけを取り上げて危険判断を行い，その時点での危険は被害者を死に致す危険までは有していなかったのであるから，被害者側の行為の危険と衡量して許容されるべきであるということになるのであろうが，なぜその時点だけを特に取り上げて危険判断することが許されるのか，どうして被害者がよろめいてホームから電車が入線しようとしている線路上に落ちようとしている時点での危険判断ではないのかということは理解することができない。

この見解が設定する危険判断の方法は，恣意的ではないのかという疑問があるのである。

②判断基準——優越利益性との連関

以上のように，「相当性」の判断が結果の事後的判断だとした場合，何を基準として，その結果が相当であるかを判断するかが問題になる。正当防衛の違法阻却根拠を優越利益に求める立場からするなら，被攻撃者の法益の要保護性と攻撃者の法益のそれとを比較衡量して，攻撃者にどの程度の法益侵害結果を生じさせることが妥当かという観点から判断されることになる。この場合，両者の要保護性の比較衡量に際しては，正当防衛状況における両者の具体的事情を考慮する必要がある。攻撃者の利益と被攻撃者のそれとが衝突する正当防衛状況においては，両者の事情を具体的に考察して，どちらの利益にどの程度の保護を与えることが刑法の法益保護の観点から見た場合妥当であるかを決めるべきだからである。例えば，両者の生命と生命が衝突した場合，通常の場合には，被攻撃者の法益の要保護性の方が違法な侵害を行った攻撃者のそれよりも優越すると認められるから，被攻撃者が攻撃者の生命を侵害しても，「相当」な防衛行為であると認められるが，具体的事情によって，被攻撃者の法益の要保護性が低減していると認められる場合には，攻撃者の生命を侵害することは相当ではなく，過剰防衛ということになる。

本設例においては，Xは自己の身体を守るために果物ナイフでYを脅迫しただけで，刺したわけではないから，被攻撃者の法益の要保護性の優越性を考慮に入れれば，Xの行為は「相当」な防衛行為であると認められることになるように思われる。

展開質問1

1. 防衛行為の「相当性」について，「武器対等」か否かという基準で判断する場合と，「防御的な行動に終始していた」か否かという基準で判断する場合とで違いがあるか。

2. 下級審の判例には，行為者の認識を基準として防衛行為の相当性を判断するべきだとしたものがある（大阪地判平成3・4・24判タ763号284頁［平成3年度重判解刑法2事件］）。また，学説にも，同様の立場を主張する有力な見解がある（藤木英雄・注釈刑法(2)のⅠ［1968］242頁）。これは妥当か。

3. 下級審の判例には，行為態様が適切であったか否かと結果の重大性の両方を総合して，相当性を判断すべきであるとしたものがある（東京地八王子支判昭和62・9・18判時1256号120頁）。また，学説にも同様の見解がある。これは妥当か。

4. 正当防衛の違法阻却根拠を優越利益の原理に求める立場から，正当防衛が成立するためには，防衛行為に急迫不正の侵害により危殆化されている利益を結果的に守るという効果があったことが必要であるとする見解がある。これは妥当か。

5. 最二小判昭和59・1・30刑集38巻1号185頁（昭和59年度重判解刑法1事件）は，被告人が喧嘩相手Aに非を認めさせるために木刀を携え，ズボンのポケットにはさみを入れて同人と対峙したが，仲間に仲裁されたため木刀を捨てたところ，Aがいきなりそれを取り上げて殴りかかってきたため，持っていたはさみで同人の胸を突き刺し，死亡させたという事案において，その刺突行為に過剰防衛の成立を認めたうえで，はさみの携帯について，「たとえそれが……防衛の目的でしかも時間的，場所的に限られた範囲にとどまつたとしても，それをもつて違法性が阻却されるべき事由となすことはできない」として銃砲刀剣類所持等取締法22条の罪の成立を認めた。これに対し，設例Ⅰに関する最高裁判例は，本件菜切包丁の携帯は，正当防衛行為の一部を構成するから違法性が阻却されるとして，同条の罪も成立しないとし

ている。両者の結論が異なった理由はどこになるか。また，後者の判例の理由は妥当か。
6. 盗犯等防止法1条1項の規定は，どのような趣旨を定めたものか。

② 喧嘩と正当防衛——侵害の急迫性と防衛意思

設例Ⅱ 内ゲバ事件

中核派に属するXは，かねてから対立抗争関係にあった革マル派の者が襲撃してくることを予期して鉄パイプなどの凶器を準備して集合し，いったんは攻撃してきた革マル派の者を鉄パイプで乱打するなど実力で撃退した後，再び同派の攻撃があることを予期してバリケードなどを築いていたところ，革マル派の数名が押しかけてきたため，鉄パイプを投げる，鉄棒を突き返すなどの共同暴行を行った。
【最一小決昭和52年7月21日刑集31巻4号747頁［百選Ⅰ総論22事件］参照】

入口の質問

1. Xは，凶器準備集合罪（刑208の3）と暴力行為等処罰に関する法律1条違反の罪の2罪で起訴された。それらの罪数関係はどうなるか。
2. Xは革マル派の者の攻撃を予期して準備をしていた。このような場合にも，正当防衛の成立要件である侵害の「急迫性」の要件は認められるか。
3. 本件は，喧嘩の事案である。このような場合にも，正当防衛の成立は認められるか。

設例Ⅱ解題 喧嘩と正当防衛——侵害の急迫性と防衛意思

(1) 判例

この問題について，大審院時代の有名な判例は，わが国古来の「喧嘩両成敗」の法理を引用して，喧嘩闘争者には正当防衛の成立はいっさい認めることができないとしていた（大判昭和7・1・25刑集11巻1頁）。しかし，このように，喧嘩闘争の場合に，一律に正当防衛の成立を否定する判例の態度に対し，当時の学説は批判的であった。例えば，草野豹一郎博士は，「一口に喧嘩闘争といっても，事情如何によっては，正当防衛と解すべき場合がありうるのではあるまいかと疑うのである」としていた（草野豹一郎「喧嘩と正当防衛」刑事判例研究1巻［1934］20頁）。

そこで，最高裁判所は，このような学説の批判を受け入れ，「喧嘩両成敗」という考え方を放棄し，喧嘩闘争の場合にも正当防衛の観念を容れる余地があることを認めた。それは，最三小判昭和32・1・22刑集11巻1号31頁（百選Ⅰ総論〈初版〉39事件）である。これは，特殊飲食店の組合員である被告人らと彼らに以前から敵意をもって対立していたAらとが喧嘩となり，被告人とAとが水溜まりにすべって転倒した機会に，被告人がAから刺身包丁を奪って同人の胸部を突き刺し，死亡させたという事案である。これについて，最高裁は，いわゆる喧嘩は，闘争者双方が攻撃および防御を繰り返す一団の連続的

闘争行為であるから，闘争のある瞬間においては，一方がもっぱら防御に終始し，正当防衛を行う観を呈することがあっても，闘争の全般からみては，刑法36条の正当防衛の観念をいれる余地がない場合があり，法律判断として，まず喧嘩闘争はこれを全般的に観察することを要し，闘争行為中の瞬間的な部分の攻防の態様によって事を判断してはならず，喧嘩闘争においてもなお正当防衛が成立する場合がありうるのである，とした。これによって，判例も喧嘩闘争においても正当防衛が成立する旨を積極的に認めるに至った。しかし，この判例に対しても，喧嘩闘争を全般的に観察するというだけでは漠然としており，どのような場合に，正当防衛の成立が認められるのか，また認められないとすれば，それはどのような理由によるのかという点が不明確であるという批判が強かった。そこで，最高裁は，その後，この学説の批判を受け入れるかたちで，正当防衛の個々の要件が欠けるという理由によって，喧嘩闘争の場合に正当防衛の成立を否定するという態度をとるようになった。その1つの理論が，「憤激又は逆上して反撃を加えたからといって，ただちに防衛の意思を欠くものと解すべきではない」，または，「防衛の意思と攻撃の意思とが併存している場合の行為は，防衛の意思を欠くものではない」が，防衛者が「憎悪の念をもち攻撃を受けたのに乗じ積極的に加害行為に出た」場合，「防衛に名を借りて侵害者に対し積極的に攻撃を加える行為」の場合には，防衛の意思が欠けるというものである。すなわち，最三小判昭和46・11・16刑集25巻8号996頁（百選Ⅰ総論〈初版〉36事件）は，被告人が，言い争いをしたAと仲直りのために謝りに行ったところ，Aが殴りかかってきたので，被告人は逆上しとっさにくり小刀でAの胸を刺し死亡させたという事案について，「相手の加害行為に対し憤激または逆上して反撃を加えたからといつて，ただちに防衛の意思を欠くものと解すべきではない。……かねてから被告人がAに対し憎悪の念をもち攻撃を受けたのに乗じ積極的な加害行為に出たなどの特別な事情が認められないかぎり，被告人の反撃行為は防衛の意思をもつてなされたものと認めるのが相当である」として，防衛の意思の欠如を理由として殺人罪に過剰防衛の成立を否定した原判決を破棄し，差し戻した。また，被告人と友人AはBらに因縁をつけられ，BらがAに殴る蹴るの暴行を加えたので，被告人は自宅から散弾銃を持ち出したところ，Bが「このやろう。殺してやる」などと言って被告人を追いかけてきたので，彼は振り向きざまBに向けて発砲し，傷害を負わせたという事案に関する，最三小判昭和50・11・28刑集29巻10号983頁（百選Ⅰ総論23事件）は，「急迫不正の侵害に対し自己又は他人の権利を防衛するためにした行為を認められる限り，その行為は，同時に侵害者に対する攻撃的な意思に出たものであつても，正当防衛のためにした行為にあたると判断するのが，相当である。すなわち，防衛に名を借りて侵害者に対し積極的に攻撃を加える行為は，防衛の意思を欠く結果，正当防衛のための行為と認めることはできないが，防衛意思と攻撃意思とが併存している場合の行為は，防衛の意思を欠くものではないので，これを正当防衛のための行為と評価することができる」と判示して，正当防衛，過剰防衛の観念をいれる余地がないとした原判決を破棄し，差し戻した。このように判例は，攻撃を受けたのに乗じて積極的加害行為に出た場合には，防衛の意思が欠けるという基準によって，喧嘩闘争の場合の正当防衛の成立を否定するという態度をとっていた。

ところが，その後，最高裁は，前述の2つの判例では防衛意思が否定される要素とされていた「積極的加害意思」を，侵害の「急迫性」の要件の問題に移したのである。その事案が，先ほど設例であげた，内ゲバ事件に関するものである。これについて，前掲最一小決昭和52・7・21は「[刑法36条]が侵害の急迫性を要件としている趣旨から考えて，単に予期された侵害を避けなかったというにとどまらず，その機会を利

用し積極的に相手に対して加害行為をする意思で侵害に臨んだときは，もはや侵害の急迫性の要件を充たさないものと解するのが相当である」と判示して被告人の行為について正当防衛の成立を否定した。このような判例の変化は，最高裁が防衛意思の内容を正当防衛状況の認識まで純化したためであると学説においては理解されていた。

しかし，その後，問題を再び防衛意思の問題とする判例が出た。それは，最一小判昭和60・9・12刑集39巻6号275頁である。その事案は，Aから2回にわたり激しい暴行を受けた被告人が，憤激し，憎悪のあまり調理場にあった文化包丁を持ち出し，「表に出てこい」などと言いながら出入口に向かったところ，Aに「逃げる気か」といって背後から肩をつかまれたなどしたため，さらに仕打ちを受けるかもしれないと思い，振り向きざま包丁でAの胸を突き刺し死亡させたというものである。最高裁は，「Aにより全く一方的になされた……暴行の状況，包丁を手にした後も直ちにAに背を向けて出入口に向かつたという被告人の本件行為直前の行動，包丁でAの右胸部を一突きしたのみで更に攻撃を加えることなく直ちに店外に飛び出したという被告人の本件行為及びその直後の行動等に照らすと，被告人の『表に出てこい』などという言葉は，せいぜい，防衛の意思と併存しうる程度の攻撃の意思を推認せしめるにとどまり，右言葉の故をもつて，本件行為が専ら攻撃の意思に出たものと認めることはできない」と判示し，反撃行為が「専ら攻撃の意思」でなされた場合には，防衛の意思が否定されるとした。そして，その後の下級審の判例にも，このような判断を示したものが存在する（東京高判昭和61・4・24判タ630号222頁）。

このように，設例IIのような喧嘩闘争の場合の正当防衛の成否という問題をめぐる現在のわが国の判例の理論には，攻撃に乗じ積極的加害意思で臨んだときは，侵害の急迫性の要件が否定されるとするものと，もっぱら攻撃の意思で反撃がなされた場合には，防衛意思が欠けるとするものとがあるということになる。問題は，このような理論によって，喧嘩闘争者の正当防衛を否定することが果たして妥当かということである。

(2) 侵害の「急迫性」

判例・学説は，「急迫」とは，「法益の侵害が現に存在しているか，または間近に差し迫っていること」と解している（そのことを明言した判例として，前掲最三小判昭和46・11・26）。

もっとも，判例は，従来から行為者の主観をも考慮に入れて，急迫の有無を判断するという立場をとっている。かつての判例は，行為者が侵害を予期し，それに基づいて十分な準備をしていた場合には，急迫性が否定されるとしていた（最一小判昭和24・11・17刑集3巻11号1801頁，最三小判昭和30・10・25刑集9巻11号2295頁）。前述した内ゲバ事件に関する前掲最一小決昭和52・7・21は，「刑法36条が正当防衛について侵害の急迫性を要件としているのは，予期された侵害を避けるべき義務を課する趣旨ではないから，当然又はほとんど確実に侵害が予期されたとしても，そのことからただちに侵害の急迫性が失われるわけではない」としたが，「単に予期された侵害を避けなかつたというにとどまらず，その機会を利用し積極的に相手に対して加害行為をする意思で侵害に臨んだときは，もはや侵害の急迫性の要件を充たさないものと解するのが相当である」として，やはり，急迫性の存否を行為者の主観的態度により判断する立場をとっている。学説にも，この判例の立場を支持する有力な見解がある（団藤・総論215頁，荘子邦雄「正当防衛における急迫性と防衛意思」司研62号［1978］52頁）。

しかし，このように，行為者の主観的態度によって急迫性の有無を判断すると，例えば，攻撃を受けた者が積極的加害意思を有していない場合には，彼には急迫性が認められるが，彼を助けようとした第三者が積極的加害意思を有していたというときには，第三者については急迫

性が否定されることになる。だが，通常の用語法からするなら物理的・客観的性質をもつ，侵害の「急迫性」が，このようにその人の主観的態度によってあったりなかったりするのは奇妙なことであろう。しかも，このような見解によると，例えば，山道を通ると必ず盗賊が出るということを予期していたAが，それに応戦するための武器を用意し，出てきたらやっつけようと思ってその山道を行ったところ，予期どおりに盗賊が出て来て襲われたという場合，Aには急迫性が否定されるため，正当防衛・過剰防衛が成立する余地がいっさい否定され，その攻撃から退避するか，それが不可能なときには攻撃者のなすがままにならなければならないということになり，結論的にも不当であろう。

(3) 防衛意思

刑法36条1項が規定している「自己又は他人の権利を防衛するため」といえるためには，行為者が防衛の意思を有して行うことが必要であるか否かについて，学説・判例において対立がある。わが国の通説・判例は，正当防衛の成立に，防衛の意思が必要であるという立場をとっている。もっとも，その内容としてどのようなものを要求するかについては，学説において対立があり，また判例の態度には変遷がみられる。

現在の学説においては，その内容として，純粋な防衛の意図・動機まで要求する見解はほとんど存在しないが，単なる急迫不正の侵害（正当防衛状況）の認識で足りるとする見解（認識説）と，それに加えて，「急迫不正の侵害に対応する意思」，あるいは「急迫不正の侵害を意識しつつ，これを避けようとする単純な心理状態」という意思的要素まで要求する見解とがある。前者の立場では，行為者が「積極的加害の意思」で反撃行為を行った場合にも防衛の意思が認められるとするのに対して，後者の立場では，急迫不正の侵害に対しどのような意図で対応するかにより，防衛意思の成否が決められるから，そのような場合には否定されるということになる。

かつての判例（大判昭和11・12・7刑集15巻1561頁，最二小決昭33・2・24刑集12巻2号297頁）は，行為者が憤激して防衛行為を行った場合には，防衛意思が欠けるとし，その内容として，防衛の意図・動機を要求していた。しかし，このような厳格な態度には，防衛の意思を不要とする学説からはもちろん，必要説のそれからも，急迫不正の侵害に対して，純粋に防衛の意図・動機だけで反撃することはきわめて稀であるから，憤激，逆上，攻撃の目的などで反撃に出たら防衛意思が否定されるとすると，正当防衛・過剰防衛が認められる余地がほとんどなくなってしまうという批判が出されていた。そこで，最高裁判所は，防衛の意思の内容を緩和した。それが，前述した最三小判昭和46・11・16，最三小判昭和50・11・28の最高裁判例である。

この2つの判例によって，わが国の判例は，防衛の意思の内容として，防衛の意図・動機を要求するかつての立場を放棄し，それを急迫不正の侵害の認識と把握する立場に近づいたのである。もっとも，これらの判例も，「憎悪の念をもち攻撃を受けたのに乗じ積極的な加害行為に出た場合」，あるいは「防衛に名を借りて侵害者に対し積極的に攻撃を加える行為」の場合には防衛の意思が否定されるとしているのであるから，その内容を防衛の認識にまでは純化してはいなかった。そして，その後，前述した最一小判昭和60・9・12が出されたのである。

このように，判例は，防衛意思の内容を正当防衛状況の認識にまでは純化していない，防衛意思としては，学説で主張されている「急迫不正の侵害に対応する意識」，あるいはそれ以上のものを依然として要求している。

しかし，正当防衛の成立に防衛意思を必要とすべきかは疑問である。この点を別としても，行為者が憤激または逆上していても存在し，また攻撃意思と併存しうる性格のものでありながら，積極的攻撃意思と両立しえない「防衛の意思」というものを観念することはきわめて困難である。また，たとえそのようなものが観念できたとしても，そのようなものと積極的加害意

思とを区別し，正当防衛の成否を決することは実際上至難の技である。また，行為者が「積極的加害意思」あるいは「専ら攻撃の意思」を有していた場合であっても，防衛の認識は併存可能であるから，「積極的加害意思」，「専ら攻撃の意思」は，行為者の意図・動機のレベルの問題である。だが，行為者の意図・動機という心情要素により，正当防衛の成否を決することは，法的評価にとどまるべき違法性の判断に倫理的評価を介在させることになり，心情刑法に陥る危険があり，理論的に妥当ではない。しかも，このような場合，防衛意思が欠けるとすると，被攻撃者に急迫不正の侵害を受忍することを要求することになり，結論的にも妥当ではない。さらに，行為者の反撃行為直前の行動，反撃の態様，程度，反撃行為後の行動という客観的状況から防衛意思の存否を判断するという，昭和60年判例により示された認定方法によると，反撃行為が強力であったり，執ようであった場合には，もっぱら攻撃に意思であったとして防衛意思が否定されることになるが，それでは正当防衛・過剰防衛の成立が著しく狭められてしまうであろう。むしろ，このような客観的事情は，防衛行為の「相当性」を判断する際の事情として考慮し，このような場合にも少なくとも過剰防衛の成立する余地は認めるべきであるように思われる。

(4) 相当性の要件による解決

正当防衛の違法阻却根拠を優越利益の原理に求める立場からするなら，この問題は，被攻撃者の法益の要保護性と攻撃者の法益の要保護性とを具体的に比較衡量して，攻撃者にどの程度の法益侵害結果を生じさせることが許されるかという，防衛行為の「相当性」の要件において解決されるべきである。すなわち，急迫不正の侵害の惹起について責任のあった防衛行為者にも，原則としては正当防衛の成立が認められるが，有責行為の態様によっては彼の法益の要保護性は通常の正当防衛状況の場合より減少し，その利益状態は緊急避難の場合に接近する，その結果，防衛行為の「相当性」の範囲に制限が課されることになり，その範囲を逸脱した行為には，過剰防衛の成立が認められるという解決が妥当であるように思われる。これによって，侵害の急迫性，防衛の意思という要件が欠けるという理由で一律に正当防衛・過剰防衛の成立を否定する判例・学説の解決より柔軟な解決が可能になるように思われる。もっとも，このようなことが妥当するのは，被攻撃者が攻撃者の侵害に自ら身を置き，逃げようと思えば逃げられたのにその場に踏みとどまり，その侵害を自ら引き受けたと認められる場合に限られるべきである。

このような立場からするなら，本設例の場合，Xにはそのような事情は認められないから，彼の防衛行為については，「相当性」の要件に制限は課せられないことになろう。したがって，彼の防衛行為には正当防衛の成立が認められることになる。

展開質問2

1. 設例Ⅰ解題(1)であげた最二小判平成9・6・16では，侵害の急迫性の存否も争点であった。急迫性はいつから認められるのか。また，それはいつまで認められるか。
2. 現在，学説では防衛の意思必要説における認識説が有力である。この見解と防衛の意思不要説との具体的な結論の相違は，どのような場合に生じるか。また，そのような場合，どのように解決すべきか。
3. 前述したように，喧嘩と正当防衛をめぐる現在の判例理論には，「急迫性」が欠けるとするものと，「防衛意思」が欠けるとするものとがある。前者の事例と後者のそれとでは具体的にどのような違いがあるか。

4. ドイツでは，わが国の判例・学説とは異なり，喧嘩闘争者（有責）の防衛行為も正当防衛の成立要件を充足することを認めたうえで，他の法理によって彼の可罰性を認めようとする見解が有力である。それには，相手方の急迫不正の侵害を惹起した有責行為の態様に応じて彼に許容される防衛行為の範囲を限定し，それを超える行為は正当防衛件の濫用であり，違法性を阻却しないとする「権利濫用説」と，有責者の防衛行為自体は正当防衛行為として完全に適法であるが，正当防衛状況を惹起した彼の原因行為は違法だとしてこれに可罰性の根拠を求める「原因において違法な行為の理論」とがあるが，これらの見解による解決は妥当か。

③ 誤想過剰防衛

設例Ⅲ 英国人騎士道事件

空手3段の腕前を持つ来日8年の英国人であるXは，夜，路上で，Yが，酩酊し，大声を出しているZ女をなだめ帰宅させようとしてもみ合っているところに偶然出くわし，Yが同女に暴行を加えているものと誤解し，同女を助けるべく両者の間に割って入ったとき，Z女が「ヘルプミー，ヘルプミー」と叫んだので，XはYの方に向きを変え，攻撃をやめるようにという意味で両手を差し出して彼に近づいたところ，Yが手を握ってボクシングのファイティングポーズのような姿勢をとったため，自分に殴りかかってくるものと誤信し，とっさに空手技であるまわし蹴りをして，Yを路上に転倒させて頭蓋骨骨折などの傷害を与え，死亡させた。【最一小決昭和62年3月26日刑集41巻2号182頁［百選Ⅰ総論26事件］参照】

入口の質問

1. Xは，傷害致死罪（刑法205）で起訴された。Xには故意犯の成立が認められるか。
2. Xの行為は，防衛行為の「相当性」の範囲を逸脱しているか。
3. Xの行為に過剰防衛規定を適用して，刑の減免の可能性という特典は認められることは妥当か。

設例Ⅲ解題 誤想過剰防衛の解決

(1) 判例・学説

「誤想過剰防衛」とは，誤想防衛と過剰防衛とが組み合わさった場合，すなわち，正当防衛を基礎づける事実が現実には存在しないのに存在すると誤信し，しかもその行為の程度が過剰であったという場合である。これには，2つの類型がある。1つは，急迫不正の侵害が現実には存在しないのに存在すると誤信し，しかも仮にそれが存在したとしても，その防衛行為が過剰であると認められる場合である。第2は，急迫不正の侵害が現実に存在し，行為者がそれに対して相当な防衛行為を行うつもりで，現実には

それを超える行為を行ったという場合である。

このうち，本設例は，前者の類型に属するものである。Xは，Yがボクシングのファイティングポーズのような姿勢をとったため，自分に殴りかかってくるものと誤信したというのであるから，急迫不正の侵害の存在を誤信したものである。また，防衛行為が過剰であるか否かについては，判例は結果の重大性よりもその行為態様が適切であったかどうかということを重視し（前掲最一小判昭和44・12・4），攻撃行為と防衛行為とが武器対等であるか否かを基準として判断していると理解されている（大越義久・刑法解釈の展開［信山社，1992］46頁以下参照）。もっとも，判例は，それを単に形式的にではなく，攻撃者と防衛行為者の性別，年齢，力量などを考慮して実質的な観点から判断している（前掲最二小判昭26・3・9，前掲最二小判平成元・11・13など参照）。本件において，現実にAの素手による攻撃が行われたとした場合，被告人は空手3段の腕前を持つ英国人であり，それに対して空手技であるまわし蹴りを用いているのであるから，実質的な観点からは武器対等とはいえず，過剰な行為であるということになる。「右事実関係のもとにおいて，本件回し蹴り行為は，被告人が誤信したAによる急迫不正の侵害に対する防衛手段として相当性を逸脱していることが明らかであ［り］，……いわゆる誤想過剰防衛に当たる」とした本判例は，以上のような判断に基づいているものと思われる。

このような事案に関するこれまでの判例は，被告人の行為に故意犯の成立を認めたうえで，それに刑法36条2項を適用し，刑の減軽を認めている。例えば，被告人は，その長男AがBと喧嘩して，Bに追いつめられて悲鳴をあげたのを聞いて，猟銃をつかんで道路に飛び出し，包丁を擬してAと対峙しているBを見てAが一方的にBから攻撃を受けているものを誤信し，彼に対して猟銃を発砲して傷害を負わせた，という事案に関する最二小決昭和41・7・7刑集20巻6号554頁（百選Ⅰ総論〈2版〉36事件）は，「原判決認定の事情のもとにおいては，原判決が被告人の本件所為につき，誤想防衛であるがその防衛の程度を超えたものであるとし，刑法36条2項により処断したのは相当である」とし，被告人の行為に殺人未遂罪の成立を認め，刑法36条2項を適用して刑を減軽した原判決を是認した。この最高裁判例以後，同様の下級審判例が相次いで出されている（静岡地判昭和41・12・22下刑集8巻12号1587頁，名古屋高判昭和45・8・25刑月2巻8号［昭和45年度重判解刑法5事件］，札幌高判昭和51・5・25判時833号127頁，東京地判昭和56・3・31判タ453号170頁など）。本判例も，被告人の行為に故意犯の成立を認めたうえで，刑法36条2項の適用し，刑を減軽した原判決を正当であるとしている。

これに対し，従来の学説は，誤想防衛は過失犯であるが，過剰防衛は故意犯であるという前提にたち，第1類型について誤想防衛であるか過剰防衛であるかという二者択一の問題解決を行っていた。すなわち，そこでは，誤想過剰防衛の基本は誤想防衛であるとして，過失犯の成立を認め，刑法36条2項の適用を認めない立場（石原明「殺人未遂罪につき誤想過剰防衛が認められた事例」論叢81巻1号［1967］97頁以下）と，それを過剰防衛として故意犯の成立を認め，それに刑法36条2項の適用を認める立場（船田三雄・最判解刑事篇昭和41年度110頁）とが対立していた。

しかし，なぜ，誤想防衛の基本的性格は過失犯，過剰防衛のそれは故意犯としなければならないのであろうか。特に，過剰防衛の規定である36条2項は，単に「防衛の程度を超えた行為」とだけ規定しているだけで，故意犯の場合に限るとはしてはいない。過失犯の場合にも，過剰防衛の成立は認められるのである。「誤想防衛」，「過剰防衛」という概念自体から，自動的に「誤想過剰防衛」の問題が解決されるわけではない。以上のような二者択一の問題解決は，①故意犯の成否という問題と，②過剰防衛としての刑の減免の可能性の有無という別次元の問題を混同

したものである。近時の学説においては、第1類型の刑法的処理について、この2つの問題を独立に検討して解決を導く見解が有力となっている（町野朔「誤想防衛・過剰防衛」警研50巻9号〔1979〕43頁以下、内藤・総論中370頁以下参照）。

(2) 故意の成否

　誤想防衛を違法性の錯誤の一場合と解し、故意の阻却を認めない厳格責任説の立場をとる学説から、設例Ⅲのような場合についても故意犯の成立を認め、ただその錯誤が避けえなかった場合に限り、責任が否定されるとする有力な見解がある（福田・総論210頁）。しかし、誤想防衛の場合、行為者は自己の行為が刑法により許されていると誤信している以前に、そもそも正当防衛の要件にあたる事実について誤信し、違法性を基礎づける事実、すなわち、犯罪事実の認識がないのである。このようなことから、現在の学説においては、誤想防衛を事実の錯誤と解し、故意責任が否定されるとする立場が通説的見解となっている。また、判例にも、このことを認めたものがある（広島高判昭和35・6・9高刑集13巻5号399頁）。このように、誤想防衛の場合に故意の阻却が認められる理由は、行為者に違法性を基礎づける事実の認識がないことにあるのである。

　このような理解を前提として第1類型を考えるなら、行為者が、自己の防衛行為が過剰であると認識して行為を行った場合には、彼には違法性を基礎づける事実の認識があるから、故意犯の成立を認めることができるのに対し、そのことを認識していない場合には、故意責任は否定されることになる。本判例が、被告人について故意を認め、傷害致死罪の成立を肯定したのは、彼が空手技であるまわし蹴りを行い、それを被害者の顔面に当てるという過剰事実を認識していたということに基づくものであると思われる。

(3) 過剰防衛としての刑の減免の可能性

　この問題は、過剰防衛の刑の減免の可能性の根拠から考えられなければならない。これについては、それを急迫不正の侵害という緊急状況の下では、行為者が精神の動揺から過剰な行為を行ったとしても、彼を強く非難することができないという責任の減少に求める立場（責任減少説）と、過剰防衛行為も急迫不正な侵害から正当利益を守ったという点で通常の違法行為よりも違法性の減少が認められることに求める立場（違法減少説）とが対立している。前者からは、第1類型のように急迫不正の侵害が現実には存在しないが、行為者がそれが存在すると誤信し、精神の動揺から過剰な行為を行ったという場合にも、責任の減少が認められるから、過剰防衛規定の適用・準用が認められることになる。これに対し、後者の立場によるなら、急迫不正の侵害が現実には存在しない第1類型においては、それから正当な利益を守ったという違法減少の前提が欠けているから、過剰防衛規定の適用・準用は認められないということになる。

　前者の立場が、通説・判例である。しかし、第1類型の場合にも過剰防衛規定を適用・準用し、刑の減免の可能性を認めることは、それによる刑の減免を受ける余地のない単なる「誤想防衛」との間に刑の不均衡が生じることになり、妥当ではない。責任減少説の論者もこの点を考慮して、誤想過剰防衛の場合には、過剰にわたらない誤想防衛において成立しうる過失犯の刑より軽く処罰することはできないとされている（平野・総論Ⅱ247頁）が、法文に定められている特典を、このように解釈により制限しなければならないところに、この立場が現行法と相容れないものであることが現れているように思われる。正当防衛の規定を受けて、単に「防衛の程度を超えた」ことを要件にしているにすぎないわが国の過剰防衛については、正当防衛と連動した違法性の減少にその刑の減免の根拠を求めるのが、法文の解釈としても素直であるように思われる。

　したがって、設例Ⅲの場合には、Xの行為に過剰防衛の規定を適用することはできないということになる。

展開質問3

1. 設例Ⅲとは異なり，Aは，Bが棒様のもので打ちかかってきたので，斧とは気づかず，何か棒様のものと思い，その場にあった斧でBの頭部を殴打し，死亡せしめたという第2類型（最三小判昭和24・4・5刑集3巻4号421頁［百選Ⅰ総論25事件］の事案）の場合，どのように解決すべきか。
2. 近時，過剰防衛の刑の減免の可能性の根拠を，違法性の減少とともに，責任の減少にも求める立場（違法・責任減少説）から，設例のように，行為者が過剰事実を認識している場合，彼の主観面は，現実に存在する「急迫不正の侵害」に対する過剰防衛の場合と同じであり，責任の程度もそれと同じく扱われるべきであるから，過剰防衛に関する刑法36条2項の規定を準用して刑の減免の余地を肯定すべきであるとする見解が有力に主張されている（山口・総論178頁）。この見解は妥当か。
3. 過剰防衛には，「質的過剰」と「量的過剰」とがある。後者に過剰防衛規定を適用することは妥当か。また，例えば，AがBの庭にある木になっているりんご1個を盗ろうとしたので，身体が不自由で，車椅子で生活しているBがAをピストルで撃ち殺したという場合，過剰防衛の成立を認めることができるか。
4. 盗犯等防止法1条2項は，どのような場合に適用されるか。

出口の質問

1. 正当防衛と緊急避難の異同は何か。両者の相違は相対的なものと考えるべきか，それとも絶対的なものと考えるべきか。
2. ①Xは，AがBの所有物である壺を振り上げて彼に襲いかかってきたので，防衛のため棒でAを打ち，その壺を壊し，Aにも傷害を負わせた。
   ②Xは，Aが棒で打ちかかってきたので，防衛のためそばにあったBの所有物である壺でAの頭を殴り，彼に傷害を負わせ，その壺も壊してしまった。
   ③Xは，Aが彼に対しピストルを撃とうとしたので，防衛のためAに向かってナイフを投げたところ，Aにはあたらず，そのそばにいたBの胸に突き刺さり，Bを死亡させてしまった。これらの場合，Xの罪責はどうなるか。

参考文献

① 林幹人「正当防衛」町野朔ほか・考える刑法（弘文堂，1986）92頁
② 山口厚「正当防衛論」探究総論45頁
③ 高山佳奈子「正当防衛（上）(下)」法学教室267号（2003）81頁，268号（2003）60頁

（山本輝之）

5 被害者の同意

論点
1 成立要件
2 不処罰根拠・危険引受け
3 医療行為

1 成立要件

設例 I 偽装交通事故事件

XとYは、共謀して入院保険金を詐取することを企て、Yが運転する自動車が信号待ちで停車中に、X運転の自動車を追突させ、Yに3週間の入院加療を要する傷害を負わせた。【最二小決昭和55年11月13日刑集34巻6号396頁［百選I総論21事件］参照】

入口の質問

1. 違法性の実質論はいかに理解されるべきであるか？　社会的相当性説と違法一元論、法益侵害説と違法多元論は、それぞれ論理必然的関係があるか？
2. 刑法各論の体系はどのように整理されるか？　被害者と法益主体とは同じものであるか？
3. 刑事再審（刑訴435）の手続とは、どのような目的で設けられており、またどのような場合に認められるのか？

設例 I 解題　違法性阻却事由としての被害者の同意

(1) 問題の所在

行為者の犯罪行為がおこなわれた時点で、被害者がその犯罪行為による被害・損害について同意・承諾している場合、構成要件該当性ないし違法性を阻却するのではないかというのが、被害者の同意の問題である。ただし、同意による犯罪不成立の範囲とその法的根拠についてはなお、見解の対立がある。また、被害者による同意は、刑法各論でも個別犯罪類型のあるものにおいて特に論じられることになるであろう（同意殺・同意傷害、住居侵入罪における住居権者の同意、文書偽造罪における名義人の承諾など）。

(2) 判例

設例 I は実際の判例の事例を部分的に簡略化したものである。実際の判例では、Xが、Y、Z、Wと入院保険金目的の偽装交通事故について共謀のうえ、Xにおいて、交差点で信号待ちのために停車していたA運転の自動車に追突させ、

さらにその前に停車していたYが運転し，W，Zが乗車する乗用車に，玉突き事故を引き起こし，AならびにYら3名にも傷害を与え，そのうちYら3名の傷害は真実は軽微であったのに長期入院して，保険金を詐取したというものである。

Xは，いったんは，上記4名に対する業務上過失傷害罪で有罪判決を受け確定したが，その後，XならびにYら3名が，保険金の詐取について詐欺罪の有罪判決を受けるに至った。そこで，Xが，Yら3名に対する業務上過失致傷罪について，本来軽微でありその傷害については同意していたのであるから無罪とするべきであったとして再審を請求した。これに対して原原審は，Yら3名に対する傷害は被害者の同意がある以上，無罪にすべきではあるが，Aに対する傷害罪が成立する以上再審の理由があるとは認められないとして再審請求を棄却し，原審も同様の理由から抗告を棄却した。最高裁は，原審決定に対する特別抗告事件において，抗告を棄却するにあたり以下の判断を示した。

まず一般論として，「被害者が身体傷害を承諾したばあいに傷害罪が成立するか否かは，単に承諾が存在するという事実だけでなく，右承諾を得た動機，目的，身体傷害の手段，方法，損傷の部位，程度など諸般の事情を照らし合わせて決すべきものである」。

そのうえで，本件の事案について，「過失による自動車衝突事故であるかのように装い……保険金を騙取するという違法な目的に利用するために得られた違法なものであつて，これによつて当該傷害行為の違法性を阻却するものではない」。

この最高裁決定は，被害者の同意に基づく傷害について最高裁が示した最初の判断であり，またその理論を明確に示した点で極めて重要なものである。

(3) 成立要件（一般）

「被害者の同意」の問題は，①**行為時**に，②原則として**個人的法益に関する罪**について問題となるのであり，③その同意は**真意に基づいて**なされたものであることが必要である。

前記引用判例は，これらの条件を前提としたうえで，さらに，同意傷害について，単に同意があっただけでは充分ではなく，④同意の目的や傷害の程度など諸般の事情を考慮すべきだとしている。

(a) 同意の存在時期

①同意は，行為時に存在していなければならない。

行為後に被害者がその結果を受け入れたとしても，犯罪はすでに成立してしまっているのであるから，親告罪において告訴意思がないこと等より事実上処罰されないことになるのは別として，犯罪の成立に影響を与えるものではない。

（意思表示説・意思方向説）

ただし，行為時に被害者の同意意思が表明されていなければならないかは問題となりうる。この点に関連して，ドイツでは意思表示説と意思方向説の対立がある。意思表示説では，外形上認識できる形での意思表示の存在が必要だとする。これに対して意思方向説はそこまでは必要ではなく，被害者においてその結果について同意していたという内心の事実上の意思の存在があればよいとする。意思方向説によれば，刑事手続の捜査ないし訴訟の過程で，結果に同意したかどうかが問題とされることになり，事実上事後的に結果を承諾した場合も含まれうることになろう。

日本では，あまりこの点について議論がなされているとはいえないが，厳密に被害者の意思表明を必要とはせず場合によっては推定的同意で足りるとしている点は，意思方向説的であるが，同意の錯誤を問題とするときには，意思表示説でなければ，その錯誤を論じる前提が欠けることになってしまう。

（事前の同意）

一方，事前の同意は，その意思が行為時にも存続していると解釈される場合に限り，有効な同意である（一度は心中に同意したが，話し合うう

ちに気が変わったような場合には，同意は消滅していると考えられる。なお，一家心中について話し合ったものの，被告人が与えた鎮痛剤で眠り込んだ夫を絞殺した場合について，子供の殺害については指示があったが，自己の殺害にまで指示していないとして，通常殺人の成立を認めた，東京高判昭和58・8・10判時1104号147頁がある）。

（同意の相手方）

同意を与えた相手とは異なる行為者による場合は，そのような包括的同意であったと解釈されない限りは，同意は欠如すると考えるべきである。プロレスのリングにあがっている選手は，試合の相手から殴られることの同意があったとしても，およそ一般に暴行を受けることの同意があるわけではない。また，対世的に身体的利益を放棄している訳でもなかろう。

財物については，所有権その他の権利を対世的に放棄することは可能であるが，特定の相手に処分することもありうるのであり，それは処分者の意思解釈に依存する（ゴミの集積場に出したゴミが，自治体ないしその指定業者に対する処分なのか，対世的な所有権の放棄なのかは微妙であろう）。XがYに対して「自宅にある指輪をもっていってよい」と言ったとして，Yがそれを入手する以前に，泥棒Zがそれを盗んだ場合に，窃盗罪が成立しないわけではないであろう。身体や生命についての処分であればなおさら，だれによる侵害であるかがまさに個別化されている場合がほとんどであろうと思われる。

(b) 法益の内容と同意

②被害者の同意が問題となるのは，実際上は，個人的法益に対する罪についてである。

（個人的法益）

個人的法益に対する罪については，被害者は個人であり，被害者の同意を具体的に観念できるが，社会的法益に対する罪，国家的法益に対する罪については，それらが困難であることも少なくない（もっともこれは，形式的な理由であって，個人的法益に対する罪であっても，被害者が法人その他の団体であれば，やはりその同意意思は抽象化せざるをえないから，社会的法益に対する罪や国家に対する罪と範疇論的に違うとまではいえないであろう。むしろ，個人的法益に対する罪について，原則として被害者の同意を考慮すべきだというのは，こういった形式的な理由からではなくて，被害者＝法益の主体であり，その法益主体の私的な処分が許容されると理解される限りにおいて，法益の要保護性が欠如するから違法性ないし構成要件該当性を阻却するのだという，実質論から説明する方が簡明である。もっともこの段階ではまだ，被害者の同意についての実質的根拠を論じていないためにそのような説明をあえて避けている）。

（社会的法益）

社会的法益に対する罪については，抽象的な存在としての「社会」であるから，同意という一種の法律行為を観念することは原則として困難である。もっとも，わいせつ物販売罪（刑175）は，社会的法益に対する罪であるが，なにが「わいせつ」であるかは，社会通念に依存し，それが一種の社会的同意だと理解できないわけではない。また，公共危険罪などでも，危険にさらされる関係者全体の同意があれば，なお同意による不処罰がありえないわけではない。

なお偽造罪は，文書の信用性を保護法益とする社会的法益に対する罪であるが，私文書においてその名義人の同意があれば，一定の場合には有形偽造にはならないから，一定の限度で「同意」を論じる余地はある（なお，いわゆる交通事件原票の供述欄に運転免許証の名義貸しの許諾を受けていた友人の名前を記入した場合について，私文書偽造罪の成立を認めるに際して，最高裁は，「このような供述書は，その性質上，違反者が他人の名義でこれを作成することは，たとい名義人の承諾があつても，法の許すところではない」としている。最一小決昭和56・4・16刑集35巻3号107頁）。

（国家的法益）

国家的法益の罪の場合にも，国家による同意が観念できれば，なお同意による不処罰は理論上はありうるが，事実上はほとんどありえないであろう。ハイジャック犯人の要求により受刑

者を開放する場合，法務大臣ないし内閣総理大臣の判断により行われたとしても，国家による同意があるとはいえないが，緊急避難の法理により違法性が阻却されると判断することは可能である（国家を被害者とする詐欺罪などの財産犯についても同様）。

（違法阻却と構成要件阻却）

個人的法益に対する罪であっても，財産に対する罪や，自由に対する罪は，被害者の同意はむしろ構成要件阻却の問題だとするのが通常である。そして，被害者の同意があれば，これら，財産に対する罪・自由に対する罪について，犯罪成立が阻却されることについても異論はない。一方，生命に対する罪については，202条の自殺関与罪・同意殺人罪の存在から，被害者の同意があっても犯罪の成立は阻却されず，したがって，実際上は，被害者の同意は身体に対する罪について問題となるとするものがある。

被害者の同意があっても，犯罪が成立する場合（生命に対する罪）と，犯罪が成立しない場合（財産に対する罪，自由に対する罪）の中間に位置するのが，身体に対する罪であることは確かである。しかしながら，有効な真意に基づく同意があったかどうかという，いわゆる同意の錯誤の問題は，身体に対する罪だけではなく，同意殺や財産犯を含めて，個人的法益に対する罪一般に応用されるべき問題である。その意味で被害者の同意の問題は，身体に対する罪に限定されるものではない。

被害者の同意による不処罰の根拠が構成要件阻却であるか違法阻却であるかはあまり重要ではない。構成要件該当性も原則違法類型であるとすれば，違法性に関係づけられていることになるからである。

（財産犯）

財産犯においては，通常は被害者の同意は構成要件を阻却すると考えられている。そもそも文理上，同意の存在と，「窃取」（刑235），「強取」（刑236）などとは結びつきにくいから，その意味で，構成要件阻却というのは理解できる。セー

ルスマンの主張する効能がウソだと気がついていたが，かわいそうだから商品を購入した場合，246条の「人を欺い」たとはいえないと解する余地があるから，やはり構成要件該当性が欠けることになる。もっとも，詐欺罪の「人を欺いて（欺罔）」の意義について，通常人であれば錯誤に陥るような行為であるとするならば，この場合，構成要件該当性はあるが，被害者の同意があることにより違法性を阻却するといっても実質的には同じことである（なお，いわゆるテスト郵便事件［静岡地判昭和41・4・19下刑集8巻4号653頁］では，おとり捜査で，郵便物の在中金を抜き取らせた場合について，真の差出人である郵政監察官が，望んだように郵便の取扱中に配達員が在中金を窃取した場合には，被害者の承諾がある場合として窃盗の未遂にしかならないが，本件では，その意図に反して，託された郵便物の全体を窃取して局内で在中金を抜き取った場合には同意の範囲を逸脱するとして窃盗罪の成立を認めている。同意の内容をここまで個別化することが可能であるかは疑問がある）。

（自由に対する罪）

自由に対する罪も同様である。強姦罪（刑177）について，13歳以上の女子の同意の下に姦淫行為をすれば，暴行・脅迫による姦淫があったとはいえないから，構成要件該当性が欠如することになる。強要罪（刑223）も，暴行脅迫により，人に義務のないことを行わせ，権利の行使を妨げることであるから，被害者においてその同意があれば，やはり同罪の構成要件該当性を満足しない。

問題は住居侵入罪（刑130）である。住居侵入罪は，保護法益について，基本的に住居権説（管理権説）と平穏説の対立があり，それと被害者の同意とが論じられてきた。

例えば，強盗目的での押入りを秘して，「こんばんは」とあいさつしたので，家人が「おはいり」と言って住居に入れた場合（最大判昭和24・7・22刑集3巻8号1363頁），同意と錯誤の関係が論じられる。また，例えば，通常は一般人が通

常立ち入っている市役所の建物に，市長に抗議する目的で座込みをつづける場合に，住居権者（管理権者）の意思により，住居侵入罪ないし不退去罪の成立を認めてよいか（もしこれが認められるならば，さらに，万引き目的で開店中の書店に入ることも住居侵入罪になりかねない）が，問題となる。

この住居侵入罪に表れているように法益主体の自己決定による処分意思を強調すると，処罰の過度な主観化をもたらしかねないことになり，妥当でない。被害者の同意は被害者の処罰感情を法的に裏打ちするものではない。名誉毀損罪（刑230Ⅰ）等においても，被害者の同意の存在は不処罰をもたらすが，被害者が名誉感情の侵害を理由に処罰を求めたとしても，それがすべて処罰に値するものであることを意味しないであろう。それと同様に，住居侵入罪における被害者の同意は，一般的には違法な立入りであっても，なお被害者の同意があれば違法性ないし構成要件該当性を阻却する場合がありうるのではないかという問題に帰着するのであり，本来は違法ではない立入りについて，被害者の処罰意思が存在すれば，違法とするものではないのである。したがって，デパートの営業時間中に，買物客を装ってスリ目的で入店した場合のように，住居権者ないし管理権者の意思に合致しているとはいえない場合であっても，当該建物・敷地の性質上許容される立入り行為は，「正当な理由なく侵入した」とはいえず，構成要件該当性ないし違法性を欠き住居侵入罪は成立しないと理解すべきである。

（生命に対する罪）

個人的法益のうち，生命に対する罪については，被害者の同意があった場合について，202条に特別の規定がおかれている。つまり，202条は，「人を教唆し若しくは幇助して自殺させ」，「人をその嘱託を受け若しくはその承諾を得て殺した」場合に，処罰する（6月以上7年以下の懲役又は禁錮）ものである。202条の前段を自殺関与罪，後段を同意殺人罪という。つまり，現行刑法は，被害者の同意があっても，殺人については，通常の殺人罪（刑199）よりは減軽されてはいるが，処罰するものであることを明文で規定しているのである。

通常，日本では，自殺関与罪・同意殺人罪は，被害者の生命処分についての同意がある場合として一律に論じられている。しかし，限縮的正犯概念をとり，正犯とは実行行為を自ら行った者だとする実行行為概念に基づく正犯概念をとる通説の立場からは，自殺者が正犯である自殺関与罪と，嘱託を受けて第三者が殺害する同意殺とでは，当然区別されるべきであり，前者について独立共犯処罰が許容される理由と，後者について正犯が被害者の同意の存在を理由に減軽されている根拠とは，そもそも論理的に連動しないはずのものである。ちなみに，ドイツ刑法216条は，同意殺のみを処罰し，自殺関与罪の規定を欠いているのであり，自殺について正犯である自殺者が不可罰であると解される以上は，このような立法の方が，理論的に一貫していることになるはずである。

もっともドイツの実務でも，自殺関与行為を，不作為による同意殺や，あるいは故殺罪や過失致死罪として処罰する場合があるから，完全に不可罰としているわけではない。

生命的価値についての被害者の同意は，違法性を減少させるものの，なお阻却しないことは実定法上明らかである。一方，自由に対する罪・財産に対する罪については，基本的には同意があれば違法性が阻却される。身体に対する罪については，それらの中間であり，違法性が阻却される場合とされない場合とがあるとされている。日本の刑法は同意傷害罪について特別に規定をおかず，解釈に委ねている。

同意傷害の処罰範囲（いいかえれば不処罰範囲でもある）については，同意殺との関係から別に考察する（→同意傷害）。

(c) **同意と錯誤**

③同意は真意にでたものでなければならない。

（同意能力）

幼児・精神障害者・酩酊・昏睡・薬物中毒などにより，法益の処分について理解できない者の同意は有効な同意とはならない。子供に対して，「死んだお父さんのところへ行こうね」といって心中に及んだ場合，子供の殺害について，死についての子供本人の同意があったとはいえず，殺人罪を構成しよう。

絶対的強制下における同意も，やはり同意が欠如するといってよいであろう。したがって，指を詰めることに同意しなければ，殺害する旨脅迫されてそれを承諾した場合は，同意があるとはいえない。借金を返済しなければ，自分の肩の肉を切り取ることについて異存がない旨の念書を交わしておいた場合（ベニスの商人），貸金の交付の時点では真意であったとしても，切り取るときには，それに従わなければ何をされるかわからないから従ったというのであれば，真意に基づく同意があるとはいえない。

（同意と錯誤）

被害者が同意したが，錯誤に陥っていた場合は，問題がある。

毒薬をそれと告げずに飲ませる場合，通常の飲み物だという誤信があるが，この場合には死そのものについての認識が欠けるから同意があるとはいえないことについては異論はない。つまり，同意は法益の処分についての同意であるから，法益についての認識がなければ，同意があるとはいえないのである。しかし，法益処分についての同意があればそれで足りるかについては，見解が対立している。

（構成要件関係的錯誤説）

学説の一部で主張されている，**構成要件関係的錯誤説**（アルツト）によれば，法益の処分についての認識があればよく，法益処分に際しての動機の錯誤は同意の存在に影響を与えるものではないとされる。したがって，強盗であることを秘して客を装ったので立入りを認めたという場合も，この見解からは，立入り自体には同意があるのだから，住居侵入罪が成立しないことになる。一方判例（前掲最大判昭和24・7・22）によれば，「外見上家人の承諾があつたように見えても，真実においてはその承諾を欠く」から，住居侵入罪が成立するとするのである。

（判例の立場）

判例の立場は，強盗であることを知っていれば，同意しなかったであろうという，同意を与えた動機を考慮する見解といってよい。

判例は例えば，追死すると信じさせて心中に応じさせ，実際に相手を殺害した場合について，死の「決意は真意に添わない重大な瑕疵ある意思であることが明らかである」として，殺人罪の成立を認めている（最二小判昭和33・11・21刑集12巻15号3519頁［百選II各論1事件］）。これに対して構成要件関係的錯誤説では，追死してくれると誤信していた場合も，自己の死自体については錯誤がなく認識していたのであるから，同意殺が成立するものと結論づける。しかし，被害者は心中だから応じたのであって，自分ひとりで死亡することについての同意があったとはいえないであろう。しかし，最初から自分は死ぬつもりがないのに，相手に心中を持ちかけて，殺害に同意させた場合，本人が死ぬことに同意しているのだから殺人ではなく同意殺だとするのは，やはり疑問がある。一緒に死ぬことが，その同意の主たる動機を占めていると考えられるからである。実際には大した病気ではないのに，不治の病だと告げて，自殺させる場合に，自殺教唆だというのも同様である。

（構成要件関係的錯誤説の修正）

法益関係的錯誤説のなかには，法益の有無・程度・性状等に関して錯誤がある場合には，法益に関する認識が欠けるとして，「医師が癌患者に対して，あと1年の余命があるにもかかわらず，あと3ヶ月の命で激痛も襲ってくるからと欺罔して自殺させた場合には，同意は無効である」とする（西田・各論18頁）ものがある。つまり法益関係的錯誤説における法益は，人の生命という抽象的なものではなく，被害者の今後の人生の状態を含めた個別具体的なものだということなのであろう。

極めて巧妙な修正というべきであり,「残り1年の命」と「残り3ヶ月の命」という単に生存期間の違いが比較されているのであれば,価値的な考慮は技術的には可能であろう(仮定的因果関係の問題について結果の具体化することにより解決を図る方向に共通するものがある)。しかし,さらに「残り1年の命」と「残り3ヶ月の激痛を伴う命」との間に,法益を異にするというほどの価値の違いがあるというのであれば,「残り1年の激痛を伴う命」と「残り1年の激痛を伴わない命」との間にも,さらには,「心中相手が生存する残りの人生」と「心中相手が生存しない残りの人生」との間にも価値的相違を認めることは不可能ではなかろう。ここにおいて,同意意思の瑕疵を動機にわたって考慮する判例の立場と,さほど変わらないことになる。そして,どのような「程度,性状」の違いが,法益の違いとまで評価できるかは,重要な動機の錯誤であるかどうかの判断と,ある意味では近似しよう。そもそも法益の処分についての同意は,法益の放棄ではないから,誰に対する処分であるかをも含みうる(アルツト)ものであるとされる。そうであれば,結局,法益関係的錯誤説も,法益の抽象的側面についての処分に純粋には限定できない。

法益に具体的な価値的要素を捨象するならば,実際には名画であるのにそれを偽物だと告げて処分させる場合にも,抽象的な「財物」処分についての認識があるから,財産犯が成立しないとするのが,法益関係的錯誤説からは一貫していよう。しかし,この場合に詐欺罪などの財産犯が成立することは,何ぴとも否定できないのである。

では,具体的な価値的要素をどこまで考慮するかを考えるならば,それは,結局,当該法益の処分についての動機の重要な要素であったかどうかに帰着することになるのであり,基本的には判例の立場と同様ということになる。同意において,その法益の処分について同意があっても,動機において錯誤があれば,瑕疵ある同意であり,有効な同意とはいえないのである。

(「重要な動機」の問題性)

しかし,重要な動機の錯誤に陥っていた場合には同意は無効であるという立場にも問題がないわけではない。美しい海岸で溺死することを望んだのに,海に向かう自動車の中で絞殺された場合,睡眠薬を飲んだうえで殺害されることを望んだのにいきなり出刃包丁で刺殺された場合など,被害者にとっては,殺害される方法が重要な意味を持つのであれば,やはり重要な動機の内容になりうるが,殺害の場所や方法についての錯誤がいかに被害者にとって重要であったとしても,そのような錯誤までを考慮する必要はなく,同意殺の成立を認めてよい。

住居侵入罪の場合,強盗だと知っていたら立入りを認めなかった場合,重要な動機についての錯誤であり,同意は有効ではないというのが,判例の立場である。しかし,生命の処分における動機の重要性と,財産犯や自由に対する罪における動機の重要性とでは,法益の性質上自ずから違いがあろう。商店であれば客としての立入りを認めた以上,動機を論じるべきでない。でなければ,商品を買うからといって店に入れたのに買わずに帰った場合にも,動機の錯誤があり住居侵入罪だということになりかねない。強盗を秘した客を装う入店についても同様であり,ただ,侵入後に退去要求を受けても出ていかない場合に,不退去罪(刑130後)の問題となるにすぎないであろう(入店後直ちに殺害されてしまえば,不退去罪も成立しないことになるが,その不法は,強盗殺人罪等で評価されるのであり,住居侵入罪として処罰しなければならないものではない)。

(意思表示説・意思方向説と錯誤)

なお,ドイツでは,被害者の同意が表示されていることが必要である(意思表示説)か,単に被害者の自然的な意思として同意があっただけでよい(意思方向説)かの対立がある。意思方向説では,被害者の同意があるのにそれを認識しなかった場合,故意既遂犯の違法性を阻却する

ことになろうが，未遂の問題は残ることになる。一方，意思表示説では，行為者が認識しなければ，故意既遂罪の成立をみることになるのである。日本では，同意意思は推定的なものでもよいとされるのが一般であるから，意思方向説が基本的に想定されているといってよいであろう。

なお，意思方向説は，被害者の事実上の意思の存在が可罰性を阻却するという一種の客観的処罰条件と考えるものであるから，被害者の同意意思がないのにあると誤認した場合には，刑事責任になんらの影響も与えない。一方，意思表示説であれば，その被害者の同意の不処罰が構成要件阻却か違法阻却かに従って，同意がないのにあると思った場合には，故意を阻却するか違法性阻却事由の錯誤の問題となるのである。(→同意と錯誤)

(d) 同意と違法性

④被害者による真意に沿った同意があったとしても，その同意を得るに至った動機や，同意による処分が，違法ないし不当さらには倫理に反するものである場合に，なお同意があっても処罰するべきか。

(社会的相当性)

ドイツ刑法226条aは，「被害者の同意があったにかかわらず，その行為が善良な風俗に反するときに限り違法に行為したものとする」と規定して，同意があっても，それが善良な風俗に反するときには，傷害罪で処罰することを規定している。

前述の昭和55年最高裁決定も，同意傷害について，「単に承諾が存在するという事実だけでなく，右承諾を得た動機，目的，身体傷害の手段，方法，損傷の部位，程度など諸般の事情を照らし合わせて決すべきものである」として，本件同意は「保険金を騙取するという違法な目的に利用するために得られた違法なものであって，これによって当該傷害行為の違法性を阻却するものではない」と判断している。

(違法一元論)

このようなドイツの立法や，日本の判例の立場は，刑法的違法と全法的違法の間に区別をもたない，違法一元論的な立場からの帰結である。

判例は，一時期，刑法的違法と全法的違法を区別する違法多元論に近い立場をとっていた。例えば，都教組事件（最大判昭和44・4・2刑集23巻5号305頁）で最高裁は，「一律にあおり行為等を刑事罰をもってのぞむ違法性があるものと断定することは許されない」として，刑法上の違法と，他の法領域（例えば，民法・公法）の違法とが異なりうることを認めていた。つまり，刑法以外の法的な観点からは，違法であるものでも，刑法上は違法ではないと解する余地があることを認めていたのである（このような違法多元論的理解は，すでに全逓東京中郵事件［最大判昭和41・10・26刑集20巻8号901頁］で示されているといえる。また，都教組事件と同日に出された全司法仙台事件は，争議行為のあおり行為を処罰している国公法の規定について，争議行為に通常随伴する形態のものを除外するという限定解釈を示したうえで，事案については通常随伴するとはいえないとして，刑法上の違法性を肯定している［最大判昭和44・4・2刑集23巻5号685頁］）。しかし，全逓東京中郵事件と全司法仙台事件のいわゆる「二重の絞り」論は，そのわずか4年後の全農林警職法事件で，判例変更される（最大判昭和48・4・25刑集27巻4号547頁）。また同日に出された久留米駅事件（最大判昭和48・4・25刑集27巻3号418頁［百選Ⅰ総論15事件］）でも，「刑法上の違法性阻却事由の有無を判断するにあたつては……当該行為の具体的状況その他諸般の事情を考慮に入れ，それが法秩序全体の見地から許容されるべきものであるか否かを判定しなければならない」として，刑法上の違法概念と，法秩序という全法的な価値判断の一致が強調されるに至るのである。

(同意傷害と違法一元論)

同意傷害においても，同意の動機・目的，その傷害の手段・方法やその態様などについて，諸般の事情を考慮して違法性を判断するというのは，まさに一元論的見解にたつといってよい。

もっとも，本件の判断では，詐欺目的という刑法上の違法が，同意傷害の違法性を決しているのであるから，刑法的違法の範囲内だということもできないわけではないが，そもそも多元論は，刑法上の違法でも，詐欺罪の違法と同意傷害の違法とが区別されうるものである。詐欺目的という「違法」は，詐欺罪の成立によって評価されるべきであり，それに尽きるのであって，同意傷害罪の違法性判断に援用されるべきではない。

かつて行われていた売血は，一種の同意傷害だといってよいが，自分の血液を売って，賭博の掛け金にする目的なら違法だが，合法的な競馬への資金なら適法だというのもおかしなことであろう。

（判例の立場）

判例は，社会的相当であるかどうかを同意傷害の違法性判断に求めており，したがって，やくざの指詰めは，公序良俗に反するから違法だとしたもの（仙台地石巻支判昭和62・2・18判タ632号254頁），SM行為について，妻の求めに応じたとはいえ，その首を寝間着紐で縛りながらの性交は，社会通念上相当とする方法，手段，法益侵害の程度を超えたものであり違法性を阻却しないとしたもの（大阪高判昭和40・6・7判決下刑集7巻6号1166頁）があるが，後者も，SM行為自体が公序良俗に反するものだから同意があっても違法だとしたわけではないことに注意する必要がある（性交中にしばしば同意を得て首を手で絞めていた場合について，暴行については犯罪が成立しないとして相手方死亡について傷害致死罪ではなく過失致死罪の成立をみとめたものとして，大阪高判昭和29・7・14裁特1巻4号133頁がある）。

（違法多元論）

結論的には，被害者の真意に基づく同意があれば，基本的にはその動機・目的や，方法・手段は，それらが別の犯罪を構成することは格別，被害者の同意による違法性阻却には，影響しないとするべきである。もっとも，同意の対象が，生命毀滅や身体損傷である場合には，刑法202条の趣旨から，なお違法性が阻却されない場合がありうる。

端的には，202条は，生命処分について同意があっても，なお関与者が処罰されることを規定しているのであり，同意傷害については規定がないことは，生命の危険や回復困難な重大な身体損傷についても，違法性を阻却するべきではないのではないかということを示唆する。

> 展開質問1
>
> 1. 同意の前提たる動機についての齟齬について考えよ。法益侵害説にたった場合には，同意の内容ないし同意の態様について一切考慮する必要はないのか？　重要な動機を考慮する立場は，法益侵害説と相容れず，法益関係的錯誤説が論理的に一貫しているのか？
> 2. 構成要件関係的錯誤説にたった場合に，一切の動機を考慮しないとすると，どのような不都合が生じるか？　また考慮するべき動機とそうでない動機をどのように区別するべきか？
> 3. 意思方向説をとりながら，被害者の同意についての錯誤を問題とすることは可能か？

② 不処罰根拠・危険引受け

> **設例Ⅱ**　ダートトライアル事件
> 　Xが運転するダートトライアル競技の練習走行において，インストラクターのAがそれに同乗したが，Xの技術未熟により，車両をコースに設定された防護柵に激突させ，Aを死亡させた【千葉地判平成7年12月13日判時1565号144頁［百選Ⅰ総論55事件］参照】。

入口の質問

1. 本件の事例について，過失犯における予見可能性が欠けることを理由に無罪とすることは可能であるか？　もしそれが可能だとすれば，違法性論で解決することの積極的理由はどこにあるのか？
2. ダートトライアル競技のようなアマチュア・スポーツが業務上過失致死傷罪の業務性を満足する意味は何か？　また，正当業務行為における業務性では，プロフェッショナル・スポーツの業務性が肯定されるが，同じことは，アマチュア・スポーツでも同様であるか？　もし，そうならば，正当業務行為（刑35）による違法性阻却との関係はどうなるか？
3. 坂東三津五郎ふぐ中毒死事件（最二小決昭55・4・18刑集34巻3号149頁）は，調理人である被告人が提供したフグの肝を，被害者がその危険性を認識しながら摂取した結果，死亡するに至った場合について，業務上過失致死罪の成立を認めた。この判例と，本件との違いは何か？

設例Ⅱ解題　違法性の実質論と同意の不処罰根拠

(1) 判例

設例Ⅱについて，千葉地裁は，「被害者の死亡の結果は，同乗した被害者が引き受けていた危険の現実化というべき事態であり，また，社会的相当性を欠くものではないといえるから，被告人［X］の本件走行は，違法性が阻却されることになる」として，無罪を言い渡した。

本件について，千葉地裁は，①被害者が引き受けていた危険が現実化した場合であって，②そのような事態が社会的相当性を欠くものでなければ，違法性が阻却されるとしているのである。

この被害者の危険引受けを被害者の同意とパラレルにとらえれば，この千葉地裁の判決は，設例Ⅰについての最高裁決定に従って，①同意があり，②その動機・目的・手段・方法・結果などが社会的に相当である場合には，違法性を阻却するという抽象論を，当てはめたにすぎないものということができる。

もっとも，被害者の同意と危険の引受けは同視できないとする立場もあるから，このように単純化することについては，慎重でなければならない（後述）。

(2) 違法性の実質論との関係

いずれにせよ，被害者の同意について，その成立要件については立場の違いはあるものの，同意があれば違法性が阻却されうることは認められている。では，なぜ違法性が阻却されるのかが，不処罰根拠である。

（構成要件阻却と違法阻却）

なお，被害者の同意がある場合に，違法性阻却と構成要件阻却の２つの考え方がありうることはすでに指摘したが，その根拠を考えるうえでは，構成要件該当性の阻却でも，原則違法類型としての構成要件に該当しないのであるから，実質的には同じことである（もっとも，故意を考える場合には，被害者の同意が，構成要件要素であるか，違法阻却事由であるかが，立場によっては問題になりうる。つまり，故意を構成要件該当性の認識であり，違法性阻却事由の錯誤は，違法性の錯誤であるとする立場［厳格責任説］や，故意・違法性の意識とは別の第３の認識形式だとする立場からは，この区別が意味をもつ。この問題については日本ではまだ充分に議論がされているとはいえない［ただし，違法性の錯誤も故意の問題だとするならば，再び両者の区別は意味をもたないことになるはずであり，基本的にはそのように理解するのが妥当である→違法性阻却事由の錯誤。また，そもそも被害者の同意は，表示されている必要すらないと考えれば，行為者の認識の対象ではないことになる］。なお，ドイツでは，被害者の同意について，構成要件阻却と違法性阻却の区別が必要だとする見解が強いが，そこでは，同意が，構成要件阻却的同意であるか，違法性阻却的同意であるかが議論されているのであり，構成要件阻却的同意については，被害者の表示行為も行為者の認識も必要でない［つまり一種の客観的処罰条件］が，違法性阻却的同意については，被害者の表示行為とそれに対する行為者の認識が必要だとされる見解などがあることに注意する必要がある。もっともドイツでの，この構成要件阻却的同意と，違法性阻却的同意の区別は，同意傷害罪が，「公序良俗に反しない」という限定をもつことに基づき，構成要件阻却的同意は，公序良俗性を問わないという解釈余地をもたらすところに実質的意義があり，そのような規定をもたない日本とは状況を異にするというべきである）。

本屋で万引きしたが，その本は，見本誌で無料配布されているものであったという場合，無料のものは，「窃取した」とはいえないとする（「財物」にあたらないというのも同じである）か，窃取ではあるが違法性を阻却するというかは，あまり重要な問題ではないのである。

（実質的根拠）

重要なのは，同意があった場合になぜ違法性を阻却することになるかという実質的根拠である。

被害者の同意による違法性阻却は，違法性の基礎理論に依存する。違法性の基礎理論としては，その実質を，法益侵害に求める見解と，社会的相当性に求める見解とに分かれる，とされている。

違法性の実質を社会的相当性に求めるならば，被害者の同意も，そのような同意を得てなお犯罪行為を行うことが社会的に相当な行為であるかどうか，によって判断されることになる。

一方，法益の侵害を根拠とする立場からは，①法益そのものないし法益の要保護性が欠如するという立場と，②被害者の同意についても，違法性阻却事由についての優越的利益の原理が妥当し，自己決定の利益が当該法益侵害を上回るとする見解に分かれる。

（自己決定の自由）

②の立場は，自己決定の自由という法益が，侵害法益を上回る場合には違法性が阻却されるが，侵害される法益の方がそれを上回れば，なお違法であるとされ，同意殺や，一定の類型の同意傷害は，後者の場合だとするのである。この立場は，同意殺や同意傷害の違法性を説明することができる点で優れてはいるが，自己決定の自由という価値は，基本的には，「自らで自らに属する法益の処分を決定すること」という抽象的な自由であり，法益の価値序列からいえば，財産的価値や個別的な自由についての価値（自由に対する罪における個別的な類型における意思

の自由など）よりは優越することは正当化できても，本来は，身体的価値よりは劣後すべきもののはずである。つまり，この立場からは，同意傷害は常に可罰的だとするのが一貫している。

（要保護性の欠如）

一方，①の立場は，法益の主体たる被害者が，その法益侵害について同意した以上，法益が存在しないかないしは要保護性が欠けるとするものである。

もっとも，法益性が欠如するのであれば，その効果は対世的であり，侵害者が誰であるかを問わないことになり不当だとする批判があるが，それは，同意の意思内容にかかわるのであり，プロレスの選手は，台本に従って試合相手に殴られることには同意してはいるが，観客のパイプイスを投げつけられることについてまで同意しているわけではなく，同意の射程が及ばないとすることは可能である。

反面で，対世的にも法益を放棄している場合がありえ，このときには侵害者が誰であるかは問わないことになる。ゴミ集積所に，粗大ゴミとしてタンスを出した場合に，それを近所の人が拾っていった場合，対世的に所有権を放棄したと考えるか，粗大ゴミの処理票を添付したことが，特に自治体の処理にのみ委ねたと解するかは，被害者の処分意思の内容にかかわる。後者ならば，被害者をゴミを出した者とする遺失物等横領罪ないし窃盗罪の問題となろう。「燃えるゴミ」の中に誤って札束を入れてしまったような場合には，そもそもその札束の処分についてまでゴミを出した者の意思が及んでいるとはいえず，所有権は，ゴミを出した者に留保されているとみるべきであろう（なお，ゴルフのロストボールについて，「無主物先占によるか権利の承継的な取得によるかは別として，いずれにせよゴルフ場側の所有に帰していた」とする最三小決昭和62・4・10刑集41巻3号221頁［昭和62年度重判解刑法6事件］があるが，ゴルフボールを打ち込んだ者の，利用約款などによって少なくとも黙示の処分意思がなければ，そもそもゴルフ場側の所有権を認めることは困難であろう）。

この法益性の欠如の理由に対する批判の第2は，同意傷害ならびに同意殺について，違法性を阻却しないことの説明が困難になることである。生命的価値も，法益であり，その法益主体が，被害者本人にあるとするならば，被害者の同意があれば違法性が阻却されるはずであり，202条はまさに矛盾することになる。この点を以下で考察しよう。

(3) **生命的価値処分**

（202条の実質的根拠）

同意があるのにかかわらず，なぜ202条で同意殺が処罰されるのか，また，その延長上において同意傷害のうち生命に危険な重大な傷害なども，やはり同意があっても違法性が阻却されない場合があるのではないか，というのが，ここで論ずべき問題である。

生命という法益は，個人にのみ属するのではないとする立場がかつては主張された（瀧川・佐伯千仭）。この立場からは，生命ないし場合によっては身体の機能の重要部分も，社会ないし国家にも属するということになる。しかし，「おまえの命は国家・社会にとって大事だから勝手に処分することは許さない」というのは，あまりに国家主義的な発想であるように思われる。また仮に，それが正しいなら，自殺も可罰的でなければならないはずであり（もっとも自殺の既遂を処罰することは技術的に不可能であるから，未遂ないし予備が問題となるにすぎない），実際，自殺は違法であるが，責任が減少されるにすぎないとする（瀧川）のは，この発想にたつといってよい。もっとも自己堕胎罪（刑212），同意堕胎罪（刑213）が，妊娠した女子の自らの堕胎，同意がある堕胎について処罰しているのは，堕胎罪の保護法益が，妊娠女子の法益だけではなく，胎児の生命という法益にも及んでいると考えるべきであり，これについては，法益の主体が，複数にまたがることを認めることは可能であろう。

（個人的法益論からの説明）

基本的には，生命・身体について，その法益

の主体はあくまでも本人個人に属すると考えながら，特別の考慮によりその違法性を基礎づけるべきであろう。

まず生命については，202条で，同意殺と自殺関与行為が処罰されている。自己決定の自由という法益による優越的利益による違法性減少の説明によらない場合には，以下の3つの説明が主張されうる。

第1には，いわゆるパターナリズムによる説明である。生命価値の法益の主体はあくまでも本人に属するが，その処分については，死にたいと思う人間に対して「早まるな」という後見的判断により，なお違法だとするものである。しかし，違法であるという評価が国家の後見的判断からなされるというのであれば，生命価値の法益の主体を国家・社会にも認める立場と実質的にはかわらず，自殺や，自己損傷行為についても，可罰的だということになってしまうであろう。

第2には，法益の主体つまり法益処分の自己決定の主体性の存立基盤である生命については，刑法の要保護性は欠如しないという立場である。しかし，この立場も，よく考えてみると，なぜ存立基盤である本人自身が，その存立基盤をも処分したいという自己決定を，国家が介入することが許容されるかの説明に欠けることになる。法益論は自由主義的な国家契約説を前提とすると考えられるが，現代においてこのような契約関係からの離脱は自らの生命を絶つことによってのみ事実上可能であり，そのような自由が個人に留保されていないというのは，法益論の「自殺」を意味しよう。

（危険犯としての202条）

そこで，第3に，同意殺・自殺関与罪を，自己決定が充分でない可能性に基づく一種の危険犯だと理解する立場がありえ，それが正当だと思われる。死は回復不可能な生命価値の処分であり，死を望む者の自己決定は，それがその時点では真意であったとしても，本来全うすべき今後の生涯を考慮したうえでなされたものとは限らない。借金や失恋，仕事上の失敗など，人生の困難に直面した場合，死を望んだとしても，その困難を何らかの形で乗り越えた場合には，「なぜあのときに死のうと思ったのか」と回顧することは，ありうることである。そういったいわば不完全な処分である可能性が，同意殺・自殺関与罪における法益侵害性を基礎づける。つまり，被殺者において，生命的価値を完全には処分していない可能性があるという一種の危険犯として，同意殺・自殺関与罪があるのである。もっとも，被殺者本人において，その本来全うすべき全生涯について完全な処分意思がある場合もありうるであろう。しかし，その本人に対して，刑罰威嚇を与えることは，本人の処分意思が本当に完全なものであるかどうかを国家が強制的に問い直すことであり，それは，個人の自己決定を過度に干渉するパターナリズムであり正当化されない。これが，自殺行為について本人が不可罰であることの根拠である。しかし，その殺害行為に関与する第三者に対しては，国家は，その本人の処分が完全でない可能性があることを警告し，慎重に判断することを求めることはできる。それが，危険犯として処罰することの趣旨である。

したがって，この立場からは，第三者にとっても，本人の生命的価値の処分が完全であることの状況的保障がある例外的場合には，なお違法性を阻却するべき場合があることになる。そのようなものの1つが，安楽死・尊厳死の場合である。例えば，いわゆる安楽死については，死が確実に目前に迫っており，また苦痛が甚大で，本人において，残りわずかな生命を生きながらえるよりも，その苦痛を取り除いた方がはるかに望ましいのであれば，その残りわずかな生命価値を完全に処分していると確実に判断できる場合はありうるであろう。もっとも，安楽死や尊厳死などでも明示的な同意がなければ，この同意による違法性阻却を論じる余地はないことになる。同意がなければ正当業務行為や緊急避難その他の違法性阻却の可能性が問題とな

るのである。また，死が確実だとしても常にその処分の完全性が保障されるわけでもない。末期ガンであってあと6ヶ月の命だと告知されたために，末路を悲観して殺してくれと頼まれたような場合も，6ヶ月の間の生命について確実に処分しているとはいえない。長くても数日程度に死期が迫りかつ苦痛が甚大で改善の見通しも全くないような例外的な場合に始めて，完全な処分であるということができるであろう。(→末期医療)

(4) 同意傷害

（障害の程度）

被害者の同意による身体損傷行為については，一律に違法性を阻却するという立場もある。同意傷害について明文の規定はないが，同意があっても処罰する場合を特に刑法が規定しているのだとすれば，法益の主体が，その処分について同意している以上は不可罰とするべきだとするのである。しかし，傷害といっても，その程度は広く，生命に対する危険や重大な身体的機能をもたらすものがありうる。そういった重い障害についても一律に同意による不可罰を認めることには202条が可罰的であることに照らして問題があろう。

逆に，軽微な傷害については，それが構成要件に形式的に該当しても，処罰するべきではない場合がありうることは異論がない。例えば，髪を切る行為は，傷害罪（すくなくとも暴行罪）になるとされるが，同意があれば処罰すべきではないことは明らかであろう。したがって，ほとんどの立場は，同意傷害について可罰的な場合と不可罰の場合の両方がありうると考えているのである。

（2つの基準）

生命と境を接するような重大な傷害といっても，2つの基準を考えることができる。1つは，生命が回復困難であるということに着目するものであり，いま1つは生命そのものに対する危険性が極めて高いという点に着目するものである。例えば，手術による性器の切断は，生命に対する危険性は高くはないが，回復は困難なものである。一方，大量の献血は，生命に対する危険性は高いが，回復が困難というわけではない。

学説には，自己決定の自由には，意思決定の自由と行動の自由とがあり，手足の切断は，行動の自由を回復不可能にするものであって違法性を阻却しないが，指詰めは違法性を阻却するとするもの（内藤・総論中588頁）がある。これは，回復不可能性の側面を強調しているようにもみえる。しかし，小指なら，行動の自由を阻害しないということなのであろうか。また男性から女性への性転換手術は，まさに男性としての行動の自由を阻害することになるであろうが，それがまさに本人の自己決定権ともいうことができよう。回復困難性を根拠に同意があっても違法性を阻却しないというのであれば，例えば，名画を燃やすことに同意したような場合にも，器物損壊罪の違法性について，名画が回復困難であることを理由に違法性阻却を否定せざるをえないことにもなりかねない。

（生命に対する危険）

むしろ，同意傷害が処罰するべき範囲とその根拠は，生命に対する危険性に求められるべきである。暴走族の乱闘と，ボクシングの試合とで，共に殴られるであろうことについての同意があっても，一定のルールの下に行うスポーツとしてのボクシングは，生命の危険性についてなるべくそれが排除されているところに違法性が阻却される根拠があるのに対し，そのような配慮がまったくない乱闘では，やはり生命に対する危険性のある行為として同意があってもなお違法性が阻却されないのである。

先ほどの偽装自動車事故についての昭和55年最高裁決定では，保険金詐欺目的という目的の違法性が，同意の違法性を阻却しないとしていたが，それまでの下級審判例では，これと同様に社会的相当性から違法性を判断するもの（やくざの指詰めに関する前掲仙台地石巻支判昭和62・2・18）と，むしろ生命に対する危険性の有無か

ら判断しているとみることができるもの（SM行為についての，前掲大阪高判昭和29・7・14，前掲大阪高判昭和40・6・7）とがあることに注意する必要がある。

（結論）

偽装自動車事故は，場合によっては，生命に対する危険をもたらしうるものではあるが，設例Ⅰの判例の事案は，交差点で停車中の自動車に玉突き衝突させたというにすぎないものであり，生命に対する危険性は，比較的低いレベルであったと思われる。もっとも，詐欺目的での偽装交通事故が違法でないとすると，いったん業務上過失罪の有罪が確定した後に，詐欺罪の公訴時効（7年：刑訴250③）が完成後に再審請求すれば不可罰だということになり，処罰感情に反するという配慮があったのかもしれないが，そのような捜査ないし訴追の不手際を被告人の不利益に転嫁することは許されないというべきである。刑事訴訟の被告人には真実発見の協力義務はないからである。

なお，202条との関係から，同意傷害が傷害罪によって可罰的な場合も，202条の法定刑の上限を越えることは許されないと解するべきであろう。

(5) **自殺関与・自傷行為**

（共犯理論との関係）

日本刑法202条は，同意殺と自殺関与を一律に規定している。そして学説もそのことを当然の前提と考えており，自殺関与罪の処罰根拠について特別に論じないことがほとんどである。

しかし，限縮的正犯概念をとり，正犯について実行行為を基本に考え，共犯の従属性を認める学説の多数説の立場からは，同意殺と自殺関与罪を同一視することはできないはずである。なぜならば，同意殺では，同意を受けて殺害する者が正犯であり，共犯の従属性を論じる必要はないが，自殺関与罪は，自ら殺害する自殺者本人が実行行為を行う以上，正犯であり，関与者は共犯であって，共犯従属性の見地から，正犯が処罰されないのに共犯のみが処罰される根拠を示す必要があるからである。

確かに，制限従属性説にたちつつ，仮に自殺者本人の不処罰根拠を責任阻却だと考えれば，要素従属性から共犯のみを処罰することは可能である。しかし，同意殺について違法性阻却事由だと理解する以上，自殺関与罪についても責任阻却事由だとすることは困難であろう。結果的に，最もポピュラーな，実行行為論と結びついた限縮的正犯概念・制限従属性説・被害者の同意＝違法性阻却説の組み合わせでは，自殺関与罪の処罰根拠を説明することは困難である。もっとも，違法判断の個別化，すなわち正犯については違法ではなく，共犯について違法だということが可能ならば，制限従属性説でも共犯のみを処罰する結論を導くことは困難ではないが，違法＝連帯，責任＝個別というカテゴリカルな判断を理論的基礎におく制限従属性説では，このような違法判断の個別化は論理的に不可能だといわざるをえないであろう。

そこで，自殺関与罪を独立共犯処罰と理解し，自殺者の自身の生命処分についてそれが完全ではないかもしれないという危険な処分を行わせるという点に処罰根拠を求める見解が主張されることになる。この場合，実行行為を中心にした限縮的正犯概念からは，独立「共犯」処罰ということであるが，正犯概念を実行行為にこだわらなければ，自殺関与行為が正犯そのものだという解釈も不可能ではなかろう。

この見解に対しては，独立処罰規定だとすると，自殺の教唆・幇助が行われれば既遂に達し，自殺者が実際に自殺しなくても，既遂として処罰されるのは不当だという反論がなされてきた。しかし，この自殺関与罪の結果は，自殺者の自殺既遂だと理解すれば，自殺者が実際に自殺に着手しなければ，未遂にもならないと解釈することは充分可能であろう。

（要素従属性）

自傷行為関与についても，同様に自傷行為それ自体については，不可罰であると解される。もっとも，例えば麻薬・覚せい剤の自己使用罪

を処罰している現行法の立場からは，自傷行為について違法性が全くないかは，疑問の余地がないわけではないが，麻薬・覚せい剤の自己使用は，その習慣性や周囲への模倣性などから特別の考慮が必要だと理解すれば，単純な自己損傷行為については，なお不可罰だと解される（シートベルトの着用は道交法上義務づけられてはいるが，その違反行為は，行政上の減点対象であっても刑罰では処罰されていないのは，このような自傷行為についての考え方を反映していると解釈される）のである。

生命に対する危険のある自傷行為について，自殺関与罪・同意殺，同意傷害とパラレルに，自傷行為関与行為については，違法性が阻却されないと考えるが，202条のような規定がない以上，共犯だけを処罰するには，要素従属性について最小従属性説をとり，正犯には違法性が欠けるが，共犯には違法性があるとして，共犯のみを処罰する結論を採るのが正当である（この点についての本分担執筆者の見解については別稿で明らかにする）。

(6) 危険引受けと被害者の同意

このような危険の引受けについては，法益侵害結果についての被害者の同意とパラレルな問題として論ずべきだとする立場と，それとも帰属論等の同意論とは別の理論による帰責限定が必要であるとする立場とが対立している。上記判例は，違法性の阻却を認め，被害者の同意論の延長上に危険引受けを考えているといってよい。

相手Xがエイズにかかっていることを知りながら，愛情を確かめるためにあえて性交を望んだYがはたしてエイズに罹患した場合，必ずYにおいてエイズに感染することを認識していれば，被害者の同意がある傷害であるが，感染する危険があるにとどまる場合には，傷害の結果を同意しているとはいえない。このような場合について，帰属論の立場からは，被害者Yが自己答責的な決定をして損害が生じたのであるから，Xの側においてその結果を帰責させるべきではないとするのである（参考：BayObLG NJW 1990, 131）。もっとも，同意傷害の規定をおき，また，同意殺と自殺関与罪を立法上区別し，また相当因果関係説が通説ではないドイツにおいては，帰属論による帰責限定が必要であるとしても，同意傷害自体が解釈に委ねられている日本においてあえて帰属論を持ち出さなければならない必然性は低いように思われる。

もっとも，結果が不確定な危険性について，行為時ないし行為以前の段階での被害者の同意による違法性阻却を認めることには問題がないわけではない。例えば，道路交通には危険が満ちており，出かけるときに車にひかれるかもしれないと思ってはたして事故にあって負傷した場合に，危険を引き受けていたとはいえないであろう。ここでは，危険性の大小が問題となるであろうが，危険性が高ければ高いほどそれを引き受けるという意思は弱まるのが通例であるはずであり，危険性の高い行為に安易に同意を擬制することは許されない。

また，危険引受けが客観的帰属と無関係であるかについても検討する必要はある。新幹線の軌道内に柵を乗り越えて立ち入ってひかれた場合，それをひいた新幹線の運転手において，構成要件該当性があるが被害者の同意があるから違法性がないとすらいえず，因果論的に，立ち入った者にその結果を帰属させるべき場合がありうることを認めるべきであるように思われる。ただこのような因果判断を帰属論という因果関係とは別の基準で判断するべきかどうかについては疑問がある（→因果関係論）。

展開質問2

1. 判例は，同意があっても，社会的に相当でない場合には，違法性を阻却されない場合がありうることを指摘するものであるが，このことは，一面では，同意があれば違法性が阻却されるのが原則であることを前提としているようにも解釈される。それでは，社会的相当説から，同意があれば違法性が阻却され（う）るという結論をどのように説明できることになるのか？
2. 刑法202条の規定がなくとも，解釈によって，自殺関与罪や同意による殺人罪を処罰することは可能であるか？　またその処罰範囲と科刑範囲はどうなるか。202条の規定がない場合に，同意傷害の解釈についても影響があるか？　ドイツのように，同意殺人のみを処罰し，自殺関与罪を処罰しないことは妥当であるか？　同意傷害について特別の規定を設けるとすればどのような規定が望ましいか？
3. 制限従属性説を前提とした場合の202条ならびに同意傷害・自傷行為関与の処罰根拠について，どのように説明できるか？　また，実行の着手時期との関係について考えよ。

③ 医療行為

設例Ⅲ　フィリピン人偽医師美容整形事件

Xは，パブのホステスAに対して，フィリピン国の医師免許がないのにあるかのよう装い，その豊胸手術について同意させ，本来行うべき検査も，手術中に必要とされる設備・体制も不十分で，術後の抗生物質の投与などもすることなく，滅菌管理の全くないアパートの一室でその手術を行い，その結果Aを手術侵襲および麻酔剤注入により死亡させた【東京高判平成9年8月4日高刑集50巻2号130頁［セレクト'98刑法1事件］参照】。

入口の質問

1. 医師免許をもたない者による医療行為には，どのような刑事責任が考えられるか？　また，医師免許があっても，特定の高度医療に際しての専門医の資格がない者が行った場合はどうか？
2. 免許がある者が行ったとしても同じ結果になったであろうという事情の存在は，刑事責任にどのような影響を及ぼすことになるか？　例えば，本件で死亡原因は患者の特殊体質にあり，設備が整った病院で資格医により行われたとしても患者が死亡していたであろうような場合はどうか？
3. 患者において被告人が無資格者であることを知って同意していた場合はどうなるか？

設例Ⅲ解題 医療行為と被害者の同意

(1) 判 例

設例Ⅲのような事実関係の下で，東京高裁は，設例Ⅰの最高裁決定を引用したうえで，「被告人がAに対して行った医行為は，身体に対する重大な損傷，さらには生命に対する危難を招来しかねない極めて無謀かつ危険な行為であって，社会通念上許容される範囲・程度を越えて，社会的相当性を欠くものであり，たとえAの同意があるとしても，もとより違法性を阻却しないことは明らかである」と判示し，傷害致死罪の成立を認めた。

豊胸手術は，身体に対する侵襲行為であるから，同意がなければ傷害罪であり，その結果相手が死亡すれば傷害致死罪となる。同意が有効であれば，相手が死亡しても，過失致死罪（本件のような場合は業務上過失致死罪であろう）となるにすぎない。

Aは，豊胸手術に同意している。しかし，それは，医師による正当な医療行為であるということが前提となっている。

医師による正当な医療行為であるかどうかは，その者が医師免許を有しているかどうかという，形式的基準によるべきではない。設例Ⅲの事案でも，医師法違反も問題となっているが，仮にXが，フィリピン国の医師免許をもっていれば，医師法違反の点は残るとしても，正当な医療行為として，患者の同意は有効であるかないしはより直截に，正当業務行為として違法性が阻却される場合がありえたといえよう（同様に医師免許をもっていたが，脱税を理由とした行政処分により医師免許が取り消されたような場合や，さらには独学で勉強して，正規の教育を受けたのと同等の知識と技術をもっていたような場合にも，それらの者による医療行為は，正当な医療行為になりうる）。

被害者Aにとっては，Xを医師だと思っていたのであり，正当な医行為を受けることについての誤信があり，これは当該手術を受けるに際しての重要な動機を形成していると思われるから，そもそも同意が欠けていたというべきであろう。

本件高裁判決の「たとえAの承諾があるとしても」の文言は，必ずしも明解とはいいがたいが，AがXの医師免許を「有しているものとして受け取って承諾したものであること」などを問題としていることからも，被害者の承諾についても，完全にそれが存在していたとは考えていないと解釈するのが妥当である。

ここでの社会的相当性は，医療行為としての相当性が中心であるといえる。一般的に，医療行為は，外形的には，身体の侵襲を伴う場合，傷害罪・暴行罪・逮捕監禁罪・強制わいせつ罪などの構成要件該当性を充足するが，正当な医療行為であり，患者の同意がある場合に違法性が阻却されうる。

(2) 医療行為（一般）

もっとも医療行為は，正当業務行為による違法性阻却ないし主観的構成要件要素による構成要件阻却による不可罰が論じられるのが通常である。例えば，ガンに罹患した臓器の摘出は，傷害罪の構成要件該当性を満足するが，正当な医療行為である限りにおいて，違法性を阻却するとされるのである。また，強制わいせつ罪において，行為者におけるわいせつな内心傾向を主観的構成要件要素と考える場合には，医師による触診などの診療行為は，わいせつ罪の構成要件該当性を欠くことになる（しかし主観的構成要件要素を認めるべきでないとすれば，正当業務行為による違法阻却だということになるが，医師の診察行為が強制わいせつ罪の構成要件に該当するが，違法性が阻却されるというのは，医師の立場からの心情的な反発がありうる）。

さらに，成功率が低い困難な手術を実施したところ，果たして失敗して患者が死亡した場合にも，業務上過失致死罪ないし殺人罪の構成要

件該当性を満足するが，正当な医療行為であると評価されるならば，違法性が阻却されることになろう（成功率が低い場合には，致死の結果について高度の蓋然性を認識していることになり，認識説によれば，故意を否定できないことになる。これに対して認容説ならば，殺人罪の故意を否定することは不可能ではなかろう）。

（正当な医療）

ただし，問題は，何が正当な医療行為であるかであり，また正当な医療行為がなぜ正当業務行為として違法性を阻却することになるのかである。通常，被害者の同意と，目的説とが併用される。

（患者の同意）

医療行為における被害者の同意は，患者の医療行為についての同意としてとらえられる。

最近では特に，患者の自己決定権を重視し，インフォームドコンセント（充分に説明責任が果たされたうえでの同意）が医療行為の正当性を基礎づけるとする見解が主張されるに至っている。つまり医師そのほかの医療関係者などが行う侵襲行為・診療行為・治療行為そのほかの医療行為・処分について，その内容を充分に理解したうえで同意した場合には，被害者の同意による違法性阻却が考えられる。

ただし，等しく被害者の同意であっても，通常の同意の場合に比べて，医療行為であることが，違法性を阻却する範囲に影響を及ぼすことは考えられる。例えば，指の切断について，やくざ間での指詰めよりも，治療目的での切除のほうが，違法性が阻却される場合が多いといえるであろうし，逆に，本来は必要がないのに，胸部の触診を行ったような場合には，患者がその診察行為について表面的に同意を与えていたとしても，なお違法性を論じるべき場合があろう。子宮の摘出手術について，そのこと自体は承諾していたとしても，本来必要ではなかった手術であり，患者に充分な説明がなかったならば，なお違法性は阻却されない（富士見産婦人科病院事件は，医師免許をもたない病院理事長が患者30数名に対して子宮・卵巣の摘出手術を指示し，患者に摘出の必要性を説明して担当医師が摘出したが，本来正常な子宮・卵巣をも摘出していたのではないかとして傷害罪で告訴したが，検察は関係者を医師法違反以外はすべて不起訴処分とした）（→同意と錯誤）。

このように，インフォームドコンセントを強調する立場と法益関係的錯誤説は相容れないのである。インフォームドコンセントは，当該法益の処分だけでなく，その処分するに至る理由や処分の方法にも「被害者」の意思に沿っていることを正当化の根拠とするものだからである。

(3) 同意との関係

（同意と正当な医療）

医療行為の正当化について，基本的に患者の同意をその基礎におくことは，自己決定権を尊重する立場から望ましいが，①正当な医療行為であるが，患者の同意が得られない場合，ないし，②患者の同意があるが正当な医療行為ではない場合のそれぞれについて，正当化を認めるかが問題となる。

（同意の欠如の場合）

①患者の同意が得られない場合であっても，医療行為として患者の利益のためになされた行為は，一定の範囲で正当化される（目的説）。意識不明の状態で，また患者の意識の回復を待っていては生命に危険があるような場合に，医師が行う治療行為については，患者の同意があるとはいえないが，正当化されることについて異論はなく，一種の緊急避難類似の法理によるというべきであろう。四肢を切断しなければ病原菌が全身に回って死亡する危険がある場合に，四肢を切断する場合，生命的価値は身体的価値に優越するから，緊急状況で，前者を救うために後者を犠牲にすることは正当化されるのである。

ただ，患者の同意を得ないか，ないしは充分な説明がない医療行為（いわゆる専断的医療行為）について，緊急避難ないしそれと類似する要件を満足しなければ正当化できないとまで判断

すべきかは疑問がある。例えば，乳ガンの治療で，乳房の温存療法について十分な説明がないまま切除に患者が応じたが，その後で，温存療法について知っていれば，切除を望まなかったという場合に，インフォームドコンセントの見地から患者の同意が欠如しているとしても，切除療法をとるか温存療法をとるかについて，ガンの転移などの判断から，切除療法をとることについても医療の判断として正当な判断の範囲を逸脱していないとするならば，緊急避難の緊急性が欠けていたとしてもなお正当化するべき余地はあろう。そうでなければ医師の高度な専門的判断に依存する現代医療が，素人的な直感によって左右されるという結果になりかねないと思われる。

もっとも，生命に対する危険がなくとも，回復困難な処分・措置については，患者の意思は可能な限り尊重されるべきだという点にももっともな点があり，子宮や乳房の切除などは女性にとって極めて重要な判断であるから，可能な限り充分な説明をつくして同意をえなければならないといえよう。

（正当性の欠如の場合）

②患者の同意があっても正当な医療と認められない場合には，医療行為を逸脱しているのであるから，正当行為それ自体として論じる余地はなく，通常の同意傷害の範囲で判断されるべきことになる。子供が交通事故に遭遇して輸血が必要になった場合に，エホバの証人の信者である両親が，宗教上の理由から輸血を拒否したために，輸血以外の救命措置をとったが子供が死亡したという場合について，実際の事例で医師等も起訴されなかったものがあるが，輸血を施さなかったことと子供の死亡の間の因果関係自体も問題であり，輸血していれば必ず救命されたような場合には，異なる結論になった可能性は高い。つまりそのような場合には，輸血をしないということは生命に対する危険ないし場合によっては，現実の結果をもたらす行為であり，本人の同意があっても傷害罪の違法性を阻却しないし，場合によっては同意殺が成立しうる。もっともこの場合，両親の同意を子供本人の同意と同視するのも問題であろう。

性転換手術については，かつては，正当な医療行為ではないとされた（東京高判昭和45・11・11高刑集23巻4号759頁［ブルーボーイ事件，百選Ⅰ総論〈初版〉33事件］。もっとも，傷害罪ではなく優生保護法違反罪で起訴・有罪とされているところに注意）。今日では，性同一性障害として，性転換手術も，医学上一定の範囲で行うことが確立しているから，正当な医療行為として，違法性が阻却されうる。

(4) 末期医療

（医療行為と末期医療）

患者ないし患者の家族の同意があるが正当な医療とは認められないものの類型のうち，死を目前にした患者についての，安楽死・尊厳死の問題がある。また患者本人の「治療」には直結しないが，脳死状態患者からの臓器摘出行為についての問題も，この延長上にある。

安楽死と尊厳死は区別されなければならない。

安楽死とは，死期が切迫している患者の肉体的苦痛を緩和除去する処置のことであり，尊厳死とは脳死状態患者について，その回復不可能性を根拠に，生命維持装置の取外しが問題となっている。両者は，末期医療という点では共通する。しかし，安楽死では患者（負傷者の場合もありうる）の肉体的苦痛が前提であり，尊厳死では，そのような肉体的苦痛は脳死状態である以上，周囲において認識のしようがない。また，安楽死は目前に死期が迫っていることが必要であるが，尊厳死では，生命維持装置を取り外さない限りは，比較的長期にわたって生命を維持することが可能なのである。

（安楽死）

安楽死については，エンギッシュの分類が引用される。つまり，生命短縮を伴わない純粋安楽死，生命短縮の危険を伴うが苦痛の緩和を主たる目的とする間接的安楽死，死苦を長引かせないために必要な生命延長の措置をとらない消

極的安楽死，生命短縮を目的とする積極的安楽死，などである。

純粋安楽死が問題とならないことはいうまでもない。末期ガン患者に与えるモルヒネなどの麻薬の投与は，場合によって体力の低下した患者の死期を早めるであろうから，消極的安楽死といえるが，患者の同意（場合によっては推定的な同意）を前提として，死期が差し迫っている以上，それを幾分か早めることによる不利益と，現在の死苦の除去という利益を比較すれば，後者が優先されると考えれば，違法性が阻却されると判断することは可能であろう。消極的安楽死も，単に死苦を長引かせることが患者にとって利益にならないのであれば，やはり正当化できよう。

問題は，作為による積極的な安楽死である。

下級審の判例であるが，安楽死を認めるべき場合として，①死が目前に迫っていること，②病者の苦痛が甚大であること，③もっぱら死苦の緩和の目的でなされたこと，④本人意思が表明できる場合には，真摯な嘱託・承諾のあること，⑤原則として医師の手によること，⑥その方法が倫理的にも妥当なものとして認容しうること，の6要件を掲げている（名古屋高判昭和37・12・22高刑集15巻9号674頁［百選Ⅰ総論〈3版〉21事件］）。また最近の判例では，④の本人の意思については，常に明示の意思表示が必要だとし，⑤，⑥の要件をはずして，③に代えて，肉体的苦痛を除去するために方法をつくし他に代替手段がないこととしたもの（横浜地判平成7・3・28判時1530号28頁［百選Ⅰ総論20事件］）がある。

本人の同意を安楽死の正当化の根拠におくのであれば，やはり明示的な同意は必要であり，そのうえで，本人の生命処分の意思が不完全である可能性がないといえるまでに確実だという状況的保障として，死期が目前に迫っていることや，死苦の甚大性などが問題となるであろう。ただし，手段の相当性などは，同意の内容ではない限りにおいて，問題とすべきではないと思われる。

（尊厳死）

一方，尊厳死は，従来であれば心肺機能の停止によって死亡するような状態の患者を生命維持装置によって維持でき，患者の意識回復がないまま，それが長期間にわたることが問題となるに至って論じられた問題であり，それにさらに臓器移植の問題が絡んでいる。

生命維持装置を使用している場合であっても，脳死状態ではない単なる意識の喪失状態が長期化しているいわゆる植物状態患者では，意識回復の可能性がないわけではなく，ここで問題となるのはもっぱら，いったん機能が停止したらその回復はありえないとされる脳の機能停止状態の患者についてである。

人の生命について，呼吸・血液循環・瞳孔反射という3つの兆候のなかでも，心臓の鼓動の停止をもって人の死と判定する三兆候説（心臓死説）によれば，生命維持装置によって強制的に心肺機能を維持しているにすぎなくとも，なお「生きている」ことになる。これに対して，脳死説をとるならば，心肺機能を生命維持装置で強制的に維持しているにすぎない患者であって脳の機能が停止していれば，それはすでに死んでいるのであり，心肺装置の取外しは，殺人罪等の構成要件に該当しないということになろう。

（脳死の問題性）

ただ，脳を始めとする身体のメカニズムについては，まだ未知の領域がある。脳細胞が乳幼児のある段階までは発達してもあとは再生されないという知識自体，見直しがなされつつあるし，脳死状態を判定する判断自体，脳波の測定・解釈をめぐって問題がないわけではない。尊厳死の問題が特に日本では，生命維持装置などの延命措置の長期化による，患者家族の経済的・精神的負担などの見地から議論されることはあまりなく，むしろ，臓器移植を推進するための脳死状態患者からの臓器摘出を正当化するものとして，脳死説が有力に主張されていった経緯についても注意を払う必要があろう。

尊厳死については，患者の意識を推定するこ

とはできない。よって事前に例えば、「自分が脳死状態になったら延命措置をとらないで欲しい」という意思を表示していたとしても、それが実際の場合にその意思が存続しているかどうかについては確認のしようがない。脳死状態患者の生命維持装置の取外しが日本で問題とならなかったことの背景には、おそらくは、患者の家族の同意の下に、実際に延命措置がある程度の段階でうち切られそれが問題化しなかっただけであろう。しかし、本来脳死状態であったのかどうかを含め、こういった密室下で行われている措置の医療としての相当性については、検討するべき余地があろう。

（臓器移植）

なお「臓器の移植に関する法律（平成9年法律104号）」6条第1項は、「医師は、死亡した者が生存中に臓器を移植術に使用されるために提供する意思を書面により表示している場合であって、その旨の告知を受けた遺族が当該臓器の摘出を拒まないとき又は遺族がないときは、この法律に基づき、移植術に使用されるための臓器を、死体（脳死した者の身体を含む。以下同じ。）から摘出することができる。」と規定し、事前の本人の意思と死後の患者の家族などの同意を前提に、脳死状態患者からの一定の臓器の移植目的での摘出を許容している。同法律では、人の終期についての脳死説を採用したものではないとされるが、「死亡した者が生存中にした意思」を問題としている以上、脳死説に傾いていると評価せざるをえないであろう。

臓器移植がある種の疾病の治療として有効だとしても、このような脳死状態患者からも臓器提供を可能にし、臓器移植による症例の増加に期待するというのも、一定の解決方法ではあるが、むしろ臓器移植について、その拡大に歯止めをかけることにより、むしろ人工臓器や万能細胞などを利用した新技術による開発を促進するという方向を目指すことも否定できないように思われる。特に、臓器移植が、救われるべき生命と、救う必要のない生命という2つの生命についての価値的な比較を前提とするものであるならば、そこには、社会的に存在するに値しない生命の存在をも認めるナチス時代の「安楽死」を連想させるものがある。

展開質問3

1. インフォームドコンセントと構成要件関係的錯誤説の両立について考えよ。また、インフォームドコンセントにおいて、医師はどこまで患者に説明責任を負うのか？　行為規範と、事後的評価としての刑罰責任とで違いはあるか？　あるとすれば具体的にどのように違うのか？

2. 脳死状態患者からの臓器摘出行為について、臓器移植法以外の臓器についての提供はどのような要件の下で許容されるか、ないしは許容されないとすればどのような犯罪が成立するか？　脳死状態患者が死体だとすると、死体損壊罪が成立するのか？　脳死状態患者が死体だとすると、刑法以外の法律上の解釈も、死亡した者として扱うことになるのか？　刑法以外では死亡した者ではないとすれば、問題は生じないか？

3. 末期医療について、立法的な解決を図るべきか？　図るべきだとするならば、望ましい立法について考えよ。図るべきでないとすればその理由は何か？

> **出口の質問**
>
> 1. 危険引受けについて，自己答責性理論などの客観的帰属論に結びつきうるのであれば，逆に，結果の同意についても，違法論ではなくして帰属論で解決されうる（解決されるべき）ことにはならないのか？
> 2. 売春目的で姦淫に応じたが，代金を払ってもらえなかった場合，強姦罪が成立するか？代金の支払いが重要な動機だとすると，強姦罪の構成要件該当性を阻却する姦淫の合意が欠如していると見ることもできる。また，そもそも合意があっても，社会的相当性の欠ける動機・目的による合意に基づく行為は違法性が阻却されないとする判例の立場からはどう説明されることになるか？
> 3. 信号を無視して横断歩道を渡った歩行者をはねた自動車の運転者について，危険引受けを理由に，違法性を阻却することはできるか？　広義の因果性（帰属論ないし結果回避可能性等）や，実行行為性，さらには予見可能性などとの関係はどうか？

参考文献

① 被害者の同意について，「特集　被害者の承諾の法理の再検討」現代刑事法59号（2004）4頁
② 法益関係的錯誤説については，佐伯仁志「被害者の錯誤について」神戸法学年報1号（1985）51頁
③ 客観的帰属論については，山中敬一・刑法における因果関係と帰属（成文堂，1984）
④ 医事刑法について，甲斐克則・安楽死と刑法（成文堂，2003）

（齋野彦弥）

6 故意と錯誤

論点
1. 故意の意義（構成要件関連性），事実の錯誤と違法性の錯誤の区別
2. 具体的事実の錯誤，方法の錯誤
3. 抽象的事実の錯誤
4. 違法性の錯誤

1 故意の意義(構成要件関連性)，事実の錯誤と違法性の錯誤の区別

設例Ⅰ　特殊公衆浴場営業許可事件

甲は，死んだ父親名義となっていた特殊公衆浴場の営業許可を，自己が経営する会社名義に変更することを希望していた。しかし，関係法令を調査した弁護士から，変更は無理だと説明されたので，県議会議員を通じて，県の衛生部長等に働きかけ，当初の営業許可申請者が会社であった旨の「公衆浴場許可申請事項変更届」を提出した。変更届は受理され，許可台帳の記載も訂正されたが，許可証は交付されなかった。このような「変更届」は瑕疵があり法的には無効だったが，甲は変更届により許可がなされたと認識し，議会，新聞等で問題視されるまでは，公的機関に対しても堂々とした態度で営業を続けた。その後，県知事から許可が無効だとの通知を受け，甲は経営を中止した。甲に，公衆浴場「無許可」営業罪が成立するか。【最三小判平成元年7月18日刑集43巻7号752頁［百選Ⅰ総論43事件］参照】

入口の質問
1. 事実の錯誤と違法性の錯誤の区別という議論は，どうして必要なのか。両者の効果には，何らかの差があるのか。
2. 両者の効果が違うと考えるとすると，そのような差を認めてよいのはなぜか。
3. この問題に関する判例にはどのようなものがあったか。復習せよ。

設例Ⅰ解題1　故意の意義・構成要件関連性

38条1項は「罪を犯す意思がない行為は罰しない」とする。これは，故意犯処罰の原則を定めたものである。多数説は，故意には(i)構成要件に該当する外形的事実の認識と(ii)意味の認識の双方が必要だと解している（学説，一部の判例においては，さらに認容をも要求する立場も存在する。これは，未必の故意の限界の問題である。詳しくは，髙山・後掲⑨141頁以下）。そして(i)，(ii)の認識がある場合には，たとえ自分の行為が「法的に許される」と思っていたとしても，それは違

法性の錯誤（38Ⅲ）に過ぎず，故意の成否には影響しないとする（設例Ⅳ参照）。

しかし問題は，具体的にどのような事実の認識があれば，(i)，(ii)が満たされるかである。

まず(i)は，端的に言えば，「有害性の認識はあるが，規制対象に該るものの認識を欠く場合（名称それ自体の認識や対象が規制されたものであるという認識を欠いた場合とは異なる。例えば，日本語を知らないドイツ人が，大麻を Hanf［大麻のドイツ語］と知って，しかし日本ではこの栽培は規制されていないと思って栽培していた場合にも，こうした認識はあるといえる。）」に問題となる。この点に関しては，2つの立場がある。1つは，構成要件該当事実すべての認識を必要とするもの（X説）であり，これが多数説である。もう1つは，その罪の主要部分の認識で足りるとするものである（Y説）。主要部分の内容については，一般人ならばその罪の違法性の意識を持ちうるに足る事実だとするもの（Y-1説，藤木・総論217頁，前田・総論281頁）と，当該犯罪の不法責任内容だとするもの（Y-2説，町野・総論Ⅰ223頁）がある（Y説は主に，後述する意味の認識論や，抽象的事実の錯誤論を念頭に置いて展開されたが，理論的にはこの問題をも射程に含む）。もっとも，Y説がX説と実際上どこまで結論を異にするかは，後述するように具体的な検証が必要である。

判例は，基本的にX説の立場である（香城敏麿・最判解刑事篇平成元年度273頁）。例えば最三小判昭和24・2・22刑集3巻2号206頁は，メタノールを含有した飲食物の所持販売の故意に関し，販売しているものが身体に有害だという認識では足りず，メタノール（に該るもの）の認識が必要だとした。また，近年でも，覚せい剤所持罪の故意が問題とされた最二小決平2・2・9判時1341号157頁［百選Ⅰ総論36事件］においては，単に「身体に有害な物」ではなく，「覚せい剤を含む身体に有害で違法な薬物類」を認識していたという認定がなされている。つまり，有害で違法な薬物であるという犯罪の「実質」の認識にとどまらず，「覚せい剤かもしれないと思った」点まで認定されたのである（もっとも，原田國男・「時の判例」ジュリ958号81頁は，覚せい剤というものを知らなかったが，当該物が身体に有害で違法な薬物類であると思っていた場合にも原則として故意を認めるべきとする）。

X説は，次のような考慮に基づく。刑法は断片的な性格を持つから，社会的な有害性は同程度の物の一部のみが規制対象となっていることも少なくない（例えば，いわゆる合法ドラッグのことを想起せよ）。そうした場合には，主観面においても，刑法の処罰対象に該らない限りそれと同程度の有害性があっても処罰すべきではない，という罪刑法定主義を保証する観点から（髙山・後掲⑨228頁），規制対象にあたる物を認識していなければ故意は認められない，というのである。

設例Ⅰにおいても，Y説，ことにY-1説からは，本件のような裏工作を行った場合，一般人であれば「まずいのではないか」と思う可能性が高いのだから，故意を認める余地もあったかもしれない（もっとも，前田・総論290頁は故意を否定する）。しかし同判決は，X説を前提に「許可」それ自体の認識を問題とし，それを否定したのである。

展開質問 1－1

1. 追越禁止区間における追越しについて，以下の場合に，X・Y（Y-1，Y-2）各説から，故意は認められるか（内藤・総論下Ⅰ1081頁以下も参照）。
    ① 一般人ならばだれでも禁止区間であると理解しうる標識等の存在を現認したが，行為者が軽率にも禁止区間ではないと誤解した場合（前田・後掲⑱391頁参照）。
    ② 不注意で一般人ならば認識できた標識を認識しなかった場合（前田・総論312頁は，②について，「当該犯罪の違法性を<u>直接的に</u>意識させ得るだけの事実の認識」を欠くとして，故意を否定

する［下線筆者］。この基準はＸ説とどこが異なるか）。
　③　追越禁止区間だと認識してはいなかったが，カーブがあり見通しが悪いと思っていた場合（長井・後掲⑪202頁参照。なお，広告物表示禁止区域である都市計画区域であることの認識につき，大阪高判平成4・4・21判例集未登載［麻生他・後掲①9頁］は，都市計画区域であることの認識を認定しながらも，仮にそのことを知らなかったとしても，その場所がそうした実質を持った場所である限り，現況を認識していれば故意があるとする。麻生他・後掲①による判例分析も参照）。
2.　東京地判平成3・12・19判タ795号269頁（セレクト'93刑法3事件）は，トルエン等を含有するシンナーの所持罪につき，トルエンを含んでいないシンナーは規制対象とならないと知っていた被告人が，トルエン入りシンナーをトルエンなしと誤認して所持した事案で，被告人の故意を否定した。もし被告人が，トルエン入りか否かを意識することなく，単に「有害なシンナーである」と思っていた場合には，故意を肯定できるか。ＸＹ各説から検討せよ。
3.　Ｙ-2説は，構成要件該当事実の認識は不要であることを強調する。しかし，「その罪の不法内容」は構成要件該当事実によってはじめて基礎づけられるのではないか（林・総論241頁）。例えば，覚せい剤と同程度に有害な薬理作用があるが禁止されていないドラッグαだと思って覚せい剤を所持していた者に，覚せい剤所持の「不法内容」の認識はあるか（ヒント：町野・後掲⑲15頁は，不法内容の量は法定刑によって決まるとする）。ないとすれば，この見解とＸ説とはどこが異なるか。

設例Ⅰ解題2　意味の認識

　(ⅱ)は，いわば(ⅰ)で画された範囲について，どの程度の「密度」の認識が必要か，という問題である。そして学説は，判例がわいせつ文書販売罪に関して，「問題となる記載の存在の認識」で足りるとする（最大判昭和32・3・13刑集11巻3号997頁［百選Ⅰ総論44事件］）など，認識の密度を薄くしているが，それは妥当でない，「素人領域における併行評価」が必要だ，などとして，意味の認識の重要性を強調してきた。
　しかしなぜ意味の認識が必要なのだろうか。この点については2つの異なる立場がある。1つは，そのような認識がなければ，違法性の意識（あるいはその可能性）が生じず，反対動機（あるいは形成可能性）を持ち得ない，ということを強調する立場（Ａ説）である。つまり，意味の認識を違法評価の認識（あるいはその可能性）の観点から把握するのである。この立場は，さらに2つに分かれる。1つは，故意の内容に違法性の意識を大幅に取り込む学説である（Ａ-1説）。

「当該犯罪についての違法な事実の認識」（例えば，中山・後掲⑩54頁），「構成要件関係的利益侵害性の認識」（齋野・後掲⑦196頁）を要求する説がそれである。この見解は，違法性の錯誤に関するいわゆる厳格故意説にかなり接近することになる。もう1つは，一般人の立場から見た違法性の意識喚起可能性を故意に取り込む学説である。この立場からは，「一般人ならばその罪の違法性の意識を持ちうるような事実の認識」（藤木・総論217頁，前田・総論281頁）が要求される（Ａ-2説）（この見解は，このような基準を(ⅰ)，(ⅱ)双方に共通するものとして主張している）。この見解は，結論的には制限故意説に接近することになる。
　Ａ説と異なるもう1つの立場は，故意と反対動機形成可能性とを切り離し，故意は行為者が生じさせた不法内容を行為者の主観に反映させ，重い責任評価を基礎づけるために必要だと考える。そうした観点からは，意味の認識は，構成要件的評価の基礎となる「犯罪の実質」の認識

ということになる（B説）。具体的には，「構成要件要素の意味する犯罪の実質，すなわち不法，責任内容が行為に存在している」という認識（町野・総論Ⅰ223頁），「刑罰法規に論理的に先行する」「刑法が着目する属性の認識」（髙山・後掲⑨184頁）などと定義されることになる。

また，設例Ⅰに類似した事案を解説した調査官解説においても，判例には，表現の上では(ii)を不要としているように読めないでもないものもあるが，実際は，構成要件に該当しうるとの判断を下しうるだけの社会的意味の認識，より正確には「刑罰法規を理解していることを前提としたうえで，その要件に当たることを識別しうる程度の意味の認識」（香城敏麿・最判解刑事篇平成元年度274頁）を要求しており，それは基本的に妥当だ，との評価（C説）がなされている。例えば，前掲最大判昭和32・3・13においても，「問題となる記載」を認識していたとされており，その問題となる記載に関しては，わいせつである旨の詳細な認定がなされているのだから，結局，学説の要求する「エロ本的なもの」という程度の社会的意味の認識は認定されているのだ，というのである。この見解は，いわば認定の指導理念を表現したものであり，その具体的な適用の仕方によって，A-2説にも（そのような位置づけとして，植村・後掲⑤119頁），B説にもつながりうる。

ともあれ，最高裁は，設例Ⅰに類似した事案で，「許可がないことを基礎づける外形的事実の認識」は有し，さらに，通常人であればおそらく違法性の意識も持ち得たような事案において，故意を否定したのである。

展開質問1－2

1. A説からは，故意を認めるためには違法性の意識の存在あるいはその存在可能性だけあれば足り，構成要件該当事実の認識はいらないということにならないか（林・後掲⑭93頁参照）。ならないとすれば，それはなぜか。
2. C説に対しては，そのような基準だと，構成要件上の概念のレベルで正確な当てはめを行っている者にはもはや故意を阻却する余地がなくなる，という批判がある。例えば，覚せい剤を「フェニルアミノプロパン（覚せい剤の正式名称）という甘味料である」と思っていた者まで故意が認められて不当だというのである（髙山・後掲⑨168頁）。しかし実際にはC説の論者も「同名異物を思い浮かべていた場合には社会的意味の認識はない」（香城敏麿・最判解刑事篇平成元年度278頁）としている。このような結論の背景には，どのような考慮があると考えられるか。
3. B説のいう「刑法が着目する属性の認識」は，「法益侵害・危険の認識」（林・後掲⑮61頁，長井・後掲⑪90頁）と異なるか，異なるとすれば，それは具体的にどのような点においてか。（法益侵害の危険が抽象的である）行政犯の場合と，同一法益侵害について行為態様が個別化されている犯罪（例えば，財産犯）について，それぞれ検討せよ。
4. それぞれの立場から，設例Ⅰはどのように解決されるか。また，学説の中には，設例Ⅰは，法律の錯誤にすぎないとする見解もある（井田・後掲②249頁，安田・後掲㉓（下）95頁）。その見解は，故意をどのようなものと理解しているか。
5. 以下の事案につき，故意の存否を検討せよ。
    ① 条例の解釈を誤ったため，無鑑札の飼い犬は無主物となると思って，首輪をしている犬を撲殺した場合（器物損壊罪について。最二小判昭和26・8・17刑集5巻9号1789頁［百選Ⅰ総論41事件］）
    ② 自己が準現行犯として逮捕されると理解せず，巡査の逮捕行為は違法だと考えて抵抗し

た場合（公務執行妨害罪について。大阪地判昭和47・9・6判タ306号298頁）
③　たぬき・むじな事件（大判大正14・6・9刑集4巻378頁［百選Ⅰ総論42事件］）

②　具体的事実の錯誤，方法の錯誤

設例Ⅱ　流れ弾事件

Xは、街中で、周囲に人影がなくなったところをみはからって、Aをねらって殺意をもって銃を発射した。弾はAをかすめて軽傷を負わせた。そのとき物陰から、子供B、Cがたまたま飛び出してきたため、弾はさらにBにも命中して、Bは死亡した。Xにはどのような罪が成立するか。【最三小判昭和53年7月28日刑集32巻5号1068頁［百選Ⅰ総論39事件］参照】

入口の質問

1. 客体の錯誤、方法の錯誤とはどのようなものだったか。
2. 方法の錯誤の解決を巡ってどのような学説が主張されていたか、また、判例の立場はどのようなものだったか。
3. 故意の個数とは何か。

設例Ⅱ解題　客体の錯誤と方法の錯誤

行為者が、甲を侵害する故意をもって実行に及んだところ、乙に結果が生じてしまった場合に、乙に対する故意犯が成立するか否かがここでの問題である。甲に対する罪と乙に対する罪とが同一の構成要件に該当する場合と、異なる構成要件に該当する場合がある。後者は設例Ⅲで検討することとし、ここでは前者を扱う。

こうした場合は大別して2つの事例群に分けられる。1つは、行為者がある客体を甲だと思い、それを侵害したが、それは実は乙だったという、いわば「人違い」の場合である（客体の錯誤）。もう1つは、行為者が客体甲を侵害しようとしたが、意図していなかった客体乙に結果が生じてしまった、いわば「ねらいをはずした」場合である（方法の錯誤あるいは打撃の錯誤）。

判例は、客体の錯誤、方法の錯誤とも、乙に対する故意犯の成立を認める（前者につき、大判大正11・2・4刑集1巻32頁、後者につき、最三小判昭和53・7・28刑集32巻5号1068頁［百選Ⅰ総論39事件］）。その論理は、故意を認めるためには、主観と客観とが構成要件の範囲内で一致すれば足りるが、客体の錯誤の場合も方法の錯誤の場合も、「人」を殺す意思で「人」を殺していることにかわりはないから、乙に対する故意もあったことになり、故意犯の成立が認められることになる、というのである。さらに、甲に対する故意犯（未遂）の成立も否定できないから、複数の故意犯が成立し、観念的競合となるとする（A説、この見解を支持するのは、例えば、団藤・総論304頁、大谷・総論193頁、前田・総論320頁）。この考え方は、法律の定めた構成要件の範囲内での一致を要求する説という意味で、法定的符合説

と呼ばれる。ただし，この学説は，後述する具体的法定符合説と異なり，「構成要件」という語を，「ある人を殺害した」といった具体的な構成要件該当事実ではなく，例えば「殺人」といった抽象的な規範としての構成要件という意味で用いている。このため，この見解は，抽象的法定符合説と呼ばれることもある。

しかし，このような判例，有力学説に対しては，(i)構成要件該当事実が1個しかない客体の錯誤の場合は故意を認めることに問題はないが，方法の錯誤の場合には，甲を殺害することとと，乙を殺害することは別個の構成要件該当事実である以上（両者を別々に殺せば，2つの殺人罪が成立することに争いはない），その相違を無視することは許されない（山口・総論185頁），(ii)故意の内容をなす実現意思は，行為者の認識した特定の客体に対してのみ存在しうる（町野・総論Ⅰ240頁）といった批判がなされている。そして，客体の錯誤の場合には，まさにその客体を侵害する意思でその客体を侵害したのだから，故意犯の成立に問題はない（当該構成要件該当事実のレベルでの錯誤はない）が，方法の錯誤の場合には，ねらった客体に対しては故意犯が成立するが，そうでない客体に対しては，過失犯が成立しうるにとどまるという見解（B説，具体的（法定）符合説。例えば，平野・総論Ⅰ175頁，町野・総論Ⅰ241頁，山口・総論185頁）が有力に主張されている。

さらに，B説の一部の論者は，A説に対して，設例のような場合，Xには1人しか殺す意思がないのに，複数の故意犯の成立が認められることになってしまうが，それでは故意の個数が無視されてしまい，責任主義に反するという批判を向ける（平野・後掲⑰71頁，堀内・総論103頁）。

この批判を受けて，(抽象的)法定的符合説の側からも，故意犯の成立を1つに限る，一故意犯説という見解も主張されている（A-2説，例えば，佐久間・総論121頁。もっともどのような基準で1つに限るかについては，この見解の中でも争いがある）。しかしこの見解に対しては，法定的符合説を採用し，故意を抽象的な構成要件の次元でとらえながらその個数を観念することは矛盾である，一故意犯説の基準は便宜的なものにすぎない（見解が様々に分かれていることもこのことを物語っている）といった批判がなされている（A-2説に対する批判について，詳しくは，内藤・総論下Ⅰ928頁以下参照）。

このように，B説からA説に対しては，様々な批判がなされた。しかしそれにもかかわらず，A説はなお通説の地位を譲らず，B説は有力ながら少数説にとどまっている。それは，B説にも問題があると考えられているからだろう。A説からB説には様々な批判が向けられている。(i)器物損壊罪のような未遂も過失犯も処罰されていない犯罪の場合には，B説では処罰範囲が狭すぎる，(ii)共犯の錯誤の場合に，故意犯の認められる範囲が狭すぎる，(iii)客体の錯誤と方法の錯誤の区別が不明確であり，また主張されている区別基準も一貫性を欠いている，(iv)様々な錯誤の中で，方法の錯誤のみを特別視することに十分な根拠がないなどといった批判がそれである。

以上のような対立をふまえ，近年では，A説とB説の中間的な見解（C説）も有力に主張されている。例えば，行為者の認識していた事情だけを基礎として，ねらった客体（甲）とは別の客体（乙）に結果が発生する可能性が排除できない状況の場合（行為者の認識を基礎とした相当因果関係の判断に近い）には，乙に対する故意犯の成立を認める見解（井田・後掲③94頁），行為者が，現実に生じた事態を仮に意図的に行っていたとしたら（例えば，はずれて弾が飛んでいった方向を当初からねらっていたとしたら）乙に対する結果の予見が与えられた場合には，乙に対する故意犯の成立を認める見解（鈴木・後掲⑧135頁）などである。

展開質問2

1. 各学説から，設例Ⅱはどのように解決されるか。
2. 通常，判例は，故意を認定する際に単に「人を殺す意思」などという認定はせず，具体的客体の認識を認定している。それでは，なぜ方法の錯誤が問題となる場合にだけ，故意を単に「人を殺す意思」と定義するのか。これは通常の故意論とは別の何らかの特別なルールなのか。なお東京高判平成6・6・6判タ863号291頁は，当該客体に対する事実の認識，認容があったとするか，錯誤論の適用を前提とするかは事実関係に重要な差違があるとして，方法の錯誤を前提として起訴されていた場合に，当該客体に対する故意を認めるためには，検察官に釈明を求める等の争点顕在化の措置を必要とする。
3. 判例のなかには，方法の錯誤の事案で，弾が命中しなかった被害者（例えば設例ⅡのC）については，未遂犯の成立を認めていないものが散見される。これは検察官が起訴しなかったためだと考えられるが，実体法理論としても「法定的符合説は，行為者の意図が同一構成要件内で現実に発生した事実の上に故意の実現があったものとする論理だとすれば」，結果が発生しなかった者に対する未遂犯を認めないのは「理論の一貫性を欠くとはいえない」（新矢悦二・最判解刑事篇昭和53年度330頁［傍点筆者］）とする指摘がある。この指摘は妥当か。町野朔・百選Ⅰ総論〈2版〉110頁も参照。
4. 具体的符合説を採用した場合，方法の錯誤と客体の錯誤とはどのように区別されるべきか（西田・後掲⑬99頁以下，長井・後掲⑪243頁以下等を参照）。
5. 近時，具体的符合説に対し，同説からも故意の個数を考慮すると故意犯の成立を便宜的な基準で認めざるを得なくなり，A-2説と同じ問題を抱え込む，との批判がなされている（井田・後掲③95頁）。例えば，甲が曲がり角をまがってくるXに石をぶつけようとしたところ，意外にもアベックA，Bがまがってきたので，2人にけがをさせた場合には，具体的符合説からも故意犯の成立を1個に限ろうとするとA，Bいずれに対する故意犯の成立を認めるべきかについて基準がなくなるというのである。この問題はどのように解決されるべきか（長井・後掲⑪252頁も参照）。

③ 抽象的事実の錯誤

> **設例Ⅲ** 覚せい剤誤認所持事件
>
> 甲は，覚せい剤を麻薬（コカイン）だと誤認して所持した。覚せい剤所持罪は10年以下の懲役，麻薬（コカイン）所持罪のそれは7年以下の懲役である。甲にどのような罪が成立するか。【最一小決昭和61年6月9日刑集40巻4号269頁［百選Ⅰ総論40事件］参照】

入口の質問

1. 前掲最二小決平成2・2・9と本件とはどこが異なるか。

2. 抽象的事実の錯誤は，故意に関する通常のルールの枠内で解決されるべきか。それとも，特殊なルールが必要か。
3. 法定的符合説，抽象的符合説とはそれぞれどのような内容の学説だったか。
4. 設例Ⅲの解決については，法定的符合説内部で対立がある。どのようなものか。
5. 覚せい剤取締法，麻薬取締法には，必要的没収の規定があるが，設例Ⅲにおいてそれらを適用できるか。できるとすれば，それはどのような理論構成によってか。

設例Ⅲ解題1　抽象的事実の錯誤

　故意犯の成否が争われる場合，まず，客観的に実現した事実についての故意が認められるか否かが，ここまでに述べたような観点から問題とされる。しかしそれが認められなくとも，行為者に他の犯罪の故意が存在していることもある。つまり，行為者はX罪の認識であったが，実現した客観的事実はY罪という場合である。これは，講学上，抽象的事実の錯誤と呼ばれる（以下，もっぱら客体の錯誤の場合を念頭に置いて論じるが，方法の錯誤と抽象的事実の錯誤が同時に問題となる場合もあることに注意。例えば，甲が乙をねらって拳銃を撃ったがはずれ，丙の飼い猫を殺害してしまった場合）。

　この点に関し，38条2項はYがXより重い（刑10参照）罪の場合，行為者をYによって「処断することはできない」としている。しかしそれ以外の場合に関する規定はない。また，同条項の解釈をめぐっても，すべての犯罪を同質と考えて，38条2項の範囲内で，可能な限り故意犯の成立を認める抽象的符合説（A説，最近でも，日高・後掲⑯17頁，斎藤（信）・総論144頁）と，構成要件該当事実が「重なり合う」限度において故意犯の成立を認める法定的符合説との対立があり，後者が通説である（判例はA説を採用していないといわれるが，抽象的事実の錯誤が問題となった事案で結論として符合を否定した最高裁判例はないから，この説を否定しているとまではいえないという評価もある［安廣文夫・最判解刑事篇昭和61年度98頁］）。

　もっとも，具体的にどのような場合に「重なり合い」を認めるべきかについては，法定的符合説の中でも争いがある。一部の学説は，①強盗と窃盗のように一方が他方を完全に包摂する場合と，②軽い（あるいは同じ重さの）罪の成立範囲を限定している要素が，重い（あるいは同じ重さの）罪との限界を画すためだけに認められたものであり，積極的に不法を基礎づけない「みせかけ」の構成要件要素である場合（例えば，非現住建造物放火の「現に人が住居に使用せず，かつ現に人がいない」ことや，暴行による強制猥褻罪における被害者が「13歳以上」であること），③同一構成要件内において客体が択一的に規定されている場合（例えば，遺棄罪の客体）に限って「重なり合い」を認める（B説，大越・総論118頁，松宮・後掲㉒175頁）。この見解からは，設例において麻薬所持罪は成立しない。覚せい剤と麻薬が別ものである以上，この事案で麻薬所持罪を認めることは「構成要件が充足されていない場合に犯罪の成立を認めること」であり，「罪刑法定の原則に反する」（松宮・後掲㉒182-183頁）というのである。

　しかし判例は，この事案で，麻薬所持罪の成立を認めた。麻薬所持罪と覚せい剤所持罪とは，目的物が麻薬か覚せい剤かの差はあるが，その余の犯罪構成要件要素は同じであり，また，両者は類似しているから，両罪は，「軽い前者の罪の限度で実質的に重なり合っている」というのである。そして，法定的符合説を支持する学説の多くも，この事案で重なり合いを肯定している（C説）。

展開質問 3－1

1. 次のような下級審判決がある。一般の麻薬より重い法定刑で規制されているヘロインの密輸について，麻薬であるとの未必的認識を認定したのみで，「右認識には，ヘロインをのぞく趣旨であったとかあるいはそれがヘロイン以外の麻薬に該当するとの認識であったというような事情はないから」ヘロイン密輸の故意が認められるとした（千葉地判平成 8・9・17 判時 1602 号 147 頁［セレクト '97 刑法 6 事件］）。同判決は，この事案を，前掲最二小決平成 2・2・9 と同じと考えたのであろう。そのような理解は正当か。設例Ⅲとも対比しながら考えよ。

2. 抽象的符合説の一部の論者から，本件のような場合，覚せい剤所持罪が成立し，麻薬所持罪の法定刑の範囲で処断すべきだ，という主張がなされている。このような考え方と，判例・多数説との間には，実際上，どのような差違があるか。訴訟法も視野に入れて考えよ（安廣文夫・最判解刑事篇昭和 61 年度 100 頁参照）。

3. B 説は，構成要件がいわば「形式的に重なる」場合に限って故意犯の成立を認める。では，仮に，麻薬と覚せい剤とが，同一条項において，「麻薬または覚せい剤を密輸した者は……」と規定されていた場合，あるいは，同一条文の 1 項で麻薬所持が，2 項で覚せい剤所持が処罰されていた場合には，この見解からはどのような結論となるか。

設例Ⅲ解題 2　近時の議論

とはいえ，本決定を支持する見解も，重なり合いを認める根拠と，その具体的基準については，なお一致をみない。法益の共通性と法益侵害行為の共通性の双方があれば軽い犯罪が成立するという見解が比較的多いが（C-1 説，例えば，川端・総論 252 頁），その根拠にはなお明確でない部分が残されている。

そこで，いくつかの理論的説明がなされている。法益侵害，危険の共通性を指針とした構成要件解釈によって，実質的にみれば，主観的に表象した罪と，客観的に実現した罪をあわせた犯罪（人体に有害な依存性ある薬物所持罪）を観念できる場合には，軽い罪の範囲で処罰できるという見解（C-2 説，山口・総論 200 頁。さらに，高山・後掲⑨222 頁は，軽重関係がある場合は，［殺人と同意殺のように］実質的な意味で基本類型－減軽類型の関係にある場合に，軽重関係がない場合は［刑 217 のように］同一条文において客体が択一的に規定されているのと同視できる場合に，故意犯の成立を認める），不法内容，責任内容の同質性がある限りで，その「量」が軽い罪が成立するという見解（C-3 説，町野・総論Ⅰ230 頁。前掲最一小決昭和 61・6・9 の谷口補足意見も同旨），さらに，死体遺棄罪と単純遺棄罪のように法益が共通していなくても（人体を遺棄してはいけないという）「行為規範レベルでの重なり合い」があれば足りるとする見解（C-4 説，井田・後掲③102 頁。すでに，西原・総論 198 頁）などが主張されている。

注意すべきなのは，C 説のいずれの見解からも，「重なり合い」は，故意の存否，客観的構成要件該当性の存否の，2 つの局面において問題となるということである。前者は，主観が客観よりも重い場合や，両者に軽重がない場合（最一小決昭和 54・3・27 刑集 33 巻 2 号 140 頁［覚せい剤輸入とヘロイン輸入，百選Ⅰ総論〈2 版〉50 事件］）に，客観的に実現した事実に対応する故意が存在するか，という形で，いわば「故意の重なり合い」として問題とされる。

ここでは，故意の内容として，構成要件該当事実の認識を厳格に要求しない（覚せい剤の認識でなく，「人体に有害で依存性ある薬物の認識」で足り，ただ，麻薬所持という少ない不法の「量」の認識しかないから，麻薬所持罪が成立する。C-3 説，C-4 説）あるいは，重い罪の故意が，構成要件

的評価としては軽い罪の故意まで含んでいる（覚せい剤は，刑法の規制の趣旨から考えると，いわば「加重麻薬」であり，その認識は「麻薬の認識」も実質的に含んでいる。C-2説），といった解釈がなされることになる。なお，この場合，符合が肯定されても，さらに主観で表象した罪に未遂処罰規定がある場合には，それが不能犯である場合を除き（第9講），重い罪の未遂も成立することにも注意を要する（例えば，殺人の故意で人に斬りつけて傷害を負わせるにとどまった場合，殺人未遂である）。

これに対し，本件のように，客観が重い場合には，主観に対応する客観的事実が存在していたか，という形で，いわば「客観的構成要件該当性の重なり合い」が問題とされる。ここでは，実現した重い評価を受ける事実の中に実質的に評価すれば軽い罪を基礎づける事実が含まれていると評価できる（つまり，覚せい剤は，「加重麻薬」であり，規制の趣旨から考えれば，大は小を兼ねるといえる。C-1説，C-2説），あるいは，38条2項が「重い罪で処断できない」としているのは，こうした「罪質の共通性」がある限度で「軽い罪で処断してよい」といういわば構成要件の拡張を認める特別ルールを認めたものだ（C-3説，C-4説）といった解釈が必要となる。

この場合，「符合」が否定され，主観で表象した罪の既遂が成立しない場合に，その未遂の成否（不能犯との限界）が問題となることに注意を要する。

展開質問 3-2

1. C-1説のいう「行為態様の重なり合い」とは具体的に何か。また，それを要求することは妥当か。例えば，甲が乙に住居侵入罪を唆したところ，乙は不退去罪を行った場合には，甲の罪責はどうなるか（林・後掲③95頁参照）。詐欺を唆したところ，正犯が窃盗を行った場合はどうか。恐喝ならばどうか。

2. 公文書偽造を唆したところ，正犯者が虚偽公文書作成罪を行った場合（最二小判昭和23・10・23刑集2巻11号1386頁［百選Ⅰ総論〈初版〉53事件］），符合は肯定できるか。「法益侵害」「不法内容」の共通性は，具体的にどのように判断すべきか（林・後掲③94頁，他方，内藤・総論下Ⅰ982頁）。

3. 器物損壊罪を唆したところ，正犯が当該目的物を窃取した場合，教唆者に器物損壊罪の教唆犯が成立するか。窃盗罪の成立に不法領得の意思を必要とする通説の立場を前提に考えよ。とくに，C-2説とC-3説から結論は異なるか。

4. C-4説がいう「行為規範」とは何か。行為規範も構成要件毎に（例えば，「人」を遺棄してはいけない，「死体」を遺棄してはいけないといった形で）与えられるのではないか。また，この見解は，結局のところ，抽象的符合説に帰着しないか。しないとすれば，具体的にどのような場合に差が生じるか。

5. 次の事案で，各説から，Xの罪責はどうなるか。「Xは，除雪作業中，誤って，妻Yに瀕死の重傷を負わせた。Xは，Yを殺してしまったものと思い，交通事故に見せかけるため，Yを道路脇まで運んで遺棄した。遺棄の時点におけるYの生死は不明であった」（札幌高判昭和61・3・24高刑集39巻1号8頁参照）。C-4説以外の説からは，死体遺棄罪の成立は本当に肯定できないのか。訴訟法の議論も思いだしながら考えよ（寺崎嘉博・刑事訴訟法の争点200頁参照）。

4 違法性の錯誤

> **設例 IV** 100円札模造事件
> 飲食店を経営していたXは，100円札類似のサービス券を作成しようと考え，知人の警察官に相談したところ，通貨及証券模造取締法の通貨模造罪に該当する可能性があるから，変更を加えるようにとの助言を受けたが，その態度は好意的だったので，問題なかろうと軽信し，そのまま作成した(a)。Xは作成したサービス券を警察署に持参したが，格段の注意を受けず，むしろ興味を持たれたので，ますます安心して同様のサービス券を作成した(b)。Yも，Xの話を聞き，問題はないと思って，類似のサービス券を作成した(c)。【最一小決昭和62年7月16日刑集41巻5号237頁［百選I総論45事件］参照】。

入口の質問

1. XYに通貨模造罪の構成要件該当事実の認識があるか。
2. 違法性の意識にいう，「違法性」とは何か。学説を復習せよ。
3. (a)〜(c)に違法性の意識がある行為はあるか。
4. 違法性の意識の可能性がない場合には故意，故意責任を否定する見解が多数説となっているが，それはどのような論拠に基づいているか。

設例 IV 解題 1　違法性の意識

故意犯の構成要件該当性（犯罪類型該当性）が肯定されても，行為者が自己の行為は許されていると誤信して，違法だという意識（違法性の意識）を欠く場合もある。こうした場合を違法性の錯誤という。これについて規定するのは，38条3項だが，同条項の解釈には争いがある。一部の学説は，違法性の意識は罪を犯す意思（刑38 I）の内容だとして，3項にいう「法律」とは刑罰法規の条文それ自体を意味すると解釈する（厳格故意説。例えば，長井・後掲⑪23頁，日髙・後掲⑯176頁）。しかしこの見解に対しては，(i)条文を知らなかっただけで刑の減軽の余地（刑38III但）があるのはおかしい，(ii)行政犯において故意が否定される場合が多くなりすぎ，行政取締目的が達成できない，(iii)構成要件該当事実の認識という「社会侵害的な心情」の有無よりも，国家法秩序に違反しているという認識の方が重視されるのは国家主義的である，といった批判がなされている。

判例・多数説は，38条3項本文を，違法性の錯誤は故意に影響しないと定めたものと理解している。ことに判例は，伝統的には，違法性の意識（とその可能性）は犯罪の成否に影響がないことを強調してきた（例えば，最三小判昭和24・11・28刑集4巻12号2463頁）。その背景には，国民には法を知る義務がある以上，法を知らない者に対しては刑罰を科して正しい法を教えるべきだ，という考慮があるといわれている。しかし多数説はそこまで行くのは行き過ぎと考える。判例のような考え方は，国家の権威を一方的に

強調するものであり妥当でないというのである。そして，違法性の意識を欠くことにつきやむを得ない事情があった者，言い換えれば違法性の錯誤に相当の理由があった者（＝違法性の意識の可能性すらない者）については，故意を欠く（制限故意説。例えば，団藤・総論316頁），あるいは38条3項但書の延長線上に超法規的責任阻却事由を認めるといった解釈をしてきた（責任説。例えば，福田・総論203頁，平野・総論Ⅱ263頁，髙山・後掲⑨268頁など）。

実は，一部の大審院判例（例えば，大判昭和7・8・4刑集11巻1153頁）や，戦後の下級審判例（例えば，東京高判昭和27・12・26高刑集5巻13号2645頁，東京高判昭和44・9・17高刑集22巻4号595頁）には，違法性の錯誤に相当の理由があることを理由として故意犯の成立を否定したものが散見される。しかも後者の中には，検察官の（判例違反を理由とした）上告がなされずに確定したものも少なくない。

こうした状況の下，最一小判昭和53・6・29刑集32巻4号967頁（羽田空港デモ事件）は，違法性の錯誤に相当な理由を認めて無罪とした高裁判決を，判例違反（刑訴405②）を理由とした上告がなされていたにもかかわらず，被告人に違法性の意識があったと認定し，あえて事実誤認を理由として（刑訴411③）破棄した（佐藤文哉・最判解刑事篇昭和53年度281頁）。

さらに設例Ⅳに類似した事案において最高裁は，事実経過を認定したうえで，ＸＹの違法性の錯誤に相当の理由がないとした原判決を支持して「行為の違法性の意識を欠くに付き相当の理由があれば犯罪は成立しないとの見解の採否についての立ち入った検討をまつまでもなく」上告は棄却されるとした。微妙な言い回しではあるが，相当の理由の存否に関する事実経過を詳細に認定していることなどから考えると,「違法性の意識不要説に対する修正の傾向を強めた」（仙波厚・最判解刑事篇昭和62年度161頁）といえよう。

> 展開質問 4 －1
>
> 1. 設例Ⅰ解題1，設例Ⅰ解題2にあげた，故意を「一般人ならばその罪の違法性の意識を持ちうるに足る事実の認識」と定義する見解は，この定義を用いれば，従来違法性の意識の可能性が問題とされていたような事例はほとんど故意の問題に解消されるとする（前田・総論297頁）。そして，故意があるのに許されると思い，その誤信を非難ができないごく例外的場合には期待可能性を否定すれば足りるとしている。この見解の当否を検討せよ。
> 2. 「違法性の意識」とは何か。学説においては，(i)法規範の基礎におかれている国家社会倫理規範上許されないという意識（大塚・総論444頁），(ii)（民法，行政法等をも含めた）一般的違法性の認識（長井・後掲⑪90頁，松原・後掲㉑39頁），(iii)刑法上の違法性の認識（髙山・後掲⑨289頁），(iv)可罰性（はたして，また，どの程度の刑で処罰されるかということ）の認識（町野・後掲⑳227頁）といった見解が主張されている。
> 以下の点を検討しながら，各説の当否を検討せよ。
> ① 倫理に違反すると思っていたこと（あるいはその可能性があったこと）によって法的非難を基礎づけることができるか。
> ② 不動産の二重譲渡は第一譲受人に対する債務不履行で賠償しなければならないと思っていたが，まさか処罰されるとは思っていなかった者がいたとする。この者は違法性の錯誤に陥っていたというべきか。
> ②' 違法阻却の場面では，民法等の違反があれば刑法上も違法であるとする「かたい違法一元説」は廃れている。責任阻却の場面でも同様に考えるべきか。それとも，責任において

は，違法と異なる原理が妥当するのかあるいは，「やわらかな違法一元説」からも(ii)説を導けるのか（安田・後掲㉓（下）95頁も参照）。
③　デモには届け出が必要なことは知っていたが，これまで空港内のデモが取り締まられたことはなかったので，司法機関によって処罰の対象とされることはないと思って空港内でデモをした者は，違法性の錯誤に陥っていたというべきか（前掲最一小決昭和53・6・26参照）。
③'　爆発物取締罰則1条は，爆発物の使用に対して，死刑，無期または7年以上の懲役というきわめて重い法定刑を規定している。では，人が通行していない時に，橋をダイナマイトで爆破した者が，そのような行為は処罰されるかもしれないが，せいぜい罰金程度だろうと思っていた場合，違法性の錯誤があったといえるか（最二小判昭和32・10・18刑集11巻10号2663頁［百選Ⅰ総論46事件］参照）。厳格故意説からの帰結をも考え，対比せよ。
③"　(iv)に対しては，法定刑，法的効果は違法性の帰結であってその内容ではない，という批判がある（林・後掲⑭87頁）。この見解と(iv)のいずれが正当か。

設例Ⅳ解題2　相当な理由（可能性）の判断方法

　以上のような近時の判例，多数説からは，違法性の錯誤についての「相当の理由」を具体的にどのように判断すべきかが，実践的に重要な課題となる。
　ここでは大きく2つの見解が対立する。1つは，違法性の意識の可能性が必要とされる根拠を（市民に法を教え，規範意識を醸成するという）積極的一般予防の観点に求め，行為者に，行為にでる以前に法律について調査する義務を認め，その義務の限界はどこまでか，という観点からアプローチする見解である。そして，(i)適法かどうか調査する契機が与えられなかったか，あるいは(ii)調査したとしても違法性を意識し得なかった場合に，相当の理由を認める（A説，松原・後掲㉑63頁）。もう1つは，その根拠を予防とは切り離された自由保障の観点に求める見解である。この見解は，事前の法調査義務を否定して，行為時の具体的状況の下で，行為者の知識，経験等に鑑みて，行為者に違法性を意識することを期待できたか否かを問題とし，(刑)法に従った動機付けの可能性がなかった場合に相当の理由を認める（B説，髙山・後掲⑨343頁。なお，内藤・下Ⅰ1036頁）。では，両説の違いは，具体的事案の解決にどのように反映されるのだろうか。具体例をいくつかみてゆこう。

　一般に，違法性の錯誤は2つの類型に分かれるといわれる。法律の存在自体を知らなかった「法の不知」と，法律自体は知っていたが，自己の行為がそれに該当しないと考えた「あてはめの錯誤」である（もっともこの両者の分類は一応のものにすぎず，効果も直ちに異なるわけではない）。
　まず「法の不知」に関しては，A説からは，特定の活動に従事する者には関連法規を知る義務があることが強調され，この義務の履行が不可能だった例外的な場合にはじめて相当の理由が認められることになる。これに対しB説からは，行為者に，法の存在に到達しうるに足る情報が与えられていたかが問題とされる。とはいえ，B説からも，情報化が進んだ現在の日本においては，相当の理由が認められるのは例外的な場合にとどまる。
　実際に問題とされることが多いのは，「あてはめの錯誤」である。この類型はさらに2つに分けられる。1つは，単なる個人的見解に基づいて「許される」と思って行為した場合である。この場合は，A説，B説いずれの立場からも，通常，相当の理由を認めることはできない。A説からは十分な義務を果たしていないことになるし，B説からも，行為者がよく考えればわかったはずだから，法に従った動機付け可能性が

残されていたことになるからである。

　もう1つは，行為者が，国家機関をはじめとする専門家の判断を信頼して行動した場合である。これまで違法性の錯誤に相当の理由を認めて無罪とした下級審判例は，ほとんどこのような事案である（例えば，高知地判昭和43・4・3判時517号89頁，東京高判昭和55・9・26高刑集33巻5号359頁。さらに，仙波厚・最判解刑事篇昭和62年度参照）。この点に関し，設例Ⅳの高裁判決は，「本件の刑罰法規に関し確立していると考えられる判例か所轄官庁の公式見解または刑罰法規の解釈運用の職責のある公務員の公の言明などに従って行動した場合ないしこれに準ずる場合」に相当の理由が認められるとした。以下，①行政機関の教示に従った場合，②確定判例を信頼したが，判例変更がなされた場合，③私人の判断を信じた場合に分けて検討しよう。

　設例Ⅳは，①の場合である。この決定を解説した調査官は，(a)については，Xが警察官の適切な指示を得たのに従わなかった（この行為は，未必の違法性の意識を認める余地もあろう。この決定も，違法性の意識を「欠いていたとしても」としている），(b)については，宣伝のためでありサービス券の違法性について公の言明を求める趣旨ではない，(c)については，Yが，自ら警察等に問い合わせるべきだったのに，私人Xの情報を軽信した，として，いずれも相当の理由を否定すべきとしている（仙波厚・最判解刑事篇昭和62年度158頁参照）。そして，この結論はA説からも支持されている。A説は，この場面では，情報提供者の信頼性と情報内容の信頼性が問題となり，行為者が情報提供者に自己の行為の法的性質を検討するために必要な情報を伝えた上で，明確に「適法である」との回答を得た場合には相当の理由が認められるが，この事案ではそうはいえないとする（松原久利・百選Ⅰ総論92頁参照）。しかしB説からは異なった結論となる。B説は，行為者の知識を前提に不合理な憶測によらなければ違法だという判断に至らない場合には責任は認められない，という前提の下，「国家の側が当該行為について不適切な教示をしたときに市民にそれを信頼するなというのは不合理」として，国家機関に対する「信頼」をより広く認め，(b)については相当の理由を認めているのである（髙山・後掲⑨348頁）。

　②は，判例変更と遡及処罰の問題も関連する（第1講参照）が，それを遡及処罰に当たらないとする判例・通説の立場からは，違法性の錯誤が問題となりうる（最二小判平成8・11・18刑集50巻10号745頁［平成8年度重判解刑法2事件］の河合伸一裁判官補足意見参照）。刑罰法規から具体的な処罰範囲を導き出すのは裁判所の役割であり，判例は裁判所の公式の判断だから，それを信じた結果として違法性の意識を欠いた場合には，A説，B説いずれからも相当の理由が認められるのが原則であるべきだろう。しかし類似事案を扱った判例がすでに変更されていたといった理由から，判例変更が合理的に予測されるような場合には，相当の理由は否定される（未必の違法性の意識がある場合も少なくない）。

　③ついて，下級審判例には，私人からの情報を信頼した被告人を無罪としたものがいくつかある。例えば，映倫の審査を通過した映画を上映したことが175条として起訴された事案で，映倫制度発足の趣旨，社会的評価等を考慮して相当の理由が認められている（東京高判昭和44・9・17高刑集22巻4号595頁［昭和44年度重判解刑法4事件］）。ここでは，「公務員の公の言明に準ずる」かどうかをどのような観点から判断すべきかが問題となる。A説からは「信頼できる情報提供者に照会すれば行為を違法とする信頼できる情報が得られたか否か」（松原・後掲㉑50頁）という基準が，B説からは「行為者にとり法に従った動機付けのための合理的条件が与えられていたか」（髙山・後掲⑨350頁）という基準が示されている。

展開質問 4 − 2

1. 個人の思込みで違法性の錯誤（法の不知，あてはめの錯誤とも）に陥っていた場合に相当の理由が認められる場合は全くないのか，例外的にはあるとしたらそれはどのような場合か（参照，東京高判昭和27・12・26高刑集5巻13号2645頁（畑に近づいた泥棒を逮捕して警察に引き渡す。客観的には，窃盗の予備段階だったが，現行犯と誤信），さらに，前掲大判大正14・6・9［たぬき・むじな事件］が，違法性の錯誤だとしたらどうか）。行為者が外国人の場合に差は生じるか（奈良・後掲⑫7頁以下参照）。

2. A説の中には，未必の違法性の意識があった場合にも，違法性の錯誤に準じて扱うべき場合もあるという見解もある。それは，法を知ろうと努力しても違法性に関する疑念を払拭することが不可能な場合，具体的には，(i)法改正直後で行政機関等に問い合わせたとしても適切な回答が得られなかっただろう場合，(ii)緊急状況で適法か否かを問い合わせる余裕がない場合，(iii)同一審級の判例が適法と違法で対立している場合である。こうした場合，未必の違法性の意識があっても違法性の錯誤があるのと同様に扱い，相当の理由が認められる余地もあるというのである（長井・後掲⑪129頁以下参照）。このような見解の当否を検討せよ。B説からはどうなるかも考えること。

3. 弁護士等の私人の意見を信じた場合に相当の理由を認めると，法制度が私人の意見によって左右されることになりかねないとして，前掲東京高判昭和44・9・17にも疑問を呈する見解がある（平野・総論Ⅱ269頁）。この見解の当否を検討せよ。A説，B説いずれを採るかによって結論が変わるかも考えること。

4. ①の類型においては，どのような要素を考慮し，どのような場合に，相当の理由が肯定されるべきか。設例Ⅳの他，以下の裁判例も参考にして考えよ。
   (i) 被告人は検察事務官から還付された押収物品（商標法違反だったが，還付時には「偽造」と書かれていた）を，偽物である旨を告げて有償譲渡した。被告人は，還付を受ける際，そのような用途を検察官に告げず，格別の警告は受けていなかった（大阪高判昭和63・9・20判時1306号135頁）。
   (ii) 被告人らは通産省の行政指導に従って，石油の生産調整（独占禁止法の不当な取引制限）を行っていた。公正取引委員会も何らの措置を執らなかった（前掲東京高判昭和55・9・26）。（さらに，行政指導がなかった場合，その範囲を超えていたが公取委は知りながら放置していた場合それぞれについても検討せよ。）

5. ここまでの具体例の解決と，前提とする責任論の当否をふまえて，A説，B説いずれが妥当かを考えよ。

出口の質問

1. 故意，違法性の意識（あるいはその可能性）は，犯罪論の体系の中でどのように位置づけられるべきか。両者が必要とされる根拠，その内容等を吟味しながら考えよ。
2. 故意犯が過失犯より重く処罰されている理由は何かを改めて考えよ。また，行政取締法規には，両者を同一の法定刑で処罰するものもあるが，そのような構成要件は，立法論としてどの範囲で認めるべきか。さらに，208条の2の当否も考えよ。
3. 特に行政犯において，意味の認識と違法性の意識はどのように区別されるか。また，故意の認定

はどのような観点からなされるべきか。訴訟法的観点も考慮しながら考えよ。
4. 最近，わが国でも行政機関による法令適用事前確認手続制度（いわゆるノーアクション・レター）が導入された。この制度の導入は，違法性の錯誤についての相当の理由の判断にどのような影響をもたらすと考えられるか（笠井＝髙山・後掲⑥参照）。

参考文献

まずは，争点31，33，34，35を予習すること

① 麻生光洋編・刑事新判例解説(4)（信山社，1998）1頁，9頁
② 井田良「構成要件該当事実の錯誤」阿部純二ほか編・刑法基本講座2巻（法学書院，1994）227頁
③ 井田良「具体的事実の錯誤」現代刑事法1巻6号（1999）87頁
④ 井田良「抽象的事実の錯誤」現代刑事法1巻7号（1999）95頁
⑤ 植村立郎「行政犯における故意の認定」小林充＝香城敏麿編・刑事事実認定(上)（判例タイムズ社，1992）102頁
⑥ 笠井修＝髙山佳奈子「ノーアクションレターに対する信頼と民・刑事責任」NBL720号（2001）6頁，725号（2001）59頁，731号（2002）51頁
⑦ 齋野彦弥・故意概念の再構成（有斐閣，1995）
⑧ 鈴木左斗志「方法の錯誤について」金沢37巻1号（1995）69頁
⑨ 髙山佳奈子・故意と違法性の意識（有斐閣，1999）
⑩ 中山研一「違法性の錯誤の実体（4）」判タ958号（1998）49頁
⑪ 長井長信・故意概念と錯誤論（成文堂，1998）
⑫ 奈良俊夫「外国人の刑事責任と違法性の意識」研修568号（1995）3頁
⑬ 西田典之「共犯の錯誤について」団藤重光博士古稀祝賀論文集3巻（有斐閣，1984）93頁
⑭ 林幹人・刑法の基礎理論（東京大学出版会，1995）61頁
⑮ 林幹人・刑法の現代的課題（有斐閣，1991）73頁
⑯ 日髙義博・刑法における錯誤論の新展開（成文堂，1991）
⑰ 平野龍一・犯罪論の諸問題(上)（有斐閣，1981）70頁
⑱ 前田雅英「故意の認識対象と違法性の意識」刑雑34巻3号（1995）378頁
⑲ 町野朔「法定的符号について(上)(下)」警研54巻4号（1983）3頁，54巻5号（1983）3頁
⑳ 町野朔「違法性の認識について」上法24巻3号（1981）221頁
㉑ 松原久利・違法性の意識の可能性（成文堂，1992）
㉒ 松宮孝明・刑事立法と犯罪体系（成文堂，2003）169頁
㉓ 安田拓人「錯誤論(上)(下)」法教273号（2003）69頁，274号（2003）91頁

（島田聡一郎）

7 過失犯

論点
1. 結果の回避可能性
2. 信頼の原則
3. 管理・監督過失

1 結果の回避可能性

設例 I 第2の黄色点滅信号事件
タクシー運転手Xは，某日午前0時30分ころ，A・Bを同乗させ，30-40km/hの速度で，徐行することなく，対面する黄色点滅信号を無視して見通しのきかない交差点に進入したところ，赤色点滅信号を無視して左方道路より70km/hで進入してきたP運転の乗用車に衝突し，Aを死亡させ，Bに重傷の結果を与えた。しかし，Xが10-15km/hに減速して交差点内に進入していったとしても，現実にP車を認識し，衝突の危険を察知し，急ブレーキをかけるまでには若干の時間がかかったと思われるから，X車が衝突地点の手前で停止することによって衝突を回避することが可能であったかについては，合理的な疑いが残っている。【最二小判平成15年1月24日判時1806号157頁［セレクト'03刑法1事件］参照】

入口の質問

1. Xは業務上過失致死傷罪（刑211 I 前）で起訴された。同罪における「業務」はどのように理解されているか。
2. 業務上過失致死罪（A死亡の結果），同傷害罪（B傷害の結果）の罪数関係は何か。第12講参照。
3. 平成13年の刑法改正によって危険運転致死傷罪（208の2）が追加されたが，これはどのような交通事犯に適用されるのか。また，同罪は「第27章　傷害の罪」の中に規定されているが，どうして「第28章　過失傷害の罪」の中に規定されなかったのか。最近の判例には，どのようなものがあるか。
4. Xには，道路交通法42条1項1号違反の罪（罰則は119 I ②［故意犯：15万円以下の罰金］，同II［過失犯：10万円以下の罰金］）は成立するか。赤・黄の点滅信号のある交差点は，「交通整理が行なわれている」場合で，徐行義務が免除されているところではないのか。最一小決昭和44・5・22刑集23巻6号918頁参照。赤あるいは黄の点滅信号の意味は何か。道路交通法施行令2条1項参照。

設例Ⅰ解題 過失犯における結果の回避可能性

(1) 判 例

第1審判決は、Xに業務上過失致死傷罪の成立を認めて罰金40万円に処し、原判決はこれを維持した。しかし、最高裁は、「P車との衝突を回避することが可能であったという事実については、合理的な疑いを容れる余地がある」から、「本件においては、公訴事実の証明が十分でない」として、これらを破棄自判して無罪とした。

しかし、どうして結果の回避可能性がないと、過失犯が成立しないことになるのであろうか。

これまで判例は、不注意であった行為者が、仮に適切に行動したとしても結果が発生したであろうときには、因果関係がなく過失致死傷罪は成立しないとしてきた（大判昭和4・4・11新聞3006号15頁［京踏切事件、百選Ⅰ総論7事件］、福岡高那覇支判昭和61・2・6判時1184号158頁［バックミラー事件、百選Ⅰ総論8事件。相当因果関係がない、とする]、など）。しかし、最高裁は本判決において、犯罪が成立しない理由として因果関係の不存在をあげたわけではない。これは、すぐ後に述べるように、刑責が否定される理由は因果関係不存在以外のところに求められるべきだという学説が近時有力になっていることから、最高裁としては学説的説明を避けるためであったのかもしれない。

他方では、最高裁は、結果の回避不能が積極的に証明されたときに初めて無罪になるのではなく、結果の回避可能性に合理的な疑いがあるときには無罪判決をしなければならない、「疑わしきは被告人の利益に」が妥当することを、明確に認めている。最高裁は、保護責任者遺棄致死罪（刑218・219）においては、要扶助者（その事件では、覚せい剤急性中毒者）の保護がなされていればその救命がなされたであろうことが「合理的な疑いを超える程度に確実であった」程度に証明されなければならないとしていた（最三小決平成元・12・15刑集43巻13号879頁［札幌ラブホテル事件、百選Ⅰ総論4事件］）。これは、不作為犯の場合であった。本件において、因果関係の証明ということばは使わなかったとはいえ、最高裁は、作為過失犯についても同じ結論を認めたことになる。

(2) 条件関係

行為と結果との間の条件関係、「あれなくばこれなし」という関係は因果関係の前提である（条件関係だけで刑法上の因果関係を認める説を条件説という。因果関係に関する諸説については第2講参照）。ここでは、Xの行為がなかったならA死亡、B重傷の結果は生じなかったであろうか、ということが問題である。「Xの不徐行がなかったならXの徐行があっただろう。そして、徐行していたとしても事故は起こったであろうから、因果関係は肯定できない」とするのが、「論理的結合説」のうちの「付け加え許容説」（山口・総論49頁）である。ここでは、「Xの不徐行」を取り除いただけでなく、「Xの徐行」を付け加えているからである。日本では、判例も学説も、伝統的にこのように考えてきたように思われる。

これに対して、ドイツの学説の影響下に、因果関係を肯定する見解が現在では有力である。その中でも論理的結合説の立場を維持しながらも、「Xが徐行せずに当該交差点に侵入しなかったとするなら、そもそもXの車はそこにはなかったのだから事故は起こりえようがない。従って因果関係は肯定しうる」というのが「付け加え禁止説」である。さらに、「合法則的結合説」は次のようにいう。——刑法上の因果関係は「あれなくばこれなし」という論理的結合関係ではなく、行為が因果法則に従って結果に至ったという現実の関係である。Xは徐行せずに交差点に進入し、Pの車と衝突してA・Bに死傷の結果を生じさせているのであるから、因果関係が存在することは問題ない。

因果関係を肯定する見解も、結果が回避不可

能なときには，行為の違法性がない，客観的帰属が否定されるために結果が帰責されない，などの理由で，過失犯は成立しないとする。

> 展開質問 1
> 1. 本件においては，司法警察員が事故現場での実験によって作成した実況見分調書が存在した。同じ証拠を用いながら，最高裁が原原審・原審と結果の回避可能性に関して結論を異にしたのは，どのようなことからか。最高裁判決を直接に検討せよ。
> 2. 「疑わしきは被告人の利益に」の原則は，もともと，「Xは徐行していなかった」などという過去に実際に存在した歴史的事実の認定に関するものである。これが，「Xが徐行していたら，死傷の結果は生じなかったであろう」という，現実には存在しなかった事実が存在していたとするときに生じたであろうという，事態の非現実的な推移の存否についても同じく妥当すべきなのか。そうでないとすれば，どのように考えるべきか。
> 3. 結果の回避可能性を因果関係の問題と考えなければ，「疑わしきは被告人の利益に」の原則が妥当する理由はないことになるか。原田國男・最判解刑事篇平成元年度378頁（札幌ラブホテル事件に関する調査官解説）参照。
> 4. 付け加え許容説をとるときには，どのようなXの行為を付け加えることができるのか。「Xが徐行して交差点に入っていたら……」とせずに，「Xが交差点手前で一時停止して左右の確認を行っていたら，事故は起こらなかったであろう」とすることは，どうしてできないのか。

② 信頼の原則

> 設例Ⅱ　第1の黄色点滅信号事件
> 大型貨物自動車運転手Yは，早朝，黄色点滅信号を無視して約50 km/hの速度で交差点に進入し，右方から赤色点滅信号を無視して約60 km/hの速度で進入してきたQ運転の普通乗用車に衝突して，Q車に同乗していたCを死亡させ，Qほか同乗者D・E・Fに傷害の結果を与えた。【最三小判昭和48年5月22日刑集27巻5号1077頁［昭和48年度重判解刑法2事件］参照】

> 入口の質問
> 1. YにC・D・E・F死傷の結果について過失責任を問うためには，それぞれの結果発生についての予見可能性を問題にしなければならないのか。あるいは，1個の不注意な行為から複数の結果が生じたと認められれば，それで十分であるのか。例えば，本件で死亡したCが拉致されトランク内に監禁されていた者だとしたときにも，業務上過失致死罪は成立するか。最二小決平成元・3・14刑集43巻3号262頁（荷台同乗事件，百選Ⅰ総論50事件）の問題は故意論における方法の錯誤（第6講）と関係するか。

設例II解題 行為者の法令違反と信頼の原則

(1) 判 例

設例Iの判決の約30年前、これとよく似た設例IIの「第1の黄色点滅信号事件」があった。

最高裁は、「自車と対面する信号機が黄色の燈火の点滅を表示しており、交差道路上の交通に対面する信号機が赤色の燈火の点滅を表示している交差点に進入しようとする自動車運転者としては、特段の事情がない本件では、交差道路から交差点に接近してくる車両があつても、その運転者において右信号に従い一時停止およびこれに伴なう事故回避のための適切な行動をするものとして信頼して運転すれば足り、それ以上に、本件Qのように、あえて法規に違反して一時停止をすることなく高速度で交差点を突破しようとする車両のありうることまで予想した周到な安全確認をすべき業務上の注意義務を負うもので[はない]」として、1・2審の有罪判決を破棄して、無罪を言い渡している。Yには徐行義務違反の疑いがあるが、それは信頼の原則の適用に影響を持たないというのであり、これに対しては、後述のような天野武一裁判官の反対意見がついていた。

最高裁が、第2の黄色点滅信号事件を、信頼の原則の適用の可否の問題ではなく、結果の回避可能性の有無の問題として解決したことは、現在の最高裁としては、黄色点滅信号を無視した徐行義務違反には信頼の原則を適用すべきでないという考え方に傾いているのではないかと疑わせるものがある（判時1806号157頁の匿名のコメントを見よ）。また、第1の黄色点滅信号事件では、「[Y]がこの徐行をしていれば本件衝突は起らなかつたかも知れないと考える余地があつて、この意味で、右徐行懈怠と本件の結果発生との間には条件的な因果関係があるといえなくはない」、「たしかに、[Y]が右判示のような注意をしておれば、本件事故は発生しなかつたが[か]、少なくとも本件事故とは異なる事故になつていたであろうと思われる」として、行為者の不注意な行為と死傷結果との条件関係は否定できないという前提に立っていたのであり、そこでは、Yを無罪とするには信頼の原則を適用して過失自体を否定するしかなかった。ところが、札幌ラブホテル事件を経て、実務では、結果の回避可能性の証明に高度のものが要求されるようになった。それによるなら、第1の黄色点滅信号事件でも結果の回避可能性を肯定しえたか疑わしくなる。特に、「事故の態様が異なっていただろう」ということで、結果の回避可能性を肯定することはできないと思われる。このようにして、第2の黄色点滅信号事件においては、黄色点滅信号無視という明らかな交通法規違反を犯したXにあえて信頼の原則を適用するまでもなく、結果の回避可能性の証明がないとして無罪とすることができたのである。

(2) 信頼の原則の意義と交通法規違反行為への適用

(a)「特別な事情のない限り、他人が交通法規を守って行動することを信頼した者には過失を認めることはできない」という信頼の原則は、もともとドイツの刑事判例が認めたものであり、Vertrauensgrundsatzが原語である。最三小判昭和41・12・20刑集20巻10号1212頁（エンスト事件）において最高裁判所が、「自動車運転者としては、特別な事情のないかぎり、……他の車両が交通法規を守り自車との衝突を回避するため適切な行動に出ることを信頼して運転すれば足りる」として、この原則を初めて適用した（自動車を運転して右折しようとしていた行為者が、道交法に違反して、進路の空くのを待たずに右側方からその前方を突破しようとしたオートバイに衝突し、その運転者に傷害を与えたという事案。最高裁は原審の有罪判決を破棄した。この判決の少し前に、最三小判昭和41・6・14刑集20巻5号449頁［酔客転落死事件、百選I総論〈2版〉58事件］は、鉄道会社の

乗客係は，酔客も「安全維持のために必要な行動をとるものと信頼して客扱いをすれば足りる」としていた）。その後，信頼の原則はわが国の実務に定着したのである。

最高裁は，行為者に交通法規違反があっても信頼の原則を適用しうることを認める。被告人が第一種原動機付自転車を運転してセンターラインから右折しようとしたところ，その後方からそれを追い抜こうとした第二種原動機付自転車に接触・転倒させて，その運転者を死亡させたという事案に関して，最高裁は，当時の道交法によると，第一種原動機付自転車は，右折するときは，あらかじめその前からできる限り道路の左端に寄り，かつ，交差点の側端に沿って徐行しなければならなかったのにかかわらず，被告人がセンターラインからそのまま右折を始めたのは交通法規違反であるが，このことは「注意義務の存否とは関係のないことである」とした（最二小判昭和42・10・13刑集21巻8号1097頁［第一種原付自転車事件，百選Ⅰ総論52事件］）。

しかし，行為者の交通法規違反が注意義務の存否と「関係のない」ときとはいつなのであろうか。第1の黄色点滅信号事件においても，最高裁は，Yの徐行義務違反は「本件の具体的状況のもとでは，なんら事故に直結したものといえ［ない］」から，それは信頼の原則の適用に「影響を及ぼさない」とした。しかし，これに対しては，「本件における［Y］の交差点直前における徐行義務は交差点内における円滑な運行の不可欠の前提をなすものと解し，この義務違反は交差点内における衝突事故と直結する性質のものである」という天野武一裁判官の反対意見がついていた。

(b) この問題は，どうして信頼の原則が認められるのかという問題に関係する。そして，それはさらに，学説において「過失犯の構造」として議論されてきた問題につながり，究極的には，結果無価値と行為無価値の対立という犯罪観全体にまで行き着く。

伝統的には，過失犯の構造は次のように考えられてきた。いわゆる「旧過失論」（山口・総論202頁参照）である。——故意犯（例えば殺人罪）と過失犯（例えば過失致死罪）とは，構成要件該当性，違法性の段階においてはまったく区別がなく，故意があれば故意犯（殺人罪［刑199］），過失があれば過失犯（過失致死罪［刑210・211］）というように，責任の段階において初めて区別される。故意が客観的な犯罪事実（人の死）の発生を認識してそれを認容するという心理状態であるのに対して，過失はその発生を不注意によって認識しなかったという心理状態である。自分の行為から犯罪事実が発生することが予見しえたときに，初めて不注意であったといえる。そうすると，予見可能性が過失責任の本体であるということになる。信頼の原則も，予見可能性不存在の原則にほかならない。X／Yが，黄色点滅信号が対面している交差点に徐行せずに進入する行為から，A／Cの死の発生が予見可能かが問題なのである。例えば，P／Qがクラクションを鳴らしながら突っ込んで来る様子が分かるなどの特別の事情がない以上，P／Qが赤色点滅信号を無視して，一時停止せずに交差点に進行して来るなどという交通法規に違反した運転があることは予見不能であるから，結果が発生したとしても過失があるとはいえない。このことを裏面からいえば，他人が交通法規に従って行動することを信頼することが許される，ということになる。X／Yが黄色点滅信号にもかかわらず徐行せずに交差点に進入した，行為者が交通法規に違反していたからといって，彼らに予見可能性が生じる訳ではない。——旧過失論の基礎には，行為の違法性は法益の侵害・危殆であるという結果無価値論がある。

これに対して，新過失論は次のように論じる（大谷・総論208頁参照）。——過失犯は単なる犯罪結果の惹起ではなく，違法な行為によるその惹起である。故意犯においては，行為の違法性は違法性阻却事由の不存在によって肯定されるが，過失行為の違法性は，行為が許された危険を超えている場合に初めて肯定される。信頼の原則

も，行為態様の適切さに関するものであって，予見可能性の問題に直接関係するものではない。道路交通法規に違反した行為は不適切なのであり，行為者は，自分が交通法規に違反していながら，他人が交通法規を守ることを信頼することは許されない。――ここには，法益の侵害・危殆があっても行為の違法性を肯定することはできない，行為態様の不当性が違法判断について決定的だという，行為無価値論がある。

旧過失論によると過失犯の成否は，"結果発生による構成要件該当性→違法阻却事由の不存在による違法性→予見可能性の存在による責任"という，第2段階までは故意犯とまったく同じ順序で検討されるが，新過失論では，"結果発生による構成要件該当性→許された危険の超過による違法性（現在では新過失論の論者の殆どは，これを構成要件該当性の段階に位置づけている）→予見可能性の存在による責任（これを違法性の段階に位置づける者もいる）"ということになり，既に第2段階から故意犯と大きく異なることになる。そして，旧過失論では過失犯の成否は実質的には予見可能性の存否という責任の問題に尽きていたのに対して，新過失論では，行為態様の不当性という違法性の問題に移し換えられている。

新過失論が前提とする「許された危険」の理論は，次のようなものである（林・総論288頁，35頁）。――自動車などの高速度交通に典型的に現れているように，現代の社会では不可避的に事故を引き起こす危険をはらむ様々な行為がある。そこから事故が生じたら関係者を処罰し，さらにはそのような行為の実行を処罰・禁止したら，例えば自動車を全面的に禁止してしまったら，人々は大きな不便を強いられ，社会の発展も阻害される。このような危険は道交法などの取締法規によって適切な範囲に止めることは必要であるが，その範囲にとどまる以上，許容されなければならない。交通法規を遵守しても生じる道路交通の危険は「許された危険」として合法であり，そこから結果が発生しても過失犯は成立しない。しかし，交通法規に違反したときには，それは「許されない」ものとなり，そこから結果が生じれば過失犯が成立する。信頼の原則も，このような許された危険の法理のひとつの適用であり，交通法規を遵守して許された危険を発生させた者にのみ適用されるべきである。

もっとも，新過失論の論者も，すべての交通法規違反が信頼の原則の適用を不可能にするとまではしない。最高裁のように，交通法規違反が「注意義務の存否と関係のない場合」には信頼の原則の適用を認めるのである。免許証不携帯，車検切れ，自賠責未加入などが，このような場合ということになるだろう。他方，制限速度を大幅に超過していたため停止することができず，横断歩道でないところを横断していた歩行者を轢いてしまったときのように，交通法規違反が事故と関係しているときには信頼の原則を適用すべきでない，ということになろう。

展開質問2

1. 一時停止を命じる赤色点滅信号はその対面進行者（P／Q）に向けられているのであり，黄色点滅信号に対面している者（X／Y）に向けられているのではないのだから，後者は，前者が一時停止するであろうことを信頼することは許されない，という議論があるが，どう思うか。
2. 旧過失論的な信頼の原則の理解によると，赤色点滅信号を無視して進行した者（P／Q）も，黄色点滅信号に従わず徐行しない者（X／Y）がいることは予見できないのだから，彼にも信頼の原則が適用され，結局，このような事故に過失責任を負う者はいなくなってしまうのではないか。それは妥当な結論か。そうでないとすれば，旧過失論の立場では，どのように考えるべきか。また，新過失論ではどのように議論することになるのか。

3. 第1の黄色点滅信号事件において天野裁判官は，徐行義務違反は「交差点内における衝突事故と直結する」として多数意見に反対した。原付自転車の右折方法違反についてはどうであろうか。交通法規違反が注意義務と関係しているかは，新過失論の立場では，何の基準によって決めるべきか。当該事件において，交通法規違反の事実が結果発生の危険性を上昇させていることが基準なのか，あるいは，事故との因果関係によって決めるべきか。後者だとしたときには，その因果関係は条件関係の意味か。そうでないときにはどのようなものか。相当因果関係と同じか。

4. 新過失論を前提にしながら，例えば，「原付自転車の左折方法違反は違法ではあるが，業務上過失傷害罪の構成要件には該当しない。なぜなら，当該道路交通法規から守ろうとしているのは，一般的な交通の円滑さ，あるいは原付自転車運転者の生命・身体であり，他の交通関与者のそれではないからである」という「規範の保護目的の理論」をどのように考えるのか。

③ 管理・監督過失

設例Ⅲ ホテル・ニュージャパン事件

Zは，東京赤坂にあるホテル・ニュージャパンを経営する会社の代表取締役社長であり，Rは，同ホテルの支配人兼総務部長であった。当該ホテルには，消防法の規定するスプリンクラーもそれに代わるべき防火区画もほとんど設置されていなかった。また，工事が不完全であったため，各区画には大小多数の貫通孔があった。さらに，防火戸，非常放送設備の一部は専門業者による点検・整備がなされず壊れたままであり，従業員の大幅な削減，配置転換に対応した消防計画の変更，自衛消防隊の編成替えが行われず，消防訓練もまったく行われていなかった。消防当局はほぼ半年に一回立入検査を実施し，その都度，Rらに対し，以上の防火体制等の不備を指摘して，その改修，改善を求めていたほか，事件の3年前からは，毎月のようにスプリンクラーあるいは代替区画の工事（そ及工事）の促進を指導していた。しかし，Zは防火管理には消極的な姿勢に終始し，資金的にもその実施が十分可能であったそ及工事を行わなかったうえ，防火管理体制の不備を放置していた。

1982年2月8日午前3時過ぎ，宿泊客のたばこの不始末によりベッドから出火し，火勢が拡大して，フラッシュオーバー（火災によって発生した可燃性のガスに炎が引火して，一瞬のうちに炎が広がる現象）を繰り返しながら，壁などの貫通孔，パイプスペースシャフトを通じて，9, 10階の大部分の範囲にわたり火煙が急速に伝走して延焼が拡大した。当直従業員らは自衛消防組織として編成されておらず，消防訓練等も不十分で，責任者も含めて火災発生時の心構えや対応措置をほとんど身につけていなかったため，組織的な対応ができなかった。また，個人としても，初期消火活動や出火階，直上階での火事触れ，避難誘導等をほとんど行うことができず，非常ベルの鳴動操作，防火戸の閉鎖に思いつく者もなく，119番通報も大幅に遅れるなど，本件火災の拡大防止，被災者の救出のための効果的な行動を取ることができなかった。そのため，逃げ遅れた9, 10階を中心とする宿泊客らは，激しい火災や多量の煙を浴びもしくは吸引し，または窓等から階下へ転落しもしくは飛び降りるなどのやむなきに至り，その結果，うち32名が死亡，24名が傷害を負った。【最二小判平成5年11月25日刑集47巻9号242頁［百選Ⅰ総論58事件］参照】

入口の質問

1. ZとRはそれぞれ業務上過失致死傷罪として起訴され，1審は，Zに禁錮3年の有罪判決，Rに禁錮1年6月，執行猶予5年の有罪判決をそれぞれ下した（Rについては控訴せず確定）。最高裁は，Zは，消防法17条1項の「関係者」として消防用設備等を設置，維持すべき義務を負い，同8条1項の「管理権原者」として，「防火管理者」を選任し（Rが選任されていた），それに消防計画の作成，避難訓練の実施，消防用設備等の点検・整備など，防火管理上必要な業務を行わせなければならなかった，としている。Rのこれらの義務違反は，直接には消防法では処罰されていない。同法による処罰はどのような場合に予定されているか，そしてそれは妥当であるか。
2. 消防法は，どのような仕組みの防火体制を規定しているか。

設例Ⅲ解題　管理・監督者の過失責任

(1) 判　例

最高裁は，スプリンクラー設備または代替防火区画が設置され，防火用・消防用設備が適切に維持管理が行われ，消防計画の作成，従業員らへのその周知徹底が行われ，消防訓練が十分に行われていれば，「本件死傷の結果の発生を避けることができた蓋然性が高い」という原審の認定を是認するとともに，次のように述べてZの過失を肯定した。

「Zは，代表取締役社長として，本件ホテルの経営，管理事務を統括する地位にあり，その実質的権限を有していたのであるから，多数人を収容する本件建物の火災の発生を防止し，火災による被害を軽減するための防火管理上の注意義務を負っていたものであることは明らかであり，ニュージャパンにおいては，消防法8条1項の防火管理者であり，支配人兼総部部長の職にあったRに同条項所定の防火管理業務を行わせることとしていたから，同人の権限に属さない措置についてはZ自らこれを行うとともに，右防火管理業務についてはRにおいて適切にこれを遂行するよう同人を指揮監督すべき立場にあったというべきである。そして，昼夜を問わず不特定多数の人に宿泊等の利便を提供するホテルにおいては火災発生の危険を常にはらんでいる上，Zは，昭和54年5月代表取締役社長に就任した当時から本件建物の9，10階等にはスプリンクラー設備も代替防火区画も設置されていないことを認識しており，また，本件火災の相当以前から，既存の防火区画が不完全である上，防火管理者であるRが行うべき消防計画の作成，これに基づく消防訓練，防火用・消防用設備等の点検，維持管理その他の防火防災対策も不備であることを認識していたのであるから，自ら又はRを指揮してこれらの防火管理体制の不備を解消しない限り，いったん火災が起これば，発見の遅れや従業員らによる初期消火の失敗等により本格的な火災に発展し，従業員らにおいて適切な通報や避難誘導を行うことができないまま，建物の構造，避難経路等に不案内の宿泊客らに死傷の危険の及ぶおそれがあることを容易に予見できたことが明らかである。したがって，Zは，本件ホテル内から出火した場合，早期にこれを消火し，又は火災の拡大を防止するとともに宿泊客らに対する適切な通報，避難誘導等を行うことにより，宿泊客らの死傷の結果を回避するため，消防法令上の基準に従って本件建物の9階及び10階にスプリンクラー設備又は代替防火区画を設置するとともに，防火管理者であるRを指揮監督して，消防計画を作成させて，従業員らにこれを周知徹底させ，これに基づく消防訓練及び防火用・消防用設備等の点検，維持管理等を行わせるなどして，あらかじめ防火管理体制を確立しておくべき義務を負

っていたというべきである。」

このように，従業員などの現場の行為者ばかりでなく，Zのように防火管理体制を確立し，Rの防火管理業務を監督する義務のある者は，火災などの事故によって発生した死傷結果に対して過失責任（業務上過失致死傷罪）を問いうるということを，最高裁は認めてきている。ホテル・ニュージャパン事件以前でも，川治プリンスホテル事件（最一小決平成 2・11・16刑集44巻 8 号744頁。アセチレンガス切断機の炎に起因したホテル火災），千日デパートビル事件（最一小決平成 2・11・29刑集44巻 8 号871頁［百選Ⅰ総論〈3 版〉60事件］。夜間の工事中に不明の原因で出火して，雑居ビル内のキャバレー内に多量の煙が流入）で，管理者の責任が認められている。また，大洋デパートビル事件（最一小判平成 3・11・14刑集45巻 8 号221頁［百選Ⅰ総論〈4 版〉59事件］。営業中のデパートから原因不明の出火）では，結論的には被告人らの責任が否定されたが，最高裁は，このような管理・監督過失の存在を前提にしている。

この問題はいくつかの局面に分けて，検討しなければならない。

(2) 過失行為の正犯行為性

この事件で直接に失火したのは寝たばこをした宿泊客である（本人も死亡）。それに，適切な対応をしなかった宿直従業員の行為が加わり，さらに，Rの防火管理体制確立の懈怠が介在する。Zの行為はかなり死傷結果の発生から離れたものである。もし，これが故意犯の事例であるのなら，Zの行為は幇助犯にとどまることになるであろう。過失幇助犯は処罰されないことは一般的に認められているから，寝たばこをした宿泊客，適切な避難誘導訓練を行わなかった宿直従業員の過失致死傷行為に機会を提供したにすぎないZの行為は，不可罰ということにならないであろうか。しばしばこれは，「過失行為の実行行為性」の問題とされているが，実行行為は未遂犯を成立させる行為（刑43本）の意味で用いるべきであり，「過失行為の正犯行為性」という方が適切と思われる。

しかし，管理者・監督者の行為は過失致死傷罪の正犯とはいえないという観点から管理・監督過失を否定する見解は少数である。判例も学説もZのような行為の正犯性を認める。実際，判例および学説においては，結果を惹起する過失行為はすべて正犯行為であるとすることに近くなっているといってよい。これは，教唆犯・幇助犯という共犯が成立しない以上，すべて（間接）正犯であるという拡張的正犯論が，過失犯の領域では事実上採用されているということである。故意犯の領域では，共謀共同正犯論によって，犯罪現場から遠くにいる「背後の黒幕」が正犯として捕捉されているが，過失犯においては，管理・監督過失論がその役割を果たしているといえよう（共犯論については第10・11講参照）。

(3) 「注意義務」と作為義務

最高裁は，ホテル・ニュージャパン事件において，Zには「本件建物の火災の発生を防止し，火災による被害を軽減するための防火管理上の注意義務を負っていた」として，防火管理者Rに防火管理業務を適切に行うよう指導監督し，Rの権限に属さない措置については自分で行うべきであったとする。わが国の実務は，管理・監督過失の場合に限らず，過失犯の成否を判断するに当たって，行為者の「注意義務」を問題にするが，これは実質的には，不真正不作為犯における作為義務にほかならないことが多い。最高裁は，そのような作為義務の発生根拠を，Zが代表取締役社長としてホテルの経営，管理事務を統括する地位と実質的権限を有していたことに求めた。Zは，消防法17条 1 項の「関係者」，同法 8 条 1 項の「管理について権原を有する者」（管理権原者）であるということも最高裁が認定しているところであるから，このような法令上の根拠もあるということであろう。他方，大洋デパート事件において，最高裁は，防火管理上の責任を負うべきはデパートの経営会社の代表取締役社長であり，取締役人事部長は，特段の事情がない以上防火管理上の注意義務を負うことはないとした（注意義務と作為義務の関係につ

いては第3講も参照）。

(4) 予見可能性

　最高裁は，「［Z］は，……いったん火災が起これば，……宿泊客らに死傷の危険の及ぶおそれがあることを容易に予見できたことが明らかである」として，Zの予見可能性を肯定している。たしかにその通りではあるが，火災が起こることの予見可能性がなければ，結局，死傷結果の予見可能性も肯定しえないであろう。しかし，それは果たして肯定しうるだろうか。最高裁は，「昼夜を問わず不特定多数の人に宿泊等の利便を提供するホテルにおいては火災発生の危険を常にはらんでいる」とするが，このような危険があることだけで結果の予見可能性を肯定しうるのだろうか。このような抽象的な予見可能性では足りない，より具体的な予見可能性が必要であるとする学説には，ホテル・ニュージャパン事件のような事例において，Zのようなトップの管理・監督過失を否定する見解が生じる。

> [!NOTE] 展開質問3
> 1. 最高裁は，Zが「あらかじめ防火管理体制を確立しておくべき義務」を履行していれば，32の死亡結果，24の傷害結果のすべてが回避可能であった（合計56個の因果関係を，すべて肯定できる）という趣旨であろう。なお，行為者らが適切な措置をとっていれば，「宿泊客及び従業員の全員」が安全な場所に避難できたとする前掲最一小決平成2・11・16（川治プリンスホテル事件）も参照。もし，「従業員に避難誘導訓練を行っていたら，30人もの人間が死ぬことはなかったであろうが，2，3人は助からなかったかも知れない」というような場合には，どのように考えるべきか。この場合，誰がそれに該当するかを確定することなく，確実に助かったであろう人数分についてだけ過失致死罪を認めることはできるか。このような「不特定認定」は刑事訴訟法上許されるか。
> 2. Zの行為に過失があるとして，宿泊客，従業員の行為の介入によって，Rの行為と死傷結果との間の相当因果関係が欠如するということはできるか。本件の火災が，放火によるものであったときはどうか。
> 3. 過失犯においては正犯概念が極めて広いが，犯罪結果を故意的に招致する行為が介入したときは，先行する過失行為は責任を負わないと一般に考えられている。例えば，放置されていたナイフを用いて，誰かが人を殺した，自殺した，というような場合，ナイフの放置者が過失致死の責任を負うとは考えられていない。それでは，ホテルの宿泊客を焼死させるために放火し，従業員による避難誘導がまったく行われなかったために宿泊客が死亡したというような場合，防火体制の確立を怠っていた社長，支配人は責任を負わないということになるのであろうか。
> 4. 信頼の原則は，道路交通の場面以外，例えばチーム医療の領域でも認めらる。札幌高判昭和51・3・18高刑集29巻1号78頁（北大電気メス事件，百選Ⅰ総論59事件）参照。ホテル・ニュージャパン事件においては，ZはRが何もしていないことを知っていたのであるから信頼の原則は適用されないが，もし，そのようなことを知らなかった場合にはどうか。この点で，人に対する指示・監督の不備の問題である「監督過失」においては信頼の原則の適用が問題になり，そのようなことが問題になりえない，防火施設の不整備のような「管理過失」のそれとは異なっているいう考え方がある。これについてはどう思うか。そもそも，道路交通事件においては取締法規に違反した者が被害を引き受けるが，チーム医療，防火管理体制確立の場合には，被害者となるのは無辜の患者，宿泊客である。後者のような場合にも，そもそも

信頼の原則は適用しうるのか。新・旧過失論とこの問題は関係するのか。
5．作為義務の発生根拠の議論（第3講）から考えて，管理・監督過失における作為義務はどのような場合に認められるのか。ホテル・ニュージャパン事件におけるＺにはそれが認められるか。その作為義務の発生根拠は何か。作為義務の発生根拠を法令に求めることの可否について，道路交通法の救護義務違反（道交72Ⅰ・117）のように違反が当該法令によって処罰されている場合と，そうでない場合とで相違があるか。消防法違反の場合にはどうか。
6．Ｚの行為は，「防災体制に欠陥のあるホテルの経営を続けた」という作為なのだから，作為義務を議論する必要はないのではないか。作為と不作為との区別はどのようになされるべきか。
7．最高裁の「昼夜を問わず不特定多数の人に宿泊等の利便を提供するホテルにおいては火災発生の危険を常にはらんでいる」という判示は，「許された危険」の理論が前提とする予見可能性の概念を受け入れたものではないか。いわゆる「危惧感説」は，注意義務の基盤である予見可能性は漠然とした危惧感で足りるとするが，これは妥当か。判例の危惧感説に対する対応はどのようになっているか。判例をあげて具体的に説明せよ。

出口の質問

1．過失は刑事責任の基礎として妥当なのだろうか。過失犯を処罰することは責任主義に反するという主張をどう思うか。一般的にそうはいえないが，医療過誤，学校での事故など類型によっては刑法によって処罰しないで，民事の不法行為に委ねるべき場合もある，という考え方は成り立ちうるか。
2．管理・監督過失のように，行為と結果との間の物理的・心理的連関が希薄であるにもかかわらず刑事責任を追及するよりは，消防法などの取締法規違反に刑事責任を問う方法を選ぶべきであるという主張をどう思うか。

参考文献

① 「特集　刑事立法の動向」現代刑事法36号（2002）16頁
② 小林憲太郎・因果関係と客観的帰属（弘文堂，2003）
③ 松宮孝明・刑事過失論の研究（成文堂，1989）
④ 井田良・犯罪論の現在と目的行為論（成文堂，1995）200頁

（町野　朔）

8 責任能力

論　点
1. 責任能力の判定基準
2. 覚せい剤自己使用事犯と責任能力
3. 原因において自由な行為

1 責任能力の判定基準

設例Ⅰ　恋愛妄想殺人傷害事件
　被告人Xは，友人の妹Aに好意を抱き結婚を申し込んだが断られたため，その家族を殺害しようと決意し，同宅を訪れる際に利用したハイヤーの運転手Bと，Aの家族（Aの姉Cとその子D，E，F）や救助にかけつけた近所の父子（G，H）に対し，鉄棒で順次その頭部を殴打し，そのうち5名（C，D，E，G，H）を殺害，2名（B，F）に重傷を負わせた。【最三小決昭和59年7月3日刑集38巻8号2783頁，判時1128号38頁，判夕535号204頁［百選Ⅰ総論31事件］参照】

入口の質問
1. Xは，殺人および殺人未遂で起訴されたが，事件の約1年前に精神分裂病（統合失調症）のために入院し，その後も通院治療を受けていた。精神障害とは何か。
2. 弁護人は，事件当時のXは，心神喪失あるいは心神耗弱であったと主張した。刑法39条（①心神喪失者の行為は罰しない。②心神耗弱者の行為は，その刑を減軽する。）の内容を説明せよ。
3. Xについては，精神鑑定が行われた。精神鑑定の結果に裁判官は従わなければならないか。
4. 複数の精神鑑定が実施され，その結果が分かれているときは，どのように判断すべきか。

設例Ⅰ解題　精神障害と責任能力判定のあり方

(1) 判　例
　設例Ⅰのモデルとなった裁判の概要を簡単に述べると，以下の通りである。第1審は，被告人Xが以前に精神分裂病の治療を受けており，犯行当時分裂病の欠陥状態にあったことを認めたが，精神鑑定などを総合的に判断し，被告人には責任能力があったとして，死刑を言い渡した。第2審は，被告人の分裂病は寛解していたとして，控訴を棄却した。これに対する上告審（最二小判昭和53・3・24刑集32巻2号408頁）は，被告人には限定責任能力の疑いがあるとの職権判断を示し，第2審判決を破棄差戻した。そし

て，差戻後の控訴審は，精神科医に鑑定を命じた結果，責任能力の有無について，鑑定の結論は分かれたが，最終的に心神耗弱を認定し，無期懲役刑を言い渡した。そして，最高裁は原判断を是認して，以下のような職権判断を示した。「被告人の精神状態が刑法39条にいう心神喪失又は心神耗弱に該当するかどうかは法律判断であるから専ら裁判所の判断に委ねられているのであつて，原判決が，所論精神鑑定書……の結論の部分に被告人が犯行当時心神喪失の情況にあつた旨の記載があるのにその部分を採用せず，右鑑定書全体の記載内容とその余の精神鑑定の結果，並びに記録により認められる被告人の犯行当時の病状，犯行前の生活状態，犯行の動機・態様等を総合して，被告人が本件犯行当時精神分裂病の影響により心神耗弱の状態にあつたと認定したのは，正当として是認することができる」。

判例は，責任無能力を「精神の障害（生物学的要素）により事物の理非善悪を弁識し又はこの弁識に従って行動する能力（心理学的要素）」を欠如する状態と定義している（大判昭和6・12・3刑集10巻682頁百選Ⅰ総論〈4版〉33事件）。そして，責任能力の判断は裁判所が行うものとする。つまり，「2つの精神鑑定書の各結論の部分に，いずれも，被告人が犯行当時心神喪失の情況にあつた旨の記載があつてもその部分を採用せず，右鑑定書全体の記載内容とその他の情況証拠とを綜合して，心神耗弱の事実を認定することは，必ずしも経験則に反するとはいえない」（最三小決昭和33・2・11刑集12巻2号168頁）のであり，「被告人の精神状態が刑法39条にいう心神喪失又は心神耗弱に該当するかどうかは法律判断であって専ら裁判所の判断に委ねられるべき問題であることはもとより，その前提となる生物学的，心理学的要素についても，法律判断との関係で究極的には裁判所の評価に委ねられるべき問題である」（最三小決昭和58・9・13判時1100号156頁）。それゆえに，鑑定人の意見が心神喪失あるいは心神耗弱であったにもかかわらず，それを排斥して，死刑を言い渡すことも可能である。例えば，「被告人の妄想は，真性妄想と考えるには疑問があり，核心部分について訂正していること，妄想の対象が限定されていることからみて，妄想が強固で揺るぎ難く，被告人の世界観全体を支配しているとまではいえない」として，死刑が言い渡された事例がある（宇都宮地判平成10・3・24判時1665号145頁）。とはいえ，鑑定が適切に行われたのに，裁判所がそれを合理的な理由なしに採用しないのは，経験則に反するというべきであろう（青木紀博・百選Ⅰ総論〈4版〉71頁，安田拓人・百選Ⅰ総論64頁，林・後掲①334頁）。

なお，昭和63年から平成元年にかけて起きた連続幼女誘拐殺人事件では，捜査段階での簡易鑑定と3つの正式鑑定が実施された。簡易鑑定と第1正式鑑定では人格障害とされ，第2鑑定では離人症およびヒステリー性解離症状を主体とする反応性精神病，第3鑑定では精神分裂病（破瓜型）という結果が示されたが，裁判所は，以下のように述べて，被告人を死刑に処した。「被告人は，本件各犯行当時，性格の極端な偏り（人格障害）以外に反応性精神病，精神分裂病等を含む精神病様状態にはなく，したがって，事物の理非善悪を弁別する能力及びその弁別に従って行動する能力を有していたと認められるのであり，被告人については完全責任能力を認めるのが相当である」（東京地判平成9・4・14判時1609号3頁，判タ952号75頁[平成9年度重判解刑法3事件]）。

(2) 精神障害と責任能力

精神障害とは，「精神分裂病，精神作用物質による急性中毒又はその依存症，知的障害，精神病質その他の精神疾患」とされているが（精神5），判例（前掲大判昭和6・12・3）は，前述のように，精神の障害によって，「事物の理非善悪を弁識し又はこの弁識に従って行動する能力」が欠けている場合を心神喪失とし，この能力が著しく低い場合を心神耗弱としている。この定義は一般に支持されているし，改正刑法草案16条も，「①精神の障害により，行為の是非を弁別し又は

その弁別に従って行動する能力のない者の行為は，これを罰しない。②精神の障害により，前項に規定する能力が著しく低い者の行為は，その刑を減軽する」と規定している。

しかしながら，道義的責任論と社会的責任論の対立を基にして，①刑罰は，犯罪防止効果を有するから，正当化され，その効果を得るためには，一般人からみて，その処罰が納得のいくものでなければならない，とする実質的責任論が唱えられており（前田・総論58頁），②精神異常が，刑罰による抑止効果を期待できないようなものであるときに，責任無能力が認められるとする見解（町野・後掲②154頁）がある。さらに，③責任能力とは，「行為者を改善・更正し，犯罪を防止するために，法の要求へと行為者を動機づけるための能力である（刑罰適応能力）」とするものもある（堀内・総論201頁）。

これに対して，責任の基礎を相対的意思自由に求め，「素質と環境の制約を受けながら主体的に惹起した行為について道義的非難」を加えるべきであるとする道義的責任論（大谷・総論332頁）は，責任能力を有責に行為する能力ととらえる。このような能力を有する者だけが，適法行為の期待可能性を認められるのであり，したがって責任非難が可能になるからである（同・337頁）。しかし，いずれの立場に立っても，上記の責任能力の定義に従う限り，精神の障害が行為者の認識および制御能力にどのような影響を与えているかが判断されることに変わりはない。

精神障害には多様なものがあるが，実務のおおよその認定基準を挙げれば，①精神分裂病などの大精神病の場合は心神喪失，②外因性の精神病や精神薄弱は，場合によって心神喪失か心神耗弱，③酩酊は，病的酩酊が心神喪失，異常酩酊は心神耗弱，普通酩酊は完全責任能力，④精神病質や神経症は原則として完全責任能力，⑤覚せい剤中毒では，症状の程度によって，完全責任能力か心神耗弱が適用され，心神喪失はほとんど適用されていない，とされている（大谷・総論345頁，詳しくは，島田仁郎＝島田聡一郎・大コンメ3巻374頁以下参照）。

判例としては，後述するてんかんの事例や，クラインフェルター症候群（性染色体異常）の例などがある。後者では，被告人のIQが70で，軽度の精神遅滞に接近した境界域にあり，軽度ながら責任能力の減退があるとの鑑定結果であったが，「知能面において若干劣る面があるとは言えるものの，本件犯行当時，判断能力及び行動制御能力は十分に保たれており，完全責任能力を有していた」として，被告人に無期懲役刑が科された（長野地飯田支判平成14・10・8判タ1113号289頁）。

展開質問1

1. 重篤な精神障害が認められれば，無条件に心神喪失とすべきであるとする見解があるが，これについてどう思うか。
2. 制御能力の判断は難しいので，弁別（認識）能力のみで責任能力を判断すべきであるとするマクノートン・ルールについて検討せよ。
3. 抑止刑論・実質的責任論を採用した場合，弁識・制御能力は欠けるが，刑罰適応性があるときに，責任能力は認められるか。
4. 「裁判官は，国民一般の規範意識を基礎に刑事政策的視点をも含めて責任能力を判定せざるを得ない」（前田・総論268頁）という見解を検討せよ。

2 覚せい剤自己使用事犯と責任能力

設例Ⅱ 幻覚妄想放火未遂事件
　被告人Xは，放火未遂を犯し，さらに数日後に建造物侵入および器物損壊を犯した。この事件については精神鑑定が実施され，Xは，犯行時，覚せい剤精神病による幻覚妄想状態にあり，犯行はその病的体験に支配されて行われたのであって，責任無能力であったとの結果が出された。Xは，これらの犯行の数日後に，覚せい剤の自己使用によって逮捕された。【大阪地判平成11年1月12日判タ1025号295頁参照［セレクト'00刑法2事件］】

入口の質問
1. 覚せい剤中毒と統合失調症との病状の違いは何か。
2. 覚せい剤等の薬物犯罪の実態はどうなっているのか。犯罪白書や警察白書を参考にして明らかにせよ。
3. 責任能力は責任の要素か前提かという争いについて説明せよ。また，違法性の意識の可能性および期待可能性と責任能力との関係はどうか。
4. 放火については責任能力はないが，覚せい剤の自己使用については責任能力があることを認めるとすれば，部分的責任能力は承認されるのか。

設例Ⅱ解題 責任能力判断の具体的あり方——覚せい剤自己使用の場合

(1) 判　例

　設例のような事件について，裁判所は，放火未遂などに関しては責任無能力を認めたが，覚せい剤の自己使用については，以下のように述べて，完全責任能力を認めた。すなわち，「関係各証拠によれば，被告人には，その判断や行為に著しい影響を与えるような知能の障害は存在せず，本件当時の追想は連続的に可能であり，一貫性のあることから本件犯行当時意識障害の存在した可能性はなく，脳の器質的障害や身体的異常が精神状態に影響を与えている可能性はないことが認められるところ，被告人には，覚せい剤取締法違反の実刑前科が3件あり，被告人自身，覚せい剤の違法性については十分に自覚しているところであって，本件犯行当時も覚せい剤を使用してはならないこと，これが許されないことは十分に認識していたものであ［る］」として，心神喪失もしくは心神耗弱の状態になかったという結論を導いている。

　覚せい剤事件について，判例は，幻覚・妄想が全人格を支配していたかどうかを基準として責任能力の有無・程度を判断しているとされているが，心神喪失を認定された事例は稀であり，行為が了解可能である場合には完全責任能力が認められている（青木・後掲③121頁以下，詳しくは，島田仁郎＝島田聡一郎・大コンメ3巻403頁以下

参照）。心神耗弱の例としては，覚せい剤中毒による幻覚症状態にあったので責任無能力とする正式鑑定を参照したうえで，「本件犯行は，……心身の疲労のもとで生じたこのような被告人の本来の性格の現れとして理解できる面も多いように思われ，妄想幻覚に支配された平素とは全く異なる錯乱状態における行動とは認められない」として，心神耗弱を認定したものがある（東京高判昭和59・11・27判時1158号249頁）。

(2) **覚せい剤の自己使用，部分的責任能力**

覚せい剤中毒の責任能力に関しては，①幻覚症状態は真の中毒性精神状態であり，心神喪失とすべきであるとする見解に対して，②覚せい剤中毒の場合には，幻覚や妄想が統合失調症のものと異なっているし，また，人格の核心が冒されることがないため，全人格が病的変化の力に支配されていないので，責任能力を否定するのは正当でないとする立場がある（福島・後掲④140頁以下）。前述のように，判例は②説の立場を採用していると考えられるが，これに対しては，このような立場の「安易な一般化は危険であり，あくまでも，具体的事案に沿った，したがって，当該被告人に対する鑑定の示す精神状態を尊重した個別的な判断が強く要請されているというべきなのである」という指摘がある（青木・後掲③144頁）。

責任能力は，故意・過失，違法性の意識の可能性，期待可能性とは別個の責任要素であると解する責任要素説（林・総論328頁）と，個々の行為についての能力の前提となる一般的な人格的能力であるとする責任前提説（大谷・総論338頁）とが対立している。具体的な帰結の違いがもたらされるのは，部分的責任能力についてである。例えば，好訴妄想を有する者について，虚偽告訴については責任無能力であるが，妄想と無関係の窃盗に関しては責任能力を認めるという解決が妥当かどうかである。責任要素説によれば，このような判断が認められるのに対して，責任前提説では，これが否定されることになろう。また，責任要素説の立場では，故意・過失を認定した後に責任能力の有無・程度が判断されるのに対して，責任前提説では，故意・過失に先立って責任能力が判断されるとされているが，故意・過失の体系的位置づけの問題もあるので，責任前提説を採用する場合の結論は，論者によって異なっている（堀内・総論202頁，山中・総論Ⅱ563頁）。ただし，責任前提説の立場では，責任無能力と判定されれば，違法性の意識や期待可能性については判断する必要がないということになろう（大谷・総論338頁）。

展開質問2

1. 刑事責任能力について，主体と可能性とを分けて判断する見解がある（安田・後掲⑤34頁）。この説によれば，主体とは，違法性を認識し，その認識に従って行為を思いとどまることに関わる精神的機能のことであり，これが完全に損なわれていれば心神喪失となり，そうでない場合には，認識・制御の可能性を検討することになる。この考え方は妥当か。また，この見解によると，覚せい剤中毒関連犯罪と部分的責任能力はどのように説明されるのか。
2. 性犯罪と部分的責任能力について検討せよ。
3. 現在の覚せい剤中毒者はどのような治療を受けているのか。また，現在の刑事施設における処遇は適切か。
4. 薬物犯罪の防止対策について考えよ。同時に，犯罪の国際化や暴力団犯罪についても調べることが望ましい。

3 原因において自由な行為

> **設例Ⅲ** 連続9時間暴行ショック死事件
> 被告人Xは，午前11時頃から酒を飲み始めたところ，簡易保険の生存剰余金の取扱いに関して，妻Aと口論になった。その後も口論は続き，午後2時頃に，飲酒を継続していたXはAに対して暴行を加えた。それでもAが引き下がらないので，午後11時頃までの間，Xは，腹立ちまぎれに飲酒を続けながら，数次にわたって暴行を加え，その結果，傷害に基づく外傷性ショックにより，Aを死亡させた。【長崎地判平成4年1月14日判時1415号142頁，判タ795号266頁［百選Ⅰ総論32事件］参照】

> **入口の質問**
> 1．「責任と行為の同時存在の原則」とは何か。
> 2．「原因において自由な行為」の理論を説明せよ。また，故意犯と過失犯とで違いは生じるのか。さらに，心神喪失の場合と心神耗弱の場合との違いについても検討せよ。
> 3．原因において自由な行為の場合，実行の着手はどの時点で認められるか。
> 4．実行行為の途中で心神喪失に陥った場合，加害行為によって心神喪失に陥ったときは，因果関係の錯誤であるとする見解がある（山口・総論227頁）。因果関係の錯誤と原因において自由な行為の関係を考えよ。

設例Ⅲ解題 原因において自由な行為──実行行為途中に心神耗弱状態に陥った場合

(1) 判 例

最大判昭和26・1・17刑集5巻1号20頁（百選Ⅰ総論33事件）は，飲酒酩酊して人を殺した場合に，以下のように述べて，過失犯の成立を認めた。「本件被告人の如く，多量に飲酒するときは病的酩酊に陥り，因つて心神喪失の状態において他人に犯罪の害悪を及ぼす危険ある素質を有する者は居常右心神喪失の原因となる飲酒を抑止又は制限する等前示危険の発生を未然に防止するよう注意する義務あるものといわねばならない」。

他方，原因において自由な行為の法理を適用して故意犯の成立が認められた事例はほとんど見られない。薬物中毒や飲酒運転など，心神喪失ないしは耗弱に陥ること自体を処罰するもの（最一小決昭和28・12・24刑集7巻13号2646頁，最三小決昭和43・2・27刑集22巻2号67頁など）を除けば，故意犯の成立を認めたものは数例を数えるのみである。例えば，薬物を注射した後で妄想を起こし，心神喪失状態で姉を刺殺した場合に，「薬物注射をすれば精神異常を招来して幻覚妄想を起し或は他人に暴行を加へることがあるかも知れないことを予想しながら敢て之を容認して薬物注射を為した時は，暴行の未必の故意が成立する」として，傷害致死罪とされた例（名古屋高判昭和31・4・19高刑集9巻5号411頁［百選

I総論〈2版〉44事件]）や，飲酒酩酊すれば暴行・傷害を加えることのある者に対して，「被告人自身も自己がかかる酒癖を有することを知悉していたことが認められるので，……当然に飲酒を慎むべきであり，……その犯行の結果はその飲酒に当り被告人が当然予見していたというべ」きであるとして，心神耗弱を認めず，傷害罪の成立を認めた事例（長崎地裁大村支判昭和43・11・5判タ232号231頁），病的酩酊状態で凶器を持ち出し，タクシー強盗未遂を行った者に対して，強盗の成立は否定したが，「被告人は……飲酒を重ねるときは異常酩酊に陥り，少なくとも減低[限定]責任能力の状態において他人に暴行脅迫を加えるかもしれないことを認識予見しながら，あえて飲酒を続けた」として，暴行脅迫の未必の故意を認定し，暴力行為等処罰法1条の示凶器暴行罪の成立を認めた例がある（大阪地判昭和51・3・4判時822号109頁［百選I総論34事件］）。

設例Ⅲのように犯行の途中で心神喪失・耗弱状態が生じた可能性のある事件について，裁判所は，「本件は，同一の機会に同一の意思の発動にでたもので，実行行為は継続的あるいは断続的に行われたものであるところ，被告人は，心神耗弱下において犯行を開始したのではなく，犯行開始時において責任能力に問題はなかったが，犯行を開始した後に更に自ら飲酒を継続したために，その実行行為の途中において複雑酩酊となり心神耗弱の状態に陥ったにすぎないものであるから，このような場合に，右事情を量刑上斟酌すべきことは格別，被告人に対し非難可能性の減弱を認め，その刑を必要的に減軽すべき実質的根拠があるとは言いがたい。そうすると，刑法39条2項を適用すべきでない」とした。

その他の判例としては，①「犯罪の実行を開始した時に責任能力に欠けるところがない以上，その実行行為の途中において心神耗弱の状態に陥ったとしても，刑法39条2項を適用すべきものではない」としたもの（東京地判昭和53・11・6判時913号123頁）や，②「被告人はその責任能力に特段の減弱のない状態において既に未必的殺意をもって積極的に重大な加害行為に及んだものであって，以後の実行行為は右殺意のおのずからなる継続発展」とし，被告人の行為の反復継続性と自招性に着目して完全責任能力を認めた例（東京高判昭和54・5・15判時937号123頁），③「被告人の錯乱状態は，被告人自らの飲酒及びそれに先き立つ暴行等の行動によって招かれたものであり，……被告人の暴行は，その全部を一体として評価すべきであ」るとして，完全責任能力を認めた事例（大阪地判昭和58・3・18判時1086号158頁），④被告人の行動は一連のものであり，「［てんかんの］発作中の行為がその直前の被告人の意思に従ったものである以上，被告人は自己の行為を認識して善悪の判断をしそれに従って行動する能力を有しつつ実行したものといえ［る］」ことを理由に完全責任能力を認めた例がある（東京地判平成9・7・15判時1641号156頁［セレクト'98刑法2事件］）。

(2) **原因において自由な行為**

設例Ⅲのような事案に関しては，因果関係の錯誤によって処理することも考えられるが，我が国では，一般に，原因において自由な行為の理論によって解決されている。

犯罪の責任を問うためには，犯罪行為時に行為者に責任能力が備わっていることが要求される。これを行為と責任の同時存在の原則という。原因において自由な行為の法理は，結果行為の時には責任能力がないが，その原因行為は自由な意思決定に基づいて行われたのであるから，結果行為の責任を問うことができるとするものである。学説としては，①自己の心神喪失状態を道具として利用すると考える間接正犯類似説と，②原因行為時の意思決定が結果行為において実現している場合とする説，③原因行為と結果行為との間に因果・責任の連関が認められるときとする説が対立している。①説に対しては，故意の作為犯の場合や心神耗弱状態を利用する場合に，原因において自由な行為が認められないこととなるために，妥当ではないという批判

がある。②説と③説は結論において異なるところは大きくないと思われるが、アプローチの違いが認められる。②説は、原因行為時における意思と結果行為における意思との間の意思の連続性を重視する（大谷・総論349頁）のに対して、③説は、結果から出発して、それとつながっている行為を原因行為として捉え、その行為時の責任能力の有無を問題にするのである（山口・総論221頁以下）。

さらに、結果惹起の認識・予見と心神喪失・耗弱状態惹起の認識・予見を要求する「二重の故意論」がある。これによれば、設例Ⅲのような事案は、「前半部分の暴行と致死の因果関係は認定されていないのであるから、……後半部分が限定責任能力の状態でなされたのであるならば、暴行又は傷害と限定責任能力下の傷害致死の包括一罪」（林・後掲①203頁、山口・総論224、227頁参照）ということになる。この見解に対しては、自由な意思決定に基づいて、その実現として結果行為が行われた以上は、完全な責任を問うべきだとする批判がある。

設例のような事案については、上に見たとおり、判例では完全責任能力が認められている。その理由は行為態様の同一性と継続性であるが、その判断に関しては、「犯行の動機、行為者と被害者との関係、計画性の有無、行為態様の比較、行為者が意識障害を生じていた時間の長短、犯行後の状況等の諸事情」に基づいて行われるべきであるとされている（八澤・後掲⑥29頁、前田・百選Ⅰ総論66頁参照）。

(3) 限定責任能力と原因において自由な行為

この問題に関して、①説は、心神耗弱者は翻意する可能性があるので単なる道具とはなりえないとして、この場合に原因において自由な行為は認められないという結論を導いている（団藤・総論163頁）。しかし、間接正犯類似説をとりながら、この場合に原因において自由な行為を認める見解も存在する。「心神耗弱状態における行為は、明らかに原因行為に規定されて道具的に利用されていると評価しうる」（大塚・総論162頁）からである。これに対して、②および③説は、原因において自由な行為を認め、完全な責任を問うことができるとしている。また、改正刑法草案も、「みずから招いた精神の障害」として、このことを承認している。「①故意に、みずから精神の障害を招いて罪となるべき事実を生ぜしめた者には、前条の規定（＝責任無能力）をを適用しない。②過失により、みずから精神の障害を招いて罪となるべき事実を生ぜしめた者についても、前項と同じである」（17条）。

(4) 継続犯と責任能力

継続犯の実行行為の途中に心神喪失ないし心神耗弱になった場合に責任能力は認められるか、という問題について、判例はこれを肯定している。例えば、覚せい剤慢性中毒者であった被告人が、覚せい剤を所持・使用した後に錯乱状態に陥り、ＪＲ駅構内で暴れていたために、警官に保護され、上記犯罪が発覚し逮捕された、という事案に関して、裁判所は、「覚せい剤の所持は、いわゆる継続犯であって、……法的評価としてはその所持が続いていると認められる限り、全体にわたって考慮することを要するものと考えられる」として、完全責任能力を認めた（東京高判平成6・7・12判時1518号148頁［セレクト'95刑法3事件］）。また、連日にわたって多量の飲酒を続けていた被告人が、反復して使用する意思の下に覚せい剤を譲り受けて使用していたところ、使用から4日後に警察に保護されたときには心神耗弱状態にあったという事案については、「被告人は反復して覚せい剤を使用する意思のもとに、……（覚せい剤を）譲り受けて注射したのであって、……譲り受け及び当初の使用時には責任能力が認められるから、実行行為のときに覚せい剤等の影響で少なくとも心神耗弱状態にあっても、被告人に対して刑法39条を適用すべきでない……責任能力があった当時の犯意が継続実現されたものといえる」として刑法39条2項の適用を否定した（大阪高判昭和56・9・30判時1028号132頁［昭和57年度重判解刑法4事件］）。

これらの事例は、いずれも覚せい剤に関連す

展開質問 3

1. 設例Ⅲについて,「実行の最中常に完全な責任能力がなくても, 結果について完全な責任非難が可能である旨を明らかにしたに過ぎない」という指摘 (前田・総論276頁) があるが, これについて検討せよ。
2. 実行行為の開始時点で責任能力が存在すれば, 実行行為の途中で心神喪失ないしは耗弱に陥ったときには, 未遂の成立には疑いがなく, これを越えて既遂が認められるかどうかだけが問題であるとして, 原因において自由な行為の問題ではないとする見解 (中森・後掲⑦225頁) は妥当か。
3. 実行行為の途中での心神喪失・耗弱に関しては,「障害状態の招致を待つまでもなく原因行為の正犯性が認められる」場合を「非本来的な原因において自由な行為」とする見解がある (町野・後掲⑧363頁)。その目的と効果を考えよ。
4. 原因において自由な行為の理論を全面的に否定する見解 (浅田・後掲⑨105頁以下参照) について検討せよ。
5. 継続犯について責任能力が認められるとすれば, その根拠は何か。逆に, 否定されるとしたら, その論拠はどうなるか。

出口の質問

1. 簡易鑑定によって不起訴とされた者が無罪を主張している場合はどうなるか。
2. 統合失調症の軽症化に伴って, 弁識能力ではなく制御能力の欠ける場合が増加していると言われている。犯罪を犯した精神障害者の中には, 自己の犯した行為はわかっているのであるから, 贖罪のために刑に服したいという希望を表明する者がいるが, これは叶えられるか。
3. 判例 (最三小決平成7・2・28刑集49巻2号481頁) は, 訴訟能力について,「刑訴法314条1項にいう『心神喪失の状態』とは, 訴訟能力, すなわち, 被告人としての重要な利害を弁別し, それに従って相当な防御をすることのできる能力を欠く状態をいう」としているが, 責任能力と訴訟能力の違いを説明せよ。また, 被告人に訴訟能力がないとして公判手続を停止した場合, その後も訴訟能力が回復しないときは, どうなるか。
4. 心神喪失者等医療観察法が2003年に成立した。この法律は, 重大な犯罪 (放火, 強制わいせつ, 強姦, 殺人, 同意殺人, 傷害, 強盗, 事後強盗) を犯して心神喪失または心神耗弱とされた者を対象とし,「対象行為を行った際の精神障害を改善し, これに伴って同様の行為を行うことなく, 社会に復帰することを促進するため, 入院させてこの法律による医療を受けさせる必要があると認める場合」に, 強制入院ないしは通院によって専門的な治療を施すというものである。この法律によって, 従来の責任能力概念に変化は生じるか。
5. 重篤な人格障害の場合に責任能力は認められるか。また, 責任能力が認められるとしたら, どのような処遇が適切か。
6. 裁判員制度が採用されたときに, 連続幼女誘拐殺人のような事件で死刑は言い渡されるだろうか。
7. 犯罪を犯した精神障害者の処遇について, 現状を調べたうえで, 今後の課題を考えよ。

参考文献

① 林美月子「責任能力と法律判断」松尾浩也先生古稀祝賀論文集（上）（有斐閣，1998）309頁

② 町野朔「『精神障害』と刑事責任能力：再考・再論」内田文昭先生古稀祝賀論文集（青林書院，2002）141頁

③ 青木紀博「覚せい剤中毒と刑事責任能力——判例の動向をめぐって——」京都産業大学論集27巻1号（1996）107頁

④ 福島章・精神鑑定（有斐閣，1985）．また，同「覚醒剤関連精神障害」風祭元＝山下皓編・司法精神医学・精神鑑定（臨床精神医学講座19巻）（中山書店，1998）178頁参照

⑤ 安田拓人「刑事責任能力の判断基準について」現代刑事法36号（2002）34頁

⑥ 八澤健三郎「てんかん行為のため意識がない状態で傷害の実行行為に及んだ旨の主張に対し，完全責任能力が認められるとしてこれを排斥した事例」研修611号（1999）23頁

⑦ 中森喜彦「実行開始後の責任能力の低下」中山研一先生古稀祝賀論文集3巻（成文堂，1997）219頁

⑧ 町野朔「『原因において自由な行為』の整理・整頓」松尾浩也先生古稀祝賀論文集（上）（有斐閣，1998）339頁

⑨ 浅田和茂・刑事責任能力の研究（下）（成文堂，1999）．また，同「原因において自由な行為——全面否定説の展開——」現代刑事法20号（2000）42頁参照

（川本哲郎）

9 未遂犯

論 点
1. 実行の着手
2. 既遂と未遂
3. 中止犯

1 実行の着手

設例 I ダンプカー引きずり込み事件

Xは，夜間ダンプカーに友人Yを同乗させ，女性を物色して情交を結ぼうという目的で徘徊走行中に，ひとりで通行中のA女に「車に乗せてやろう」などの声をかけたが相手にされなかったので，いらだったYが下車してA女を背後から抱きすくめてダンプカーの助手席まで連行してきたところ，Yと強姦の意思を通じて必死に抵抗するA女を運転席に引きずり込み，ダンプカーを発進させて5キロ離れた工事現場に至り，同所において運転席内でA女の反抗を抑圧してX，Yの順で姦淫したが，A女を運転席内に引きずり込む際の暴行によりA女に全治10日間の傷害を負わせた。【最三小決昭和45年7月28日刑集24巻7号585頁［百選I総論63事件］参照】

入口の質問
1. XはYとともに強姦致傷罪（刑181）の共同正犯として起訴された。強姦致傷罪はどのような場合に成立するのか。
2. 弁護人はXの行為は強姦罪と傷害罪の併合罪（刑177・204・45前）にあたると主張したが，この点についてどのように考えるのか。また，傷害の概念とは一般にどのように理解されているか。
3. 本件において，強姦致傷罪一罪が成立するのか，強姦罪と傷害罪とが成立するのかを分けるのはどの部分の判断にかかるのか。
4. A女をダンプカーの運転席に引きずり込み姦淫の場所まで連行した行為は監禁罪（刑220）を構成するか。また，監禁罪を構成した場合，強姦致傷罪との罪数関係はどうか。

設例 I 解題 強姦罪における実行の着手

(1) 判 例
最高裁は，設例Iのような事実関係のもとにおいては，XがA女をダンプカーの運転席に引きずり込もうとした段階において既に強姦に至

る客観的な危険性が明らかに認められるから、その時点において強姦行為の実行の着手があったと解するのが相当である、と判断した。本件では、被告人Xは強姦致傷罪で起訴されたが、まず、強姦致傷罪は、婦女に対する姦淫行為自体によりその婦女に傷害を負わせた場合ばかりでなく、姦淫の手段である暴行によって傷害を負わせた場合にも、成立する（最三小決昭和43・9・17刑集22巻9号862頁）。したがって、Xの行為が強姦致傷罪一罪を構成するのか、それとも、強姦罪と傷害罪とを構成するのかは、Xが共犯者Yと強姦の意思を通じてA女をダンプカーの運転席に引きずり込もうとした行為がすでに強姦の実行に着手したものと判断することができるか否かにかかることになる。最高裁は、この点につき本件の事実関係の下では、積極的に解したといえる。強姦の意思で暴行・脅迫を加えて自動車に女性を引きずり込み、人気のない場所に連行して強姦するという事案では、家屋に侵入して行う強姦や、人気のない場所で女性を襲ってその場で行う強姦とは異なり、最初の暴行・脅迫と姦淫との間に相当の場所的、時間的な間隔があることが多く、この点から、強姦罪の実行の着手をどの段階で認めるのかが問題となる。

(2) 実行の着手と不能犯の関係

未遂犯とは犯罪の実行に着手してこれを遂げなかった場合であるが（刑43本）、未遂犯の処罰根拠について、構成要件的結果を惹起する現実的危険性または法益侵害の客観的危険性とすることに争いはない。ただし、違法性の本質について行為無価値・結果無価値二元論（違法二元論）をとれば、未遂犯の危険性を「行為の危険」と解し、結果無価値一元論をとれば未遂犯の危険性を「結果としての危険」と解することになる。この対立を背景として、実行の着手時期について、前者の立場からは、形式的客観説（団藤・総論355頁）、実質的客観説（実質的行為説、大谷・総論388頁）、折衷説（野村稔・大コンメ4巻80頁）等が主張され、後者の立場からは実質的客観説（結果説、山口・総論233頁）がとられることになる。結果無価値論のいう「結果」には「侵害結果」のみならず「危険結果」が含まれる。ここで注意すべきは、結果無価値論では、既遂犯と未遂犯とは事後判断により判定される客観的結果の発生を必要とする一種の結果犯としてとらえられているという点である。結果無価値論からは、法益侵害の現実的・客観的危険が発生すれば実行の着手は認められるが、そのような危険が発生しない場合には不能犯として不可罰ということになる（客観的危険説）。これに対して、行為の規範違反性を重視する違法二元論の立場からは、規範違反行為すなわち構成要件に該当する行為の開始時点で実行の着手を認めるか（形式的客観説）、実質的に観察して犯罪実現のために重要な行為が行われた時点で実行の着手を認めることになる（実質的客観説）。未遂犯と不能犯との区別については、一般人が行為の時点で危険を感ずる行為が行われれば、たとえ客観的には結果発生の可能性がなくとも未遂犯としての可罰性を肯定できることになる（具体的危険説、井田・後掲①82頁参照）。

(3) 強姦罪の実行の着手

強姦罪について、従来の判例は、手段としての「暴行又は脅迫」を開始した時点で実行の着手を認めていた（最二小判昭和28・3・13刑集7巻3号529頁、仙台高判昭和33・8・27高刑特5巻10号410頁）。通常は、姦淫目的による暴行・脅迫による反抗の抑圧と姦淫が時間的・空間的に密接した状況で行われるので、実行の着手時期の認定にはあまり問題がない。しかし、本件のような自動車を利用した強姦では、自動車に引きずり込む行為から姦淫までに時間的・空間的に相当程度間隔があるので、実行の着手時期の認定は容易ではない。強姦罪の実行の着手があると認定するには、具体的状況の下で被害者が強姦される危険性がどの程度にまで高くなっているのかが重要な要素となり、その危険性を判断するには、外形的・客観的な状況だけではなく、犯人の強姦の犯意の強さ、犯人のもつ強姦の全体

計画の下における暴行・脅迫の占める地位（最終的姦淫行為への接着性）などが考慮されることになる。本件において，最高裁は，強姦の犯意をもって女性を自動車に引きずり込もうとして手をかける行為があれば，強姦の着手を認めるのが相当であるとしているのではない。引きずり込む行為は場所移転のための手段であり，姦淫の直接的手段ではないからである。本件の事実関係の下では，自動車に引きずり込もうとした段階ですでに強姦に至る客観的な危険性が明らかに認められるとして強姦の実行の着手があると判定しうるためには，被害者の女性がその抵抗を抑えられながら自動車に引きずり込まれる相当に高い危険性があることが必要であり，また，女性がいったん自動車に引きずり込まれた場合に容易に車外に脱出できないと予測できる状況が認められなければならない。引きずり込む行為に強姦罪の実行の着手を認めることができるか否かによって，強姦致傷罪一罪となるか，傷害罪と強姦罪の併合罪となるかが分かれることになる。自動車利用の強姦の事例において，下級審裁判例は，本件類似の事案で，被害者を自動車に引きずり込んでいれば，時間的・場所的に，まもなく近くで被害者を姦淫したことはほとんど確実であり，引きずり込む行為に強姦の犯意の遂行性及び遂行の確実性は強度であると認定して，強姦罪の実行の着手を認めたものもあるが（大阪高判昭和38・12・19大阪高検速報39年11号44頁），引きずり込もうとして暴行を加え傷害を負わせたが引きずり込みえなかった事案について，強姦の実行の着手を否定したものもある（京都地判昭和43・11・26判時543号91頁）。最高裁は，本件の事実関係の下では，引きずり込む行為に強姦に至る客観的危険性を認めて，実行の着手を肯定したが，当該行為の状況，暴行の強度等の客観的事実関係の他に，行為者の主観的事情（強姦の犯意の強さ）を重視していることから，単なる客観説ではなく，むしろ折衷説によったものであると見るべきであるとの調査官の解説がある（大久保太郎・最判解刑事篇昭和45年度255頁）。車内で姦淫するという行為者の意思・主観を考慮しつつ，引きずり込む行為は，強姦の直接の手段ではないが，その行為の時点で法益侵害の具体的危険性が生じたと判断したものと考えることもできるので，この意味で，最高裁は実質的客観説の立場から実行の着手を肯定したと評価することは可能であろう。構成要件に該当する行為に直接接続する「直前行為」が行なわれたときには実行の着手を認める形式的客観説の立場からも，結果発生の時間的切迫性及び結果発生の自動性（行為者の犯罪計画に照らして犯行の重要部分を終えたか・障害を乗り越えたか）のどちらかが認められれば実行の着手を肯定できるのであり，本件事案では実行の着手を認めた判断を支持することができる（本件の解説として，松原芳博・百選Ⅰ総論128頁，亀山継夫・大コンメ9巻179頁等を参照）。

> **展開質問1**

1. ラブホテルで姦淫する目的で女性を自動車に引きずり込もうとした場合は，強姦罪の実行に着手したといえるか。実行の着手時期の確定に関して行為者の主観的事情をどの範囲で考慮すればよいのか。「行為者の計画」まで考慮の対象とすべきなのか。自動車内で強姦しようと思っていた場合と，ラブホテルに連れ込んで強姦しようと思っていた場合では，実行の着手時期は変わってくるのか。

2. X, Y, Zは強盗を共謀し，Xが被害者の女性に暴行を加えてかばんを強取したうえで（その際，Xのみは強姦の意思があった。），女性を強姦するために自動車に連れ込もうとして運転席ドアまで引っ張ってきたが，共犯者は協力的ではなく，自動車のドアが開くことはなかった。その際，被害者に加療8日の傷害を負わせた。この場合，Xには強盗強姦未遂罪（刑241前・

243・43本）が成立するか（大阪地判平成15・4・11判タ1126号284頁参照．なお，本件の解説として，石山宏樹「新判例解説」研修667号（2004）33頁がある）．
3. 共犯者の間で強姦の事前共謀がない場合に，引きずり込む時点で強姦の実行の着手を認めることができるか．
4. 強姦の意思をもって姦淫しようとしたが，行為者が性交不能であり失敗に終わったときの罪責はどうなるか．また，客体を女性と誤信したが実は女装した男性であった場合はどうか．

② 既遂と未遂

設例II　二重底木箱大麻密輸入事件

Xは，大麻を輸入してひと儲けしようと考え，仏像を収納した二重底の木箱に大麻草を隠し，A国からXの自宅宛に航空貨物として発送した．この貨物が新東京国際空港に到着した後，情を知らない通関業者が輸入申請をし，税関検査が行われたが，その結果，大麻の隠匿が判明したことから，コントロールド・デリバリーが実施されることになり，税関長の輸入許可の後，捜査当局の監視のもと，配送業者が，捜査当局と打ち合わせのうえ，この貨物を受け取ってX宅に配達し，Xはこれを受け取った．【最一小決平成9年10月30日刑集51巻9号816頁［平成9年度重判解刑法4事件］参照】

入口の質問

1. Xは規制薬物である大麻を輸入したことにつき大麻取締法上の営利目的による大麻輸入罪および税関法上の禁制品輸入罪（関税109I，関税定率21I①）の既遂に該当するとして起訴された．大麻輸入罪と禁制品輸入罪の未遂時期と既遂時期はどのように理解されているのか．
2. 大麻輸入罪と禁制品輸入罪の罪数関係は何か．
3. コントロールド・デリバリーとは何か．
4. コントロールド・デリバリーと禁制品輸入罪の既遂犯の成否をどう考えるか．

設例II解題　コントロールド・デリバリーと既遂の成否

(1) 判例

第1審において，弁護人は，税関検査の段階で税関当局および警察には禁制品輸入の事実が発覚しており，後はいわば捜査の都合によって大麻を保税地域の外に運び出すにすぎないものであって，すでに大麻は被告人Xの支配下にはなく，形式的には保税地域外に出たといっても，これを既遂と評価できないから禁制品輸入罪の未遂にすぎないと主張した．これに対して第1審（千葉地判平成8・3・5刑集51巻9号832頁，判時1586号157頁）は「当該規制薬物は，あくまでも犯人の意図したところに従って保税地域を出て犯人の元に行っているのであり，捜査官は単にこれを監視しているに過ぎないのである．」「十

分な監視体制の下に関税線を通過させ犯人の手に渡したとしても、場合によってはこれが散逸し、犯人によって処分されたり使用されたりすることもないとはいえない。また、捜査官は犯罪がなされていることを認知しており、未遂の段階で止め得たのにこれをしなかった場合には、犯人に既遂の責任を問い得ないというものでもない。」として、既遂の成立を認めた。弁護人は、コントロールド・デリバリーにおいては、犯罪の成立に不可欠な輸入許可行為が捜査当局の関与の下に行われているのであり、捜査官は犯罪が既遂になることについて積極的に力を貸しているのであるから、その後の行為について犯人に責任を問うことはできない、として控訴した。原判決（東京高判平成8・6・24刑集51巻9号843頁、判時1595号146頁）は、コントロールド・デリバリーの制度の趣旨を説明した上で、「コントロールド・デリバリーが実施されると、捜査当局の監視の下、隠匿された規制薬物が関税線を突破することとなるが、これは捜査当局等が法律により許された行動をとった結果であるから、犯罪又は既遂の成否に影響を及ぼすことはなく、また、本件のように配送業者が情を知ったことによって犯人の道具である地位を失うこともないというべきである。したがって、配送業者が税関から貨物を受け取ることをもって関税線が突破され、禁制品輸入罪は既遂に達した」と判示して第1審の判断を肯定した。弁護人は、上告審において、原判決の「配送業者が犯人の道具である地位を失わない」とする見解を批判し、本件では、配送業者は捜査当局の依頼を受けて犯人を検挙するためコントロールド・デリバリーの重要な役割を担っているものであって、法益侵害の見地から犯人の道具とはいえない。本件の場合には禁制品輸入罪は未遂にとどまると主張した。最高裁は、コントロールド・デリバリーの実施で捜査機関の監視の下で通関業者の申告、配送業者による引取り・配送が行われたとしても、運送契約上の義務履行としての性格は失わないのであり、通関業者・配送業者にX

の犯罪実現のための道具性を認め、禁制品輸入罪は既遂に達していると判断した。

大麻取締法上の大麻輸入罪については、税関空港に着陸した航空機から大麻を取りおろすことによって既遂に達するとするのが、確立された判例（最一小決昭和58・12・21刑集37巻10号1878頁）であり、その後のコントロールド・デリバリーの実施により影響を受けることはない。関税法2条の定義では、「輸入」とは、外国から本邦に到達した貨物を本邦に引き取ることをいうとされる。国際宅配貨物については、輸入申告および保税地域からの引取りは通常は業者により行われるので、その貨物に禁制品を隠匿した場合の関税法上の禁製品輸入罪は、事情を知らない業者を利用した間接正犯の形態により犯罪が完成されて既遂に達する（三好幹夫・最判解刑事篇平成9年度240頁）。そこで、本件のように、捜査機関から事情を知らされた業者が捜査協力の一環としてその貨物を保税地域から引き取った場合でも、業者に間接正犯における被利用者としての性格を認めることができるのかが問題となる。

禁制品輸入罪の実行行為として観念できるのは、「申告」と「引取り」であると考えられるが、実行行為の中心的部分は引取り行為にあり、申告行為は従たる行為と理解できるであろう。ただし、保税地域を経由する場合には、そこからの引取りを可能にする申告が重要な意味をもち、仏像についての申告あるいは申告に際して隠匿した禁制品の存在を告知しなかったという一種の不作為が刑法上の評価としては最も重要であり、したがって、本件では申告行為は輸入罪の実行行為と見ることは可能であり、引取り行為を実行行為と見る立場からも申告行為を引取り行為に接着する行為と認めることもできるので、申告行為の時点で実行の着手があると理解できる。これは、自ら禁制品を携行する場合、機内預託手荷物として禁制品を持ち込む場合も同様である（三好幹夫・最判解刑事篇平成9年度241頁参照）。

(2) 間接正犯の実行の着手

配送業者が間接正犯における被利用者としての性格をもちうるかが本件では問題となる（被利用者であるといえれば禁制品輸入罪は既遂に達するが，被利用者でなければ未遂にとどまる）が，間接正犯の実行の着手については議論の対立がある（野村稔・大コンメ4巻43頁，橋本正博・百選Ⅰ総論130頁参照）。学説では，利用者基準説（発送主義，団藤・総論355頁，福田・総論222頁），被利用者基準説（到達主義，山口・総論223頁），個別化説（大谷・総論390頁。なお，他人の故意行為を利用する場合に限って，被利用者の行為の時点で実行の着手を認める見解［井田・後掲①88頁参照］もある。）等が対立しているが，判例は被利用者基準説をとっている。利用者基準説をとれば，利用者Xの誘致行為が実行行為と評価されるのであり，宅配業者の行為は因果的経過にすぎないことになる。この見解では，宅配業者が情を知っているばかりでなく，捜査機関に協力していたとしても，本件において間接正犯性を認めることはさほど困難ではない。しかし，被利用者基準説をとれば，法益侵害が時間的に切迫した時点すなわち被利用者による犯罪的行為の開始時に実行の着手を認めることになり，被利用者の道具性が問題とされる。

(3) 犯罪の既遂と未遂

既遂説と未遂説とを分けるポイントは，宅配業者の運送契約上の義務をどのように理解するかであり，宅配業者が違法な薬物と知ってもその貨物を運送すべきシステムとなっているのか，配送業者が違法な薬物と知っても引き続き運送契約上の義務を負うかという問題の理解にかかっている。通関業者や宅配業者は，国際宅配貨物運送というシステムのなかに組み込まれ，輸入申告，引取り，宅配という行為を担当しており，その運送システムは，警察からの捜査協力にかかわらず，客との運送契約・運送業者間の契約により貨物を宅配すべき義務を負うものとなっており，宅配業者は，警察当局からの協力依頼があったことにより，日常と異なる特段の行為をしたというわけではなく，警察当局の黙認の下に普段のとおりに業務を行っている。また，宅配業者は，貨物を引き取って名宛人に配達するという機械的な業務を反復継続しており，規範的障害としては強いものがないという特殊性も指摘できる。Xは宅配業者の業務を利用することを企て，実際にも企図したとおりに利用したのであるから，Xには引取り行為について間接正犯が成立し，最高裁は禁制品輸入罪の既遂の成立を認めたと理解できるのではなかろうか（三好幹夫・最判解刑事篇平成9年度249頁参照）。なお，本決定には，遠藤光男裁判官の補足意見があり，禁制品輸入罪については未遂にとどまるとする見解を述べている。すなわち，「［本件］事実関係の下においては，配送業者は既に委託者である被告人の道具としての地位を喪失したとみるのが相当である。……配送業者としては，本件荷貨中に大麻が隠匿されていることを告知された以上，捜査当局からの要請がない限り，いかに契約上の履行義務が残置していたとはいえ，これに応じてその引取り及び配送行為に及ぶことはあり得なかったはずである。けだし，右業者としては，その時点において，『情を知らない第三者』としての法的地位を失うばかりでなく，あえてこれを強行したとすれば，業者自体の犯罪責任が問われることになるからである。なお，その反公序性からみても，配送業者が契約上の義務履行を適法に拒絶し得ることはいうまでもない。そうであるとするならば，配送業者による引取り行為は，契約上の義務履行としてなされたとみるべきではなく，専ら捜査手続に協力するためになされたとみるのが相当であるから，右行為の外形に依拠して，右業者の道具性を認定することは困難である」。

犯罪の既遂の成否が争われた下級審の事案として浦和地判平成4・4・24判時1437号151頁（セレクト'93刑法8事件）がある。本件は，被告人Aが開業医らから金員を脅し取ろうとして，B，C，Dに脅迫文書を送付し，あらかじめ架空名義で開設した銀行の普通預金口座に金員を振り

込むよう要求したが，C，Dが警察に通報してこの要求に応じず，Bは50万円を指定された銀行口座に振込送金したが，警察官が事前にこの銀行に連絡指示し，この口座についてキャッシュカードによる預金払戻しができないようにし，窓口での払戻要求に対しても上司への連絡を指示していたことから，結局，被告人は金員の払戻しを受けることができなかったという事案である。検察官の，C，Dとの関係では恐喝未遂であるが，Bとの関係では，指定された銀行口座に金員を振り込ませたことにより恐喝は既遂に達しているとの主張に対して，裁判所は，「金員喝取を企てた犯人が相手方から自らの預金口座に振込入金を得る行為を金員喝取の一態様として認めることを相当とする理由は，通常は，犯人が右入金を得ると同時に，何時でも自由に預金払戻手続によって入金額相当の現金を自らの手にすることができるようになり，したがって，右入金を得ることが，実質的には，相手方から現金の交付を直接受けることと異ならないことにある。」としたうえで，本件では，Bから預金口座に振込入金を得た段階では，実際には預金の払戻しを受けることができない状況にあり，これを現金の交付を直接に受けたと実質的に同視することはできないとして，警察官に発覚したことにより，未遂に終わったと判断した。本件では，預金の払戻しは，警察の関与によって，事実上できない状況にあり，被告人が金員を自由に処分することができる状態におかれたとはいえず，実質的な支配を取得したとはいえない以上，恐喝罪の既遂を認めることができないと判断されたものと考えることができる。

展開質問2

1. 本件において，大麻を隠した荷物を航空貨物便で自宅宛に送ったところ，貨物の仕分け中に誤って他国向けに仕分けられたため，荷物を受け取ることができなかった場合，Xの罪責はどうなるのか。
2. 税関検査で大麻が発見されたので，X宅に配達されなかった場合，Xの罪責はどうなるのか。
3. 本事案では，宅配業者が規制薬物である大麻を引き取っているが，捜査機関が関与した場合，例えば，変装した警察官が宅配業者の中に含まれていた場合や警察官が宅配業者に代わって配送した場合には，間接正犯の成立を認めることができるのか。捜査機関の関与がどの範囲であれば間接正犯を認めることができるのであろうか。
4. 郵便物については，どの時点で輸入があったと解されるのか。また，本事案と同様にコントロールド・デリバリーが実施されて，事情を知らない郵便局員が規制薬物を交付した場合にはどのようになるのか。
5. 実行の着手に関する結果説の立場からは，実行の着手とは段階を画する概念であって，実行行為と実行の着手の分離を認めることになり，間接正犯の実行の着手時期についても被利用者基準説をとることになる。この見解では，いわゆる予備行為にすぎない行為を実行行為ととらえることになるが，果たして妥当か。

③ 中止犯

設例Ⅲ 哀願病院搬送事件

XはY女と不倫の関係にあったが，Xの嫉妬があまりにもひどくY女とXとの関係は次第に悪化していった。Xは深夜Y女を呼び出し自動車に乗せたが車内で口論となった際，Y女を殺害して自らも死のうと考え，鋭利な刃物でY女の左胸部を突き刺したが，Y女が「あなたのことが好きだった」，「病院に連れて行って」等と繰返し哀願するのを聞き，Y女の言動を信じてよいか迷った挙句，このまま死なせるわけにいかないと考えY女を病院に運び，病院の関係者に自分がY女を刺した旨を告げた。その結果，Y女は一命を取りとめた。【札幌高判平成13年5月10日判タ1089号298頁［セレクト'02刑法2事件］参照】

入口の質問

1. 中止犯の場合その刑は必要的に減軽または免除されるが，その根拠についてはどのように考えるべきか。法律説（違法減少説，責任減少説など）と政策説からはどのように説明されるのか。また，刑の免除とはどのようなものか。
2. 共犯関係にある者のひとりが中止した場合どうなるか。共犯関係の解消をどのように考えるのか（第11講 共犯の因果性参照）。
3. 着手未遂か実行未遂かによって中止犯の成否の判断は異なるが，着手未遂と実行未遂との区別についてはどのように判断するのか。また，実行行為の終了時期を検討する場合には，どの時点を基準とするのか。実行行為の開始時か，中止行為が問題となる時点か。
4. 予備罪の中止は認められるか。

設例Ⅲ解題 中止犯の成立要件

(1) 判 例

原判決（函館地判平成12・11・28）は，弁護人の中止未遂の主張に対して，良心の回復または悔悟の念からというよりは，被害者の働きかけによって，被害者が今でも自分を好きであると誤信したために被害者を殺害して自分も死ぬ必要がなくなったのであり，被告人Xは被害者を病院に運んだと認定して，中止未遂の成立を否定した。これに対して，札幌高裁は原判決を破棄自判し，中止未遂の成立を肯定した。被害者が機転を利かせて被告人Xに対して，「あなたのことが好きだった」等被告人の要求に応じ被告人の気を引くような言葉を繰り返したことが被告人の気持ちを揺さぶり，被告人が被害者を病院に運ぶに至った契機になっていることは認められるが，一般的に見て，一旦相手の女性の殺害や無理心中を決意したものが前記のような言葉にたやすく心を動かし犯行の遂行を断念するとは必ずしもいえないし，被告人も被害者の言葉により直ちに犯罪の遂行を断念したわけで

ない。被告人が犯行の遂行を最終的に断念したのは，そのまま直進すれば病院に向かうことになるが右折すれば自宅へ向かうことになる分岐点に至ってであり，それまで迷っていたが，最終的には，被害者を救命することに意を決し，そのまま直進し病院に向けて車を走らせたのである。また，被告人は被害者から被告人が刺したとは口外しないといわれていたが，自分が犯人であることはすぐに判明すると思っていたこと，病院関係者に被害者を刺した旨を自ら申告したことなどを考慮すると，病院に搬送した行為は，被害者からの被告人が刺したとはいわないという言葉に動かされたものではないことは明らかである。被告人は，被害者の被告人が好きだったという言葉などに触発されて心を動かされたものではあるが，苦しい息の中で一生懸命訴え続けている被害者に対する憐憫の気持ちなども加わって，あれこれ迷いつつも，最後には無理心中しようという思いを吹っ切り，被害者の命を助けようと決断したと解されるから，このような事情を総合考慮すれば，被告人は自らの意思で犯行を中止したものと認めるのが相当である，と判断した。被害者が負った傷害は相当に重篤なものであり，そのまま放置すれば死亡するに至るほどのものであったが，被告人がそれ以上の攻撃を行わず，被害者を病院に搬送し，医療措置を可能としたことにより一命をとりとめたと認められるから，殺人については中止未遂が成立すると判断した。

(2) 中止行為

本件の被害者が受けた傷害の程度は相当に重篤（左前胸部の刺創の幅は5センチメートルであるが，肋骨の動脈が損傷し，胸腔内に250ミリリットルの血液が貯留し推定で約750ミリリットルから1000ミリリットルの出血があり，肝臓にも挫滅があって腹腔内血腫も認められた）であり，そのまま放置すれば被害者は死亡するに至ったと認められるので，殺人の実行未遂の段階に達しているということができよう。未遂犯は着手未遂と実行未遂に分けることができるが，着手未遂の場合の中止未遂を着手中止，実行未遂の場合の中止未遂を実行中止という。着手中止の場合には，以後の行為の続行を中止すればよいが（不作為で足りる），実行中止の場合には，結果の発生を積極的に防止するという作為が必要となる。ただし，中止行為は常に行為者自身が行わなければならないわけではなく，他人の手を借りてもよいが，その場合には犯人自身が防止行為を行ったと同視できるものである必要があるとされる。したがって，この事例において中止未遂を認めるためには，行為者が積極的に結果発生を防止する行為を行うことが必要となるが，Xが被害者Y女を自己の車で病院に搬送して直ちに医療措置のとれる状態に置いたことによって被害者は一命をとりとめたと認められるから（犯人は自分が刺したことも認めており），Xの行為は積極的な結果防止行為（中止行為）に該当すると判断されたと考えることができる（真摯性の要件に関する判例として，大阪高判昭和44・10・17判タ249号290頁［百選Ⅰ総論70事件］，城下裕二・百選Ⅰ総論142頁を参照）。次に，中止犯の成立には，中止行為が任意になされること（中止の任意性）の要件が必要であるが，本件ではこの「任意性」の要件を認めることができるか，「自己の意思による」中止行為と認定できるか，が争点であり，この点において原審と控訴審との判断が分かれたと考えられる。

(3) 中止の任意性

中止の任意性については，外部的影響を受けずもっぱら内部的動機に従って中止した場合に任意性を認める主観説，広義の後悔などの倫理的な動機に基づく場合に任意性を認める限定主観説，一般の経験上，意思に対して強制的影響を与えたか否かで任意性を判断する客観説（前田・総論167頁），外部的事情が行為者の動機に与えた影響を具体的に検討して，外部的影響にもかかわらず自発的意思に基づいて中止した場合には任意性を認める折衷説（大谷・総論410頁。一般人の立場から見て，「やろうと思えばやれる」場合が任意の中止であり，「やろうと思ってもやれな

った」場合が障害未遂となり，いわゆるフランクの公式と同一の基準となる。なお，フランクの公式を主観説として分類する見解も多い。堀内・総論237頁，山口・総論247頁等参照），中止の動機が行為者にとって不合理であることを要求する不合理決断説（山中・総論Ⅱ728頁）などが主張されている。判例は，中止犯を否定する場合には客観説の基準をとり（最二小判昭和24・7・9刑集3巻8号1174頁，最三小決昭和32・9・10刑集11巻9号2202頁［百選Ⅰ総論〈2版〉69事件］)，中止犯を認める場合には後悔，悔悟，憐憫の情等の限定主観説的基準をとっている場合が多い（判例については，金澤真理・百選Ⅰ総論138頁，野村稔・大コンメ4巻129頁以下，清水一成「中止未遂に関する近時の判例の動向」後掲⑦47頁参照）。強姦の実行に着手したが，被害者の「やめて下さい」との哀願によって中止した場合に，「一旦犯罪の実行に着手した犯人が，犯罪遂行の実質的障害となる事情に遭遇したわけではなく，通常であればこれを継続して所期の目的を達したであろうと考えられる場合において，犯人が，被害者の態度に触発されたとはいえ，自己の意思で中止したときは」中止犯の成立を認めた事例もある（浦和地判平成4・2・27判タ795号263頁，判例総論349頁，なお，大阪地判平成9・6・18判時1610号155頁［セレクト'97刑法7事件］も参照)。本件においては，被害者が延命嘆願をしたことを契機に被告人は犯行を中止しているが，被害者が命乞いをしたことが一般的に無理心中を決意した者の心を動かしたとはいえないとし，被害者の言動が被告人の内心にどのような影響を与えたのかを判断し，被害者の命乞いなどの言動の影響はあったものの犯行を中断して被害者の命を救おうと病院に搬送したことは被告人の自由意思によるものと判断していることから考えると，折衷説あるいは客観説の立場に立っていると理解できる。ただし，懸命に命乞いをする被害者に対する憐憫の情なども判断の対象とされていることから，補充的に限定主観説的な配慮もなされているということもできなくはない（なお，本件の評釈として和田俊憲・セレクト'02刑法30頁を参照)。

中止犯の構造を考えた場合，中止行為をしたことによってそれまでに実行された犯罪行為の違法性・責任の評価が何ゆえ事後的に遡って変化するのかということを説明することが重要となる。責任減少説，違法減少説に対しては，それぞれ，中止犯の構造を十分に説明しえないという問題が指摘されている。政策説が主張される理由もこのあたりにあると思われるが，政策説の限界は，中止犯が成立した場合に，刑を免除するのか，刑を減軽するのかという実質的な基準を提示できない，換言すれば，中止行為の可罰的評価を明らかにできないところにある（学説の状況については，野村稔・大コンメ4巻117頁以下参照)。中止犯が「マイナス犯罪」であるとすれば，中止犯を肯定するためには，違法減少と責任減少の両方の要件が充足されなければならないことになる。すなわち，中止行為および結果の不発生という違法減少の要件と任意性という責任減少の要件が必要となる（違法・責任減少説については，井田・後掲③98頁を参照)。違法・責任減少説だけではなく，責任減少説に立っても，「自己の意思により」という任意性の要件は責任減少の要件であるということになる。ただし，「自己の意思により」という文言には広義の後悔という倫理的な動機は求められておらず，このような要件を要求することは文言の範囲を超えているといえるであろう。また，自己の意思によるかどうかという判断に，行為者の意思を考慮に入れないことの妥当性も問題となる。このように考えれば，外部的影響が行為者の内部的動機にどのような影響を与えたのかを具体的に検討することが重要となり，外部的事情が内部的動機に与えた影響が物理的障害であったのかなかったのかに応じて，任意性の判断が分かれることになろう。

展開質問 3

1. 原判決と控訴審判決において，中止犯の成否について結論が分かれたのはどの部分の判断にかかるのか。また，行為者が被害者を病院に搬送した後で，病院の関係者に自分が刺したと申告していることはどのような影響をもつと考えられるのか。
2. 被害者が命乞いをしたために行為者が犯行を中止したが，被害者がかわいそうになったと同時に，犯行の発覚を恐れたからというときには，任意性は認められるのか。
3. Xは被害者を病院に搬送して治療を受けさせたために，被害者は一命を取りとめた。医師の手を借りて死の結果発生が回避された場合に，中止行為は認められるか。
4. 医師の治療にもかかわらず被害者が死亡してしまったときには，中止犯の成立を認めることができるか。結果の不発生と中止行為との間に因果関係は必要であるのか。
5. 被害者の受けた傷害の程度がそれほど重篤なものではなく軽微なものであった場合，中止犯が成立するにはどのような要件が必要となるのか。

出口の質問

1. 未遂犯の危険とはどのような概念を意味するのか。具体的危険犯だけではなく抽象的危険犯の未遂も処罰されていることを考慮すれば，未遂犯の危険とは「結果発生の危険性」ではなく，「既遂到達の危険性」と考えるべきではないか。
2. 法益の保護をより徹底するとすれば，犯罪処罰の早期化を考えることになるが，すべての犯罪について未遂処罰を一般化することについてどのように考えればよいのか。

参考文献

① 井田良「未遂犯と実行の着手」現代刑事法20号（2000）82頁
② 同「不能犯と危険概念」現代刑事法23号（2001）100頁
③ 同「中止犯」現代刑事法25号（2001）95頁
④ 福吉貞人「間接正犯における実行の着手時期」大塚仁＝佐藤文哉編・新実例刑法［総論］（青林書院，2001）264頁
⑤ 山口厚＝井田良＝佐伯仁志・理論刑法学の最前線（岩波書店，2001）
⑥ 「特集 未遂・不能犯論」現代刑事法17号（2000）29頁
⑦ 「特集 中止犯論の現在」現代刑事法45号（2003）29頁

（末道康之）

10 正犯と共犯

論点
1. 共謀共同正犯
2. 間接正犯
3. 過失の共同正犯

1 共謀共同正犯

設例Ⅰ スワットけん銃所持事件

　Xは，大阪の暴力団A組組長兼B組若頭補佐として3100名余の組員を従えていた。A組には，スワットと称される銃器で武装したX専属の護衛が複数名存在し，Xに指示されることなくその意向を酌んで，自分の器量で自分が責任を取れるやり方で警護の役を果たすことになっていた。

　某日，Xが上京した際，スワット3名等が5台の車を用意してXを羽田空港に出迎え，Xを乗せた車を護衛しながら車列を組んで都内を移動した。しかし，内偵捜査を進めていた警察の検問によって停車させられて車内の捜索を受け，X車のすぐ後方の車内から拳銃3丁が発見，押収され，先に隊列を離れていた車のスワット等が事態を察知して投棄した拳銃2丁も間もなく警察官によって発見された。【最一小決平成15年5月1日刑集57巻5号507頁［セレクト'03刑法3事件］参照】

入口の質問

1. Xはけん銃加重所持罪（銃刀3Ⅰ，31の3Ⅰ・Ⅱ）で起訴された。同罪における「所持」はどのように理解されているか。
2. 共同正犯においては一部実行全部責任の原則が妥当し，共同して実現された全体について全員が正犯としての責任を負う。これはどのような根拠に基づくか。
3. 共謀共同正犯の根拠付け，対象となる犯罪についての判例の流れはどのようなものであったか。大判大正11・4・18刑集1巻233頁，大聯判昭和11・5・28刑集15巻715頁，最大判昭和33・5・28刑集12巻8号1718頁（百選Ⅰ総論73事件），最一小決昭和57・7・16刑集36巻6号695頁等の判例を参照して検討せよ。

設例Ⅰ解題 共謀共同正犯の成立要件

(1) 判例

　最高裁判所は次のように説いて，Xに本件けん銃等の所持につき，スワットらとの間に共謀共同正犯が成立すると認めた。すなわち，Xが

「スワットらに対してけん銃等を携行して警護するように直接指示を下さなくても、スワットらが自発的に被告人［X］を警護するために本件けん銃等を所持していることを確定的に認識しながら、それを当然のこととして受け入れて認容していたものであり、そのことをスワットらも承知していた」という「事実関係によれば、被告人とスワットらとの間にけん銃等の所持につき黙示的に意思の連絡があったといえる。そして、スワットらは被告人の警護のために本件けん銃等を所持しながら終始被告人の近辺にいて被告人と行動を共にしていたものであり、彼らを指揮命令する権限を有する被告人の地位と彼らによって警護を受けるという被告人の立場を併せ考えれば、実質的には、正に被告人がスワットらに本件けん銃等を所持させていたと評し得るのである。」と。

共同正犯における共同実行の意思とは、共同して犯罪を行うことについての意思の連絡をいい、明示的たると黙示的たるとを問わない。本件のけん銃等所持については、Xとスワットらの間に指示や謀議は認められなかったため、黙示の共謀が問題となる。最高裁は、Xがスワットらのけん銃所持を認識認容していたこと、およびそのことをスワットらが承知していたという──「組織の中で徐々に醸成され」た（深澤武久裁判官補足意見）──相互認識に基づき、これを認めた。Xがスワットらと現場で行動をともにしていたことも、かかる意思連絡を強固にする事情として援用されていると考えられる（同上参照）。

XがA組組長としての「圧倒的に優位な支配的立場」（同上）に基づきスワットらを指揮命令する地位にあった点への言及は、前掲最大判昭和33・5・28同様、共謀共同正犯を間接正犯類似のものと捉える立場と親近性を有する。他方で、Xがスワットらによって警護を受けており、「自己の身辺の安全が確保されるという直接的な利益を得ていた」（同上）ことは、正犯意思を正犯性の基準とする主観説の立場に立って、け

ん銃所持がXにとって「自己の犯罪」であることをいおうとしたものであろう。

(2) 共謀共同正犯の理論

今日なお、個人責任の原則を徹底すべきこと、実行担当者のみを正犯とすることによってのみ正犯と共犯が明確に区別できることを強調する共謀共同正犯否定説が根強く主張されている（曽根・総論282頁、浅田・後掲③80頁、山中・総論Ⅱ825頁、松宮・総論256頁）。しかしこれに対しては、処罰の妥当性が確保できない、実行行為を正犯性の基準にすれば間接正犯の説明に窮する、等の批判がある。大審院以来の判例は共謀共同正犯を肯定しており、学説でも肯定説が多数を占める。その根拠として、超個人的な共同意思主体の責任を問う共同意思主体説がかつて主張されていたが、行為主体と責任主体の分離を認めるのは不当である、共謀に関与した者がすべて共謀共同正犯とされてしまう等と論議され、今日ではほぼ姿を消した。これに代わって、共謀者が実行者を心理的に拘束して利用・支配した点に着目する間接正犯類似説（藤木・総論284頁）、行為支配説（平場・総論157頁）が台頭したが、対等な立場で犯行に関与した共謀者（例えば、実行者が被害者に飲ませた毒薬を調達、調合した者）を捕捉しえない等の難点が指摘される。共謀者が実行者に対して圧倒的な優越的地位に立ち、強い心理的拘束を与えて実行に至らせる場合に「優越支配共同正犯」を認める見解（大塚・総論291頁）にも同様の問題があるほか、地位に基づく処罰なら身分刑法ではないかとの疑念も生ずる。現在では、犯罪の実現について実行に準ずる重要な役割を果した共謀者に正犯性を認める立場が、有力であるといえよう（西田・後掲⑪375頁、山口・総論276頁）。そこでの課題は、共謀共同正犯と狭義の共犯の明確な区別基準の定立であり、考慮されるべき事情としては、共謀者の関与行為の態様・役割、犯行の動機、共謀者と実行者の関係、両者の意思疎通の態様、犯行に由来する利益の帰属等があり得よう（石井＝片岡・後掲⑤348頁）。これらの中から肯定説の根拠と整合

性を保ちつつ採用しうるものを見極めたうえで，それを具体的な事案に適用することになる。

(3) 黙示の共謀とその認定

前掲最大判昭和33・5・28は，明示の共謀が行われた事案につき，共謀の事実の厳格な証明を要求しつつ，「謀議の行われた日時，場所またはその内容の詳細……についていちいち具体的に判示することを要するものではない」と述べた。これが，謀議への参加の一事をもって共謀共同正犯を肯定する趣旨であれば，処罰を不当に拡大するものであろう。このような懸念から，学説はより具体的な認定を要求しており，その後の裁判例にもその方向に踏み出したと見られるものがある（東京高判昭和52・6・30判時886号104頁，前掲最一小決昭和57・7・16，長崎地佐世保支判昭和60・11・6判タ623号212頁）。

他方，謀議行為の存在しない黙示の共謀については，如何なる事実認定が必要とされるのか。黙示の共謀には，本件のように実行前から暗黙裡に醸成される場合と，現場において突発的に形成される場合がある。いずれの類型においても，本決定のように，共謀者が実行者による実行を認識し，実行者はその認識を認識するという相互認識が少なくとも認定されるべきであろう。これに加えて如何なる認定が必要かについては，類型ごとの検討が要請される（後者の類型に対する批判として，松宮・総論257頁）。

> **展開質問 1**
>
> 1. 本件で最高裁はどのような事実からXとスワットらとの間にけん銃等の所持についての黙示的な意思の連絡を認定したか。その判断は妥当か。
> 2. 黙示の意思連絡の存在を前提とすれば，本件の事案は，共謀共同正犯肯定説の諸説からはそれぞれどのように解決されるか。
> 3. 本決定は，Xはスワットらが自分を警護するためにけん銃を携行していることを「概括的とはいえ確定的に認識していた。」という。これはどのような意味か。仮にXの認識が未必的であった場合，それでもスワットらとの意思の連絡を肯定できるか。
> 4. 本決定は，Xが「スワットらにけん銃を持たないように指示命令することもできる地位，立場」にあったとも述べているが，ここからXの犯罪阻止義務を導き，不作為犯の成立を認めることは可能か。
> 5. 本決定を，類似の事案について被告人を無罪とした大阪地判平成13・3・14判時1746号159頁と比較して検討せよ。
> 6. 一部実行全部責任の原則が個人責任の原則に反しないとすれば，共謀共同正犯否定説が依拠する個人責任の原則とは何か。
> 7. 実行行為を正犯性の要件としない立場を採った場合，逆に実行行為を行う従犯（故意ある幇助的道具）も認められるべきことになるか。

② 間接正犯

> **設例Ⅱ** スナックホステス母子強盗事件
> スナックのホステスXは，同店の経営者Aから金品を強取しようと企て，息子Y（当時12歳10か月，中学1年）に対し，「Aのところに行ってお金をとってきて。映画でやっているように，金だ，とか言って，モデルガンを見せなさい。」と申し向け，嫌がるYを，「大丈夫。お前は体も大きいから子供に見えないよ。」と説得し，犯行用の空気銃と覆面を渡した。そこでYは一人で店に赴き，覆面をして，Xから指示された通り銃を突き付けてAを脅迫したほか，自己の判断により，店の出入口のシャッターを下ろしたり，Aを店内の便所に閉じ込める等してその反抗を抑圧し，現金その他を強取した。Xは，自宅に戻って来たYからそれらを受け取り，現金を生活費等に費消した。【最一小決平成13年10月25日刑集55巻6号519頁［平成13年度重判解刑法4事件］参照】

入口の質問

1. 間接正犯の概念は，かつて処罰の間隙を埋める弥縫策といわれたが，これはどのような意味か。このような認識が今日否定されるようになったのは何故か。
2. 共犯の如何なる従属形式を採用するかによって間接正犯の成立範囲は異なるか。
3. 間接正犯の正犯性を直接正犯と同程度の結果発生の現実的危険性に求める見解（大塚・総論155頁）について検討せよ。
4. 間接正犯の正犯性を被利用者の規範的障害の欠如に求める見解（西原・総論下358頁，曽根・総論264頁，山中・総論Ⅱ769頁）について検討せよ。
5. 間接正犯の正犯性を当該構成要件的結果についての被利用者の自律的決定の欠如に求める見解（遡及禁止論——山口・総論64頁，島田・後掲㉔，㉕）について検討せよ。
6. 間接正犯の正犯性を背後者の行為支配に求める見解（井田・後掲㉒）について検討せよ。

設例Ⅱ解題　共同正犯と間接正犯・教唆犯の区別基準

(1) 判例

最高裁は次のように説いて，XYに強盗罪の共同正犯の成立を認めた。すなわち，「本件当時Yには是非弁別の能力があり，被告人［X］の指示命令はYの意思を抑圧するに足る程度のものではなく，Yは自らの意思により本件強盗の実行を決意した上，臨機応変に対処して本件強盗を完遂したことなどが明らかである。これらの事情に照らすと，所論のように被告人につき本件強盗の間接正犯が成立するものとは，認められない。そして，被告人は，生活費欲しさから本件強盗を計画し，Yに対し犯行方法を教示するとともに犯行道具を与えるなどして本件強盗の実行を指示命令した上，Yが奪ってきた金品をすべて自ら領得したことなどからすると，被告人については本件強盗の教唆犯ではなく共

同正犯が成立するものと認められる」，と。

以上においてはまず，Xの間接正犯性が問われ，否定的に解された。旧来の判例は，被利用者が刑事未成年者であることから直ちに背後者の間接正犯を認めていたが，近時の判例は斯かる形式的思考を排し，具体的な事情を吟味した上で間接正犯と呼ぶに相応しい支配関係の有無を検討している（名古屋高判昭和49・11・20刑月6巻11号1125頁，最一小決昭和58・9・21刑集37巻7号1070頁，大阪高判平成7・11・9高刑集48巻3号177頁）。本決定も，被利用者に是非弁別能力が存在し，自ら犯行を決意し，自らの判断において現場で対処したことと，背後者の指示命令の弱さという，関与者双方の事情を考慮した。注目すべきは，刑事未成年者の利用を間接正犯としなかった点であり，これは判例として初めての判断と言われる。次いで最高裁は，共同正犯と教唆犯の区別を論じ，Xが自らの利得目的から犯行を計画し，実際に盗品をすべて自分で領得したこと，犯行に物理的（道具の準備），心理的（方法の教示）に加担したこと等の関与の態様から，（共謀）共同正犯の成立を認めたのである。

(2) 刑事未成年者の利用と間接正犯

刑事未成年者を利用した場合，通説たる制限従属性説の下では教唆犯の成立可能性は否定されない。しかし，この場合は間接正犯の典型例ともされており，間接正犯と教唆犯を区別する基準が問題となる。なかには，法適用の画一性，判断の明確性を重んじて背後者を一律に間接正犯とする少数説もあるが（西原・総論下364頁），刑事未成年者でも是非弁別能力を備えていれば一方的な利用関係を認め難いこと，41条は刑事政策的で，実質的な能力には対応していないので，被利用者の自由な意思決定を制約する付随事情が必要であることを理由に，通説は刑事未成年者に是非弁別能力なき場合に限って間接正犯を認める（団藤・総論157頁，大塚・総論155頁，大谷・総論167頁，内藤・総論下Ⅱ1336頁，山中Ⅱ769頁，山口・総論68頁）。このように被利用者側の事情に着目される傾向にあるが，最高裁によって考慮された背後者の働き掛けの態様をも重視する見解も存在し（栗原・後掲㉓286頁参照），さらに罪種等の客観的な事情も意味を持つと説く論者もいる（亀井・後掲⑭26頁）。この点は，間接正犯の成否を判断する際に，背後者側と被利用者側の事情のそれぞれをそもそも，そしてどの範囲で考慮するかという問題に遡って検討されねばならない（この問題についての包括的な研究として，島田・後掲㉕）。

(3) 共同正犯の成立可能性，教唆犯との区別

共同正犯の成立要件として他の関与者の有責性が不要であることにほぼ争いはない。仮に共同正犯の共犯性を強調して要素従属性を認めるとしても，制限従属性説の立場からは責任なき者との共同正犯の成立を認めるに支障はないのである。もちろん，共同実行の意思を形成する能力が完全に欠如する者との共同正犯は成立しないであろうが，本件のYは犯行についてXと意思疎通を行う能力を十分に備えていたものと思われるので，この点でも問題はない。よって，共謀共同正犯肯定説を前提とすれば，XYには共同正犯の成立可能性が存する。

それでは，Xの関与は共同正犯と教唆犯のいずれに当たるであろうか。決定要旨の挙げる犯行の動機や役割分担，さらにはXYが親子であることも考慮すれば，最高裁がこの事案で単なる教唆にとどめず共謀共同正犯を肯定したのは，従来の判例の延長線上にある判断と評しうるであろう（石井＝片岡・後掲⑤348頁参照）。

3 過失の共同正犯

展開質問 2
1. 設例 II 解題(1)所掲の刑事未成年者利用の間接正犯を認めた諸判例を参照して，間接正犯を否定した本決定これらと整合的かを検討せよ。
2. 最高裁はこの決定において制限従属形式を採用したとの評価がなされているが（松宮・後掲㉑，清水・後掲⑰36頁），共同正犯にも要素従属性の議論は妥当するか。
3. 故意なき道具，目的なき故意ある道具，身分なき故意ある道具，適法行為を利用した場合の間接正犯の成否を巡る諸説を検討せよ。

③ 過失の共同正犯

設例III 世田谷通信ケーブル火災事件
通信線路工事会社の作業員ＸＹは，地下洞道内で電話ケーブルの断線探索作業に共同して従事していた。2人は，電話ケーブル上に布製防護シートを掛け，各自がトーチランプを持ってその炎で鉛管を溶解開披した結果，断線箇所が発見された。その修理方法を検討するため一時洞道外に退出する際，2個のランプの炎が確実に消火しているか否かにつき相互の確認をすることなく，ランプを防護シートの近くに置いたまま立ち去ったため，とろ火の状態にあった1個のランプの炎が防護シートに着火し，さらに電話ケーブルに延焼したため，電話ケーブルおよび洞道壁面を焼損して公共の危険を生ぜしめた。【東京地判平成4年1月23日判時1419号133頁［平成4年度重判解刑法3事件］参照】

入口の質問
1. ＸＹは業務上失火罪（刑117の2）で起訴された。同罪における「業務」はどのように理解されているか。放火罪における「焼損」についてはどうか。
2. 過失犯においてはどのような正犯概念が妥当するか。それは故意犯の正犯概念と同じか。
3. 監督過失とは何か。それはどのような要件の下に認められるか。
4. 過失の競合とは何か。それはどのように取り扱われるか。

設例III解題 過失の共同正犯の成立要件

(1) 判 例
東京地裁は次のように説いて，ＸＹに業務上失火罪の共同正犯の成立を認めた。「本件の解鉛作業の場合等のように，数名の作業員が数個のトーチランプを使用して共同作業を行い，一時，作業を中断して現場から立ち去るときには，作業慣行としても，各作業員が自己の使用したランプのみならず共同作業に従事した者が使用した全てのランプにつき，相互に指差し呼称して確実に消火した点を確認し合わなければならない業務上の注意義務が，共同作業者全員に課せられていたことが認められる」。しかしＸＹはこ

の義務を尽くすことなく「同所を立ち去ったものであり，この点において，被告人両名が過失行為を共同して行ったことが明らかであるといわなければならない。

以上の理由により，もとよりいわゆる過失犯の共同正犯の成否等に関しては議論の存するところであるが，本件のごとく，社会生活上危険かつ重大な結果の発生することが予想される場合においては，相互利用・補充による共同の注意義務を負う共同作業者が現に存するところであり，しかもその共同作業者間において，その注意義務を怠った共同の行為があると認められる場合には，その共同作業者全員に対し過失犯の共同正犯の成立を認めた上，発生した結果全体につき共同正犯者としての刑事責任を負わしめることは，なんら刑法上の責任主義に反するものではないと思料する。」

さて本件では，XYいずれかのトーチランプから出火したが，そのいずれであるかの認定はなされなかった。したがって，XYが同時犯（単独正犯）の関係にあれば，疑わしきは被告人の利益に考えて，両者は相手の行為から結果が発生することを阻止しなかった点につき罪責を問われるにすぎない。その帰結は，過失による不作為の教唆ないし幇助にとどまるか，それとも相手の行為を監督すべき義務が認められればその違反により監督過失として過失正犯とするかのいずれかである。他方，XYに共同正犯の成立を肯定すれば，一部実行全部責任の原則により，両者は業務上失火罪の正犯としての罪責を問われる。東京地裁は後者の途を採用した。

(2) 共同義務の共同違反

東京地裁は，過失犯の実行行為を結果回避義務違反と捉える立場に立って，他の関与者の行為について配慮し相互に安全を確認し合って行為すべき共同の客観的注意義務を負う共同行為者が共同して義務に違反すれば，過失の共同正犯が認められると説いた。この論理は多数説の採るところでもある。また論者の多くは，その妥当範囲を，本件のような共同者が同一の法的地位に立つ場合に限定しており，判例もまたそのような傾向にある。

さて，故意の共同正犯の主観的成立要件としては意思の連絡（共同実行の意思）が必要とされている。しかし，過失犯は犯罪事実の認識の欠如を本質とするため，共同正犯における意思の連絡を故意犯の場合と同じ形で要求することはできないであろう。そこで一説は，過失の共同正犯における意思連絡は結果ではなく行為に関してあれば足りると考える。これは，故意犯と過失犯は実行行為を共通にするという伝統的な立場から主張されている（山口・総論307頁，林・総論412頁）。これに対しては，適法行為についての共同認識は共同正犯の根拠とはなりえないのではないか，さらに，過失犯の客観面が単純な因果的行為であるとすれば，因果の連鎖は無限のものである以上，過失の共同正犯の認められる場合が無限定に広がってしまう，等の疑問が提示されている。そこで，過失の共同正犯の重点を客観面に移行させ，共同義務の共同違反を過失の共同正犯の根拠とすべきことが，過失犯の実行行為を故意犯とは異質の客観的注意義務違反に求める論者によって説かれているのである（大塚・総論281頁，大谷・総論441頁）。

共同者間に共同義務が比較的問題なく認められるのは，2人がかりで巨岩を転がす事例のように共同者が一体となることで初めて危険を創出しえた場合や，会社の経営者が欠陥製品の回収決定をなすべき事例のように共同することによってのみ結果を回避しうる場合であろう。これに対して，各人が個別的に危険を創出した場合，危険創出と危険の現実化阻止を分担していた場合，さらに各人が個別的に結果回避義務を尽くせば足りる場合には，各関与者の地位，作業内容等を考慮して，より慎重に共同義務の存否が判断されるべきである。なお，各人が独立して注意義務を負う分業の場合には，共同の注意義務が否定され，過失の競合として単独過失の問題とされている。また，共同者が上命下服の関係にある場合には監督過失が問われ，やは

り過失の共同正犯が論じられる場面ではないといわれる（以上のような過失の共同正犯の類型化につき，杉田・後掲㊴347頁参照）。義務の同種性と地位の対等性が，共同義務の前提として要求されているのである。もっともこれに対しては，対等の地位に立つ者が相互に監督義務を負うことは法の予定しないところではないか，また逆に，地位が異っても過失の共同正犯を認むべき場合がある，との，相反する方向からの疑問が提出されている。

(3) 同時犯への解消

近時においては，共同義務の共同違反があるといわれる，相手の行為から結果が発生しないよう注意すべき場合には，各関与者自身の監督義務違反を根拠に監督過失責任を問いうると考え，過失の共同正犯という法形象を否定して過失同時犯を認める見解が，少数ながら有力に主張されている（前田・総論426頁，井田・後掲㉜116頁）。これに対しては，被監督者や対等の地位にある関与者の処罰，共同しないと結果の回避が不可能な場合の処罰の間隙が生じうることが指摘されている他，仮に同時犯として処罰が可能で過失の共同正犯を認める実益がない場合であっても，共同正犯の実体を備えているものをあえて単独犯として構成することの不自然さも批判される。さらに，論者が過失犯について拡張的正犯概念を採用することの当否も問題となりうる。

【展開質問3】

1. 本件は，危険創出による作為犯と危険の放置による不作為犯のいずれと解すべきか。
2. 東京地裁はＸＹの共同義務を如何に根拠付けたか。
3. 本件において信頼の原則の適用は可能か。
4. 本件において，仮にＸのトーチランプから出火したことが認定されたとすれば，Ｙは如何なる罪責を負うか。
5. 過失の共同正犯の肯否は，犯罪共同説対行為共同説の対立と関連を有するか。
6. 過失の共同正犯を肯定することは，刑法38条1項に反しないか。
7. 過失の共謀共同正犯はありうるか。
8. 結果的加重犯の共同正犯についてはどのように考えるべきか。

【出口の質問】

1. 正犯と共犯を区別する意味はどこにあるか。統一的正犯概念は立法論としても不当か。
2. 制限的正犯概念と拡張的正犯概念の対立について論ぜよ。
3. 承継的共同正犯について論ぜよ。
4. 片面的共同正犯について論ぜよ。

参考文献

設例Ⅰ
　　［最一小決平成15年5月1日刑集57巻5号507頁について］
　①　亀井源太郎「時の判例」法教280号（2004）114頁
　②　山中敬一「判例研究」関法53巻3号（2003）180頁

［その他］
③　浅田和茂「共謀共同正犯」中山研一＝浅田和茂＝松宮孝明・レヴィジオン刑法1 共犯論（成文堂，1997）71頁
④　阿部力也「黙示の意思連絡について」法論70巻2・3号（1997）95頁
⑤　石井一正＝片岡博「共謀共同正犯」小林充＝香城敏麿編・刑事事実認定（上）──裁判例の総合的研究──（判例タイムズ社，1992）341頁
⑥　臼木豊「正犯概念と共謀共同正犯（一）（二・完）」上法32巻1号（1989）87頁，34巻1号（1991）103頁
⑦　木谷明・最判解刑事篇昭和57年度221頁
⑧　小池健治「けん銃の所持について──けん銃の不法所持の共謀が争われた最近の裁判例の紹介を中心に──」警論54巻6号（2001）65頁
⑨　佐久間修「共謀共同正犯における集団犯罪の法理──共謀共同正犯と『正犯の背後の正犯』を中心として──」刑事法学の現実と展開・齊藤誠二先生古稀記念論集（信山社，2003）297頁
⑩　特集「共謀共同正犯理論の総合的研究」刑雑31巻3号（1991）275頁
⑪　西田典之「共謀共同正犯について」平野龍一先生古稀祝賀論集（上）（有斐閣，1990）361頁
⑫　西原春夫・犯罪実行行為論（成文堂，1998）286頁
⑬　村上光鵄「共謀共同正犯」大コンメ5巻259頁

設例II
　　［最一小決平成13年10月25日刑集55巻6号519頁について］
⑭　亀井源太郎「実務における正犯概念」判タ1104号（2002）23頁
⑮　島田聡一郎・重判解平成13年度156頁
⑯　同「時の判例」法教259号（2002）124頁
⑰　清水真・判評533号（2003）33頁
⑱　髙橋則夫「判批」現代刑事法43号（2002）94頁
⑲　平木正洋「時の判例」ジュリ1247号（2003）153頁
⑳　前田雅英「形式的共同性反論の終焉」曹時54巻11号（2002）1頁
㉑　松宮孝明「判批」法セ567号（2002）110頁
　　［その他］
㉒　井田良「正犯と共犯」現代刑事法26号（2001）105頁
㉓　栗原宏武「間接正犯と教唆犯の区別」大塚仁＝佐藤文哉編・新実例刑法［総論］（青林書院，2001）277頁
㉔　島田聡一郎「間接正犯」争点100頁
㉕　同・正犯　共犯論の基礎理論（東京大学出版会，2002）
㉖　髙窪貞人「間接正犯」大コンメ5巻31頁
㉗　中山研一「判批」判タ929号（1997）62頁
㉘　渡邊忠嗣・最判解刑事篇昭和58年度275頁

設例III
　　［東京地判平成4年1月23日判時1419号133頁について］
㉙　木村光江・百選I総論158頁
㉚　髙橋則夫・重判解平成4年度170頁

㉛　前田雅英・判評410号（1993）45頁
　［その他］
㉜　井田良「共同正犯の構成要件」現代刑事法36号（2002）110頁
㉝　内海朋子「過失共同正犯論と管理監督過失論」法学政治学論究51号（2001）35頁
㉞　大越義久「過失犯の共同正犯」争点106頁
㉟　小名木明宏・判評533号（2003）37頁
㊱　甲斐克則「過失犯の共同正犯」法学博士井上正治先生追悼論集・刑事実体法と裁判手続（九州大学出版会，2003）329頁
㊲　北川佳世子「我が国における過失共同正犯の議論と今後の課題」刑雑38巻1号（1998）47頁
㊳　塩見淳「過失犯の共同正犯」判タ846号（1994）49頁
㊴　杉田宗久「過失犯の共同正犯」大塚仁＝佐藤文哉編・新実例刑法［総論］（青林書院，2001）332頁
㊵　髙橋則夫「共同正犯の帰属原理」西原春夫先生古稀祝賀論文集2巻（成文堂，1998）341頁
㊶　長井長信・判評343号59頁
㊷　中森喜彦「過失の共同正犯」法セ265号（1993）78頁
㊸　平場安治「判批」論叢59巻3号（1953）115頁
㊹　松宮孝明・過失犯論の現代的課題（成文堂，2004）265頁
㊺　村上光鵄「過失犯の共同正犯」大コンメ5巻161頁
㊻　山岡靖典「過失の競合について――いわゆる過失の共同正犯について――」判タ696号（1989）37頁
㊼　山口厚「過失犯の共同正犯についての覚書」西原春夫先生古稀祝賀論文集2巻（成文堂，1998）387頁

（橋田　久）

11 共犯の因果性

論 点
1. 幇助の因果性
2. 共犯からの離脱
3. 共犯と身分

1 幇助の因果性

> **設例 I** 板橋宝石商殺し事件
> 正犯Xは，宝石商Aから預かっていた宝石類の返還を免れようと，ビルの地下室でAを射殺する計画を立てた。Yはけん銃の音が外部に漏れないようにするために，ガムテープで地下室に目張りを施し，換気口を毛布で塞いだりした。その後，Xは計画を変更し，関越自動車道を走行中の自動車内でAを射殺し，宝石類の返還を免れるとともに，Aの所持していた現金約40万円を強取した。その際，Yは別の自動車でXらの乗った自動車に追従し，殺害現場まで至った。【東京高判平成2年2月21日東刑時報41巻1・2・3・4号，判タ733号232頁〔百選I総論85事件〕参照】

入口の質問
1. YはXの犯した強盗殺人罪の幇助犯になるのかが問題になるが，Yの行ったどの行為が幇助行為になるのか。
2. 幇助犯が成立するには，幇助行為は，正犯行為との間に因果関係を有すれば足りるのか，それとも犯罪結果との間に因果関係が必要なのか。
3. 因果関係の存否は，どのようにして確認するのか。

設例 I 解題 共犯の処罰根拠と共犯の因果性

幇助行為とは，実行行為以外の行為で，正犯行為の実現を容易にする行為であるといわれているが，それは十分ではない。正確にいえば，法益侵害に対する一般的な危険性のある行為でなければならない。基本的な構成要件であろうと，修正された（あるいは拡張された）構成要件であろうと，構成要件が処罰の対象としているのは，法益侵害に対する危険な行為であるからである。この点に関して，大判大正4・8・25刑録21輯1249頁を看過することはできない。強盗の正犯AとBに短刀1本を返し，さらにBに鳥打帽子を1個，Aに足袋1足を与えた被告人に強盗幇助の成立を認めた原判決を，「（短刀の）交付ハ強盗罪ヲ容易ナラシムルモノナルコト自

ラ明ラカナルヲ以テ特ニ其理由ヲ説示スルノ要ナシト雖モ鳥打帽子又ハ足袋ノ如キハ然ラス其性質上強盗罪ヲ容易ナラシムルコトハ特殊ノ場合ニ属スルカ故ニ其理由ヲ説示スルモノニアラサレハ之レカ交付ヲ以テ直チニ強盗罪ノ幇助ヲ為シタルモノト速断スルヲ許サス」と判示して，破棄したものである。

設例ⅠでYが行ったのは，①地下室の目張り等の行為と，②自動車での追従行為である。目張り等の行為はけん銃の音の外部漏れを防ぐ行為であり，強盗殺人の実行を容易にする危険な行為であり，強盗殺人罪の幇助行為に該当することに問題はない。しかし，地下室での射殺行為は実行されなかった。これをどう考えるかである。本件の第1審判決である東京地判平成元・3・27判タ708号270頁は，Yの目張り等の行為も被害者の生命等の侵害を現実化する「危険性を高めたものと評価できる」ので，幇助犯は成立すると判示した。幇助犯の成立には犯罪結果との間の因果関係は必要ではなく，正犯行為との間にあればよいとするのであれば，第1審判決を理解することはできる。これに対して，幇助犯の成立には，幇助行為と犯罪結果との間に因果関係が必要であるとの立場を採る場合には，Yの目張り等の行為がXを精神的に力づけ，それがXによるAの自動車内での射殺に反映しているとの構成をとらねばならない（心理的幇助）。しかし，この構成に対しては，本件の第2審判決である前掲東京高判平成2・2・21の，XがYの目張り等の行為を認識していたとの証拠はないとの事実認定が立ちふさがっている（判タ733号236-237頁）。

Yの行った自動車での追従行為は，どうであろうか。自動車での追従行為それ自体は，前掲大判大正4・8・25の鳥打帽子や足袋と同様に，被害者の生命等に危険な行為ではない。そうすると，幇助犯の成立を肯定するためには，ここでも心理的幇助による構成に頼る以外には途はないことになる。事実，本件の第1審判決は，車での追従行為にXの強盗殺人の意図の強化を認め，本件の第2審判決も，「Xも，Yが自己の後から追従して来ることを心強く感じていたことが認められ……YがXらの車に追従すること自体がXの強盗殺人を幇助することになるとの故意をもって車に乗り込んで発進し，Xらの車に追従して殺害現場に至った以上，Yの強盗殺人幇助罪は成立し」と判示している（判タ733号239頁）。

幇助行為の因果関係については，種々の学説が唱えられている。①幇助犯は抽象的危険犯であるので，因果関係は不要であるとする説，②幇助行為が正犯行為の実行を容易にすれば足りるとする説，③幇助行為と犯罪結果との間に条件関係が必要であるとする説，④正犯との意思疎通が心理的因果性を形成するという説である。しかし，これら意見の対立には，大きな相違はないように思われる。幇助犯の成立を広く認めるべきか否かとの違いが，犯罪結果との関係をどの程度強く求めるのか，の対立になってはいるものの，いずれの見解も，その中心に危険性を置いている以上，犯罪結果との関係を完全に無視するものとはいえないからである。

展開質問1

1. 幇助行為の因果性は，何との間で考えるべきなのか。その際の理論的根拠はどこにあるのか。
2. 幇助行為の因果性は，どのように確認すべきなのか。それは，単独犯の因果性の確認と異なるのか。異なるとしたら，それはなぜか。
3. 意思疎通すれば，心理的因果性は認められるのか。それは，なぜか。故意と因果関係は同じ概念なのか。

2 共犯からの離脱

設例Ⅱ 暴行現場立去り事件

　Xは、Yの舎弟分であるが、両名は、深夜スナックで一緒に飲んでいた被害者Hの酒癖が悪く、再三たしなめたのに、逆に反抗的な態度を示したことに憤慨し、同人に謝らせるべく、車でY方に連行した。Xは、Yとともに、Hに謝ることを強く促したが、同人が反抗的な態度をとり続けたことに激昂し、その身体に対して暴行を加える意思をYと相通じたうえ、約1時間ないし1時間半にわたり、竹刀や木刀でこもごも同人の顔面、背部等を多数回殴打するなどの暴行を加えた。Xは、その後、Y方を立ち去ったが、その際「おれ帰る」といっただけで、自分としてはHに対しこれ以上制裁を加えることを止めるという趣旨のことを告げず、Yに対しても、以後はHに暴行を加えることを止めるよう求めたり、あるいは同人を寝かせてやってほしいとか、病院に連れていってほしいなどと頼んだりせずに、現場をそのままにして立ち去った。その後ほどなくして、Yは、Hの言動に再び激昂して「まだシメ足りないか」と怒鳴ってその顔を木刀で突くなどの暴行を加えた。Hは、その後Y方において甲状軟骨左上角骨折に基づく頸部圧迫等により窒息死したが、死の結果がXが帰る前にXとYがこもごも加えた暴行によって生じたものか、その後のYによる前記暴行により生じたものかは断定できなかった。【最一小決平成元年6月26日刑集43巻6号567頁［百選Ⅰ総論93事件］参照】

入口の質問
1. Xは、「おれ帰る」といって立ち去った以後にYが実行した犯罪についても、責任を負うのか。
2. 暴行を加える意思疎通したものの、暴行を加える以前に、「おれ帰る」といって立ち去った場合にも、以後Yが実行した犯罪についても、Xは責任を負うのか。
3. Xに共犯からの離脱が認められた場合、Xの罪責はどのようになるのか。

設例Ⅱ解題 実行着手後における共犯からの離脱

　最高裁は、次のように述べて、Xに傷害致死の責任があることを認めた（前掲最一小決平成元・6・26）。「事実関係に照らすと、Xが帰った時点では、Yにおいてなお制裁を加えるおそれが消滅していなかったのに、Xにおいて格別これを防止する措置を講ずることなく、成り行きに任せて現場を去ったに過ぎないのであるから、Yとの間の当初の共犯関係が右の時点で解消したということはできず、その後のYの暴行も右の共謀の基づくものと認めるのが相当である。そうすると、原判決がこれと同旨の判断に立ち、かりにHの死の結果がXが帰った後にYが加えた暴行によって生じていたとしても、Xは傷害致死の責を負うとしたのは、正当である。」

　共犯からの離脱は犯罪完成までの至る所で可能であるが、ここでは、実行の着手後の実行共

同正犯からの離脱が、問題になっている。かつては、この段階での離脱は中止犯の成否との関連の下で処理され、離脱の任意性と結果発生の阻止がそこでの要件となっていた。したがって、結果が発生した場合には、もはや免責の有無を論じる余地は残されていなかった。これに対して、前述した最一小決平成元・6・26は、結論としてはXに離脱後の犯罪についての責任を認める判断を示したものの、条件が変わり、事後の制裁を防止する措置を講じたときは、結果が発生した場合であっても、免責の余地はあるがごときの判断をも示している。

近時の学説は、結果が発生した場合にも、離脱した共犯者に発生した結果についての免責の余地はあるとする。①共犯関係の解消からアプローチする見解と、②因果関係の切断からアプローチする見解があるが、両者の違いは大きくない。前者は、真剣な中止努力をした場合や離脱の了承を得ることで他の共犯者への影響を消失させた場合に、後者は、離脱の意思を表明し、それまでの犯罪実現への影響を除去した場合に、発生した結果についての責任は負わないとしているからである。

因果的共犯論からは、自己の行為の有する法益侵害の危険を除去することが肝要である。だが、実行の着手以前ならばともかく、実行の着手後では、犯罪実現への影響（物理的因果性）の除去を認めることは難しい。実行の着手前と着手後では、法益侵害の危険の切迫度が異なるからである。犯罪実現への影響が除去されたというためには、本件のXでいえば、自分としてはHにこれ以上の制裁を加えないことをYに告げ、YがHにさらに暴行しないように求め、Hを病院に運ぶように頼んだり、竹刀や木刀を片づけたりすることが、必要なのであろうか。

これに対して、実行の着手前の共謀からの離脱は、他の共犯者が離脱を了承した場合には、認めてよいと思われる。その場合には、心理的因果性が失われているからである。

離脱が認められる場合には、それ以後の共犯関係は消滅し、単独犯になる。もっとも、本件のXに共犯からの離脱が認められた場合、Xの罪責は傷害罪の責任を負うというのが唯一の結論ではない。判例は、刑法207条の同時傷害の適用を傷害致死罪については認めているからである（最一小決昭和26・9・20刑集5巻10号1937頁）。これを前提とすると、離脱が認められた場合のXに傷害致死罪の責任を負わせることは、可能となる。

<mark>展開質問2</mark>

1. 共犯の成立と共犯の離脱は、如何なる関係にあるのか。
2. 共犯の離脱を広く認めることの理論的なマイナス面はどこにあるのか。
3. Xは、如何なる行為をすれば、離脱が認められるのか。

③ 共犯と身分

<mark>設例Ⅲ</mark> マスコット窃取・暴行傷害事件

Xは、カー用品売場において、サイドリングマスコット1個を窃取し、その直後、警備員Aから逮捕されそうになるや、共犯者Y・Z（併合審理されていない）と共謀のうえ、逮捕を免れる目的でA

に対し、こもごも殴る蹴るの暴行を加え、加療約10日間を要する傷害を負わせた。【大阪高判昭和62年7月17日判時1253号141頁、判タ654号260頁［百選Ⅰ総論91事件］参照】

入口の質問

1. 事後強盗罪を真正身分犯とする根拠は何か。
2. 事後強盗罪を不真正身分犯とする根拠は何か。
3. 事後強盗罪を非身分犯であるとする根拠は何か。

設例Ⅲ解題 身分犯の意義と事後強盗罪

本件の第1審判決である神戸地判昭和62・3・17判例集未登載は、Y・Zの関与はXの窃盗が既遂になった後のものであるから窃盗の共同正犯ではなく、かかる共犯者は事後強盗の主体ともならないので、Xら3名を強盗致死傷の共同正犯とすることは妥当ではないとし、Xの所為につき「刑法240条前段（238条）に該当（但し、傷害罪の限度で同法60条も適用）する」旨判示した（判時1253号142頁）。

これに対して、本件の第2審判決である前掲大阪高判昭和62・7・17は、次のように判示して、X・Y・Zに事後強盗致傷罪の共同正犯が成立することを認めた。「原認定のように、共犯者2名がXの犯行に関与するようになったのが、窃盗が既遂に達したのちであったとしても、同人らにおいて、Xが原判示マスコットを窃取した事実を知った上で、被告人と共謀の上、逮捕を免れる目的で被害者に暴行を加えて同人を負傷させたときは、窃盗犯人たる身分を有しない同人らについても、刑法65条1項、60条の適用により（事後）強盗致傷罪の共同正犯が成立すると解すべきであるから（なお、この場合に、事後強盗罪を不真正身分犯と解し、身分のない共犯者に対し更に同条2項を適用すべきであるとの見解もあるが、事後強盗罪は、暴行罪、脅迫罪に窃盗犯人たる身分が加わって刑が加重される罪ではなく、窃盗犯人たる身分を有する者が、刑法238条所定の目的をもって、人の反抗を抑圧するに足りる暴行、脅迫を行うことによってはじめて成立するものであるから、真正身分犯であって、不真正身分犯と解すべきではない。従って、身分なき者に対しても、同条2項を適用すべきではない。）」

238条の「窃盗」を「身分」とする根拠はどこにあるのであろうか。前掲大阪高判昭和62・7・17はこの点に関しては何ら示すところがない。判例の示す身分の広範な定義を形式的に当てはめるだけでは説得力に欠ける。身分犯とは何か、を論ずる必要がある。

周知のように、学説には、身分犯を義務侵害から説くものと、法益侵害から説明するものがある。

前者は、身分犯を特別の義務を負っている者が犯す犯罪であると捉える。したがって、この立場からは、非身分者はいかなる形態においても身分犯の正犯にはなりえない。正犯者の身分が真正身分であろうと、不真正身分であろうと、同じである。非身分者には特別の義務がそもそも課せられていないからである。非身分者は、共犯の処罰根拠について責任共犯論をとった場合にだけ、身分犯の狭義の共犯になりうるのみである。「このような義務犯的理解を前提とすれば、（238条の）『窃盗』というような誰にでも成り得る一時的な地位は「身分」たり得ず」ということになろう（伊東研祐・百選Ⅰ総論185頁）。

これに対して、後者は、身分には構成要件身分、違法身分、責任身分の三種類があるとする。秘密漏示罪のような構成要件身分犯は、非身分者を正犯として処罰しないとの政策判断が、強

姦罪のような違法身分犯は、法益侵害の事実上の可能性が、責任身分は、非難可能性が、行為主体を限定する根拠として登場するので、ここでは身分論と一般的正犯論とは分断されることになる。この立場から、238条の「窃盗」をみると、財産犯的性格を重視した場合には、取得した財物の確保との関連で暴行・脅迫を捉えることになるので、真正身分・違法身分ということになろう。このような理論構成によって、前掲大阪高判62・7・17をはじめて理解しうるのである。他方、人身保護の観点を重視した場合には、暴行罪・脅迫罪が基本犯になるので、「窃盗」という身分は、そこに違法の増加をみるか責任の増加をみるかにかかわりなく、不真正身分と解されることになる。この考えを徹底すると、近時注目されている、財物奪還阻止目的の場合は真性身分犯、逮捕免脱・罪跡隠滅目的の場合は不真正身分犯という見解に行き着くことになる（佐伯・後掲①3頁）。

しかし、238条を身分犯と捉えることに対しては、批判も強い。事後強盗は、窃盗プラス暴行・脅迫の結合犯であるので、238条の「窃盗」は、身分ではなく、実行行為（の一部）であるという主張が、それである。

事後強盗の基本構造が、それを結合犯と捉えるか否かにかかわりなく、窃盗と暴行・脅迫よりなることは、疑いない。窃盗罪は非身分犯ある。暴行罪・脅迫罪も非身分犯である。非身分犯が二つ同居すると、身分犯に転化するという理屈が、私には判らない。

展開質問3

1. 事後強盗罪が非身分犯であるとの前提をとった場合、前掲神戸地判62・3・17に帰着するのか。説例を承継的共犯の問題と捉えた場合には、共犯者Y・Zの罪責はどのようになるのか。
2. 「共犯と身分」、「承継的共犯」のいずれのアプローチが妥当か。
3. Y・Zの罪責はどのようになるのか。

出口の質問

1. 説例Ⅰ～Ⅲを考える際に不可欠な共犯についての統一な視座・視点は何か。

参考文献

① 佐伯仁志「事後強盗罪の共犯」研修632号（2001）3頁
② 曽根威彦「幇助の因果性」法セ432号（1990）122頁
③ 高橋則夫「共犯と身分」阿部純二ほか編・刑法基本講座(4)（法学書院、1992）163頁
④ 西田典之「共犯と身分」中山研一ほか編・現代刑法講座(3)（成文堂、1979）257頁
⑤ 山口厚「共犯と身分をめぐって」司研103号（1999）49頁
⑥ 高橋則夫「事後強盗罪と共犯の成否」現代刑事法13号（2000）114頁
⑦ 島田聡一郎「事後強盗罪の共犯」現代刑事法44号（2002）16頁
⑧ 西田典之「共犯の中止について―共犯からの離脱と共犯の中止犯」法協100巻2号(1983)221頁
⑨ 町野朔「惹起説の整備・点検」内藤謙先生古稀祝賀・刑事法学の現代的状況（有斐閣、1994）113頁

（大越義久）

12 罪　数

論　点
1. 行為の個数と罪数
2. 併合罪における制限併科主義の意義
3. 罪数論と手続法

1 行為の個数と罪数

設例Ⅰ　連続的速度違反事件

　Ｘは，某日，普通乗用車を運転して名神高速道路を進行中，午後１時22分頃，指定最高速度が80 km/hとされているＡ地点を145 km/hの速度で進行し，同所に設置されていた速度違反自動取締装置で写真撮影されたがそれに気づかず，その後も急カーブで100 km/h前後に減速したほかは，140-160 km/hの高速で進行を続け，同日午後１時32分頃，指定最高速度が70 km/hとされているＢ地点を160 km/hで進行し，同所に設置されていた速度違反自動取締装置で再度写真撮影された。その後，Ａ地点における速度違反について簡裁に求略式命令起訴され，罰金10万円の略式命令が確定した。さらに，略式命令確定後に，Ｂ地点における速度違反について，地裁に公判請求された。【最二小決平成５年10月29日刑集47巻８号98頁［平成５年度重判解刑法４事件］参照】

入口の質問
1. 犯罪論において罪数を論じる意義と目的は何か。
2. 犯罪の成立と処断の方法の関係について，わが国の刑法はどのような態様を規定しているか。また，学説においてはどのような態様が認められているか。
3. 略式手続（刑訴416以下）とはどのようなものか。
4. 固定式速度測定装置による写真撮影の合憲性・適法性の根拠は何か。

設例Ⅰ解題　行為の一個性と罪数の判断基準

　(1)　設例Ⅰの事案について，最高裁は，ＡとＢの両地点における指定最高速度の違いと超過速度の違い，急カーブ，急坂，トンネル等の存在を指摘したうえで，「本件においては制限速度を超過した状態で運転を継続した２地点間の距離が約19.4キロメートルも離れていたというのであり，前記のように道路状況等が変化していることにかんがみると，その各地点における速

度違反の行為は別罪を構成し，両者は併合罪の関係にある」とした。ただ，併合罪とする積極的な理由は必ずしも明確でない。最高裁は，2地点間の距離と道路状況の変化，規制状況と違反態様の相違を根拠として，速度違反行為の一個性を否定することによって，直ちに併合罪としての処断を導いているようにも思われる（大渕敏和・最判解刑事篇平成5年度122頁）。その趣旨は，「運転行為が全体として1個の社会事象と観念されないときには，別個の速度違反の罪が独立して成立する」とする藤島昭裁判官の補足意見において，より明確に示されている。

確かに，観念的競合（1行為による数罪）と併合罪（数行為による数罪）との関係が問題になる事案においては，行為の一個性が否定されることによって，直ちに併合罪としての処断が導かれる。しかし，同種行為の継続や連続・繰返しが問題になる設例Ⅰのような事案では，行為の一個性の否定は，必ずしも直ちに併合罪としての処断を導くわけではない。包括一罪（数行為による1罪）としての評価・処断の可能性が依然として残されているからである。このような意味では，行為の個数と犯罪の個数は直接的に関連しているわけではない。こうした観点から，設例Ⅰの第1審判決は，速度違反の全体を継続犯（連続する1個の行為）と見るべきだとの主張に対して，急カーブ地点での減速によって速度違反状態は一旦解消されたとして，2個の速度違反行為の存在を認めたうえで，犯意の断絶のないことを根拠に両行為を包括一罪として，免訴を言い渡した（大阪地判平成2・5・8判時1345号160頁［セレクト'90刑法6事件］。さらに，大阪地判平成2・5・15判例集未登載［連続的速度違反事件］）。また，原審判決も，包括一罪としての評価の可能性を念頭に置きながら，速度違反の規制の趣旨が具体的な道路状況に即した危険防止にあることに照らして，速度違反は一時的・局所的なものと把握すべきであり，道路の個別具体的状況に即して異なる危険の発生が認められる場合は包括一罪とすることは相当でないとしたうえ

で，2地点間の距離，道路状況の変化，速度規制の目的・危険の内容の差異，犯意の非単一性などの諸事情を根拠として，2つの速度違反罪が別個独立に成立し，両罪は併合罪の関係にあるとしたのである（大阪高判平成3・4・16高刑集44巻1号56頁，判時1397号143頁［平成3年度重判解刑法4事件］）。

(2) 行為の個数は，犯罪の成立（個数）とその処断方法に影響を及ぼす。1個の行為しか認められない場合には，単純一罪，法条競合，観念的競合が問題になり，数個の行為が認められる場合には，包括一罪，牽連犯，併合罪，単純数罪が問題になる。ただ，行為の一個性の判断基準や方法について刑法には特に規定がなく，判例においても，必ずしも意識的には言及されてこなかった。また，学説においては，自然的観察によるとする立場や社会的見解によるとする立場，構成要件を基準とする立場が主張されていた。このような一種の混乱状態に終止符を打ったのが，観念的競合と併合罪の関係が問題になった3件の道路交通関連事犯に対する昭和49年の最高裁大法廷判決である。

大法廷は，いずれの事案に対しても，前提となる行為の一個性判断について，「1個の行為とは，法的評価をはなれ構成要件的観点を捨象した自然的観察のもとで，行為者の動態が社会的見解上1個のものとの評価をうける場合をいう」とした。そのうえで，酒酔い運転罪と業務上過失致死罪との競合事案について，居眠り運転罪と業務上過失致死傷罪との間に観念的競合を認めた判例（最一小決昭和33・4・10刑集12巻5号877頁［居眠り運転事故事件］）を変更して，「酒に酔つた状態で運転したことが事故を惹起した過失の内容をなすものかどうかにかかわりなく」併合罪になるとした（最大判昭和49・5・29刑集28巻4号114頁［酒酔い運転事故事件，百選Ⅰ総論100事件，昭和49年度重判解刑法4事件］）。また，無免許運転罪と酒酔い運転罪との競合事案については，併合罪としていた判例（最二小判昭和42・6・9裁判集163号511頁［無免許・酒酔い運転事件］）

を変更したうえで観念的競合であるとし（最大判昭和49・5・29刑集28巻4号151頁），無免許運転罪と車検切れ車輌運転罪との競合事案については，無免許運転罪と乗車制限違反罪との間に併合罪を認めた判例（最二小決昭和40・1・29刑集19巻1号26頁［無免許・乗車制限違反事件］）を変更したうえで観念的競合としたのである（最大判昭和49・5・29刑集28巻4号168頁）。これら一連の大法廷判決は，行為の個数の判断に際して，異なる構成要件的評価の対象となる側面の重なり合いの程度を問題にするものだといえよう。大法廷判決後も，信号無視の罪とそれに起因する業務上過失傷害罪とを観念的競合とする（最二小決昭和49・10・14刑集28巻7号372頁［信号無視事故事件］）一方で，無免許運転罪と信号無視の罪とを併合罪とし（最一小決昭和49・11・28判時759号107頁［無免許・信号無視事件］），無免許運転罪と速度違反罪とを併合罪としている（最二小決昭和49・11・28刑集28巻8号385頁［無免許・速度違反事件］）。また，ひき逃げ事案における救護義務違反罪と報告義務違反罪についても，「直ちに」履行すべき両義務の同時的不履行として2個の不作為犯の間に観念的競合を認めている（最大判昭和51・9・22刑集30巻8号1640頁［ひき逃げ事件，昭和51年度重判解刑法4事件］）。

最高裁のいう「自然的観察」の具体的内容は，必ずしも明らかではないが，「常識的に見て」あるいは「社会通念に従って」判断するといったものであろう。このような判断方法は一般的・抽象的には明確であり，最高裁による有権的解釈として高く評価する立場もある（鈴木義男・百選Ⅰ総論〈3版〉207頁）。ただ，自然的観察という抽象的な表現によって個々の事案の具体的な結論をすべて矛盾なく説明できるかは疑問視されており（高木典雄・最判解刑事篇昭和49年度92頁），特に構成要件的観点を完全に捨象して判断することの是非・可否については，学説上，重大な疑問が提起されているところである（曽根・総論313頁，林・総論464頁，山口・総論321頁）。

(3) 大法廷判決のいう「自然的観察」を極めて抽象化するならば，設例Ⅰにおいては，継続的な1個の速度違反行為しか認められないということもできる。第1審における被告・弁護人の主張は，まさにそのようなものであった。しかし，速度違反罪が継続犯であるとしても，違反行為の数は，具体的な道路状況や違反態様を無視して判断するわけにはいかない。急カーブや急坂などによって減速と加速とが繰り返され，AとBの両地点における指定最高速度（規制態様）と超過速度（違反態様）にも違いがある以上，数個の速度違反行為があるといわざるをえない。さらに，このような見方を徹底すれば，第1審判決を契機として有力に主張されるようになった，速度違反罪を即成犯と見る考え方に至る。いずれにしても，問題は，A地点とB地点における2個の速度違反行為の存在を前提として，どのような形態の速度違反罪の成立を認め，どのように処断すべきかということになる。

犯罪の個数の判断基準については，刑法には特に規定するところがなく，もっぱら解釈に委ねられており，①ドイツ学説に依拠する行為基準説（行為の個数を基準とする），②新派理論を基礎とする犯意基準説（行為者の犯罪意思の個数を基準とする），③客観主義の見地から主張される法益基準説（結果の個数や侵害された法益の個数を基準とする），④小野博士の提唱による構成要件基準説（構成要件を充足する個数・回数を基準とする），⑤個別化説（罪数の態様によって異なった基準を用いる），が主張されている。犯罪が構成要件によって客観的に個別化されること（構成要件の個別化機能）から，基本的には④が妥当である。現在，判例は④でほぼ確立しており，学説においても④が有力である。2個の速度違反行為の認定から直ちに併合罪を認める最高裁の結論は，①からも同じことになりうるが，2個の行為に対する異なった構成要件的評価を前提とするものであり，④からのものといえよう。

しかし，犯罪の成否は，構成要件的評価だけから決定されるわけではなく，違法性と責任の確定も必要である。したがって，不法内容や責

任内容の同一性・一体性を根拠として，異なった構成要件的評価を受ける数個の行為を「1罪として評価する」ことも排除されない（林・後掲①272頁以下）。その典型が，判例と学説とが認めている「包括一罪」の類型である。さらに，刑法は，異なった構成要件的評価を受ける行為を「1罪として処断する」類型として，行為の一個性に着目した観念的競合と，数行為間の密接な関連性に着目した牽連犯を規定している（刑45）。罪数の判断は，構成要件的評価の個数・回数を基本としながらも，行為の数や犯意の単複，結果の数をも考慮した総合的なものでなければならないのである。

(4) 設例Iにおいて，併合罪以外に考えられる罪数の形態は，場所的・時間的に近接した条件のもとで同一の犯意に基づいて行われる数個の同種行為の扱いが問題になる接続犯である。接続犯の典型とされているのは，約2時間のうちに同一倉庫から玄米9俵を3俵ずつ3回に分けて盗み出した事案で，最高裁は，犯意の単一性，窃取行為の継続性，手段の同一性，被害者の同一性，被害物の同種性，所要時間の短さを根拠として，包括一罪としての評価・処断を認めた（最二小判昭和24・7・23刑集3巻8号1373頁[連続的窃盗事件，百選I総論97事件]）。最高裁は「常識上当然一個の行為と目すべき」としているが，厳密には，3個の行為に対する3個の構成要件的評価を前提として，不法内容と責任内容の同一性・一体性によって包括的評価が正当化される事案であった。他方，A地点とB地点での規制内容（指定最高速度）と違反態様（超過速度）が異なる設例Iにおいては，不法内容の同一性は否定され，責任内容の同一性の問題だけが残される。

2地点における速度違反の罪数が問題になった判例として，速度違反状態での運転中に取締警察官に現認されて停車を求められ，一旦は減速しながら，無免許運転の発覚を恐れて加速逃走して再び速度違反を犯した事案について，時間的に近接した2個の速度違反事実を併合罪として処断したものがある（最二小決昭和49・11・28刑集28巻8号385頁[無免許・速度違反事件]）。その根拠は，警察官の停車要求に基づく減速によって，その前後の速度違反の不法内容と責任内容が別個のものになったことに求められる（小田健司・最判解刑事篇昭和49年度73頁，林・総論455頁）。本来は包括的に評価できる一連の行為の一部について確定判決があった場合に，その前後の行為については包括的評価が許されないのも，不法・責任内容の同一性が否定されるからにほかならない。設例Iにおいても，XがA地点での写真撮影に気づいていた場合には，責任内容の同一性は否定され，併合罪とすることができる。しかし，写真撮影に全く気づいていなかった場合，責任内容の同一性は当然に否定されるわけではなく，接続犯としての包括的評価が可能な事案であると思われる（土本武司・重判解平成5年度174頁）。併合罪としての処断を正当化する根拠として，具体的な法益（侵害）の相違が指摘されているが（前田・総論475頁，山口・総論319頁），それによっても責任内容の同一性が当然に否定されるわけではない。また，一般道路における速度違反事案との比較における実務上の困難や結論の逆転現象が指摘されてもいるが（大渕敏和・最判解刑事篇平成5年度108頁以下），罪数論は基本的に実体的な犯罪論でなければならず，訴訟法的見地や実務上の必要性によって内容が変化させられるべきものではない。

展開質問1

1. 速度違反罪は一般に継続犯だと考えられているが，設例I事案の第1審判決を契機として即成犯説が有力になり，控訴審判決はその趣旨を認めたものだともいわれている。継続犯と見るか，即成犯と見るかによって，結論とその論理に違いが出てくるか。
2. 昭和49年大法廷判決によれば，観念的競合は，社会的見解上1個とされる行為が構成要件

的評価を異にする数個の側面をもつ場合ということになる。行為の一個性を認定するためには，点としての重なり合いや部分的な面の重なり合いで足りるのか，全面的な重なり合いが必要なのか。また，構成要件的観点を捨象してそのような判断を行うことは可能なのか。

3. 最高裁は，昭和49年大法廷判決を前提として，運転技術が未熟である者が酒酔い運転をしたために，運転開始後に100メートル進行した地点で衝突事故を起こして同乗者に傷害を負わせたという事案について，酒酔い運転罪と重過失傷害罪との併合罪であるとした（最三小決昭和50・5・27刑集29巻5号348頁［酒酔い運転事故事件］）。また，覚せい剤の密輸入事案について，覚せい剤輸入罪（覚せい剤取締法違反）は船舶からの陸揚げや航空機からの取りおろしによって既遂に達し，無許可輸入未遂罪（関税法違反）は覚せい剤を携帯して通関線を突破しようとしたときに成立するとしたうえで，自然的観察によれば両者は1個の行為で犯されたものであるとして，両罪の間に観念的競合を認めている（最一小判昭和58・9・29刑集37巻7号1110頁［覚せい剤密輸入事件，昭和58年度重判解刑法2事件］）。これらの判例の結論は妥当か。

4. 包括一罪の本質は何か。それは，1個の行為なのか，数個の行為に基づく1罪なのか，数個の行為に基づく数罪に対する1回的処断なのか。

5. 包括一罪の種類にはどのようなものがあるか。包括一罪における「包括」は，何を基準として認められるか。また，その限界はどこに求められるか。

②　併合罪における制限併科主義の意義

> **設例II**　新潟女性監禁事件
>
> 女子小学生に対する強制わいせつ事件で執行猶予中のXは，某日，ひとりでドライブをしている際に下校途中の女子小学生A（当時9歳）の姿を認め，同女を無理矢理さらって連行しようと決意し，ナイフを胸部に突きつけて脅迫し自車のトランク内に押し込めて発進させ，その運転を継続して，Aを略取するとともに逮捕監禁した。その後，Aを自宅2階の自室に連れ込み，継続的に脅迫や暴行を加えつつ約9年2か月にわたってAを同所に監禁し続け，Aに治療期間不明の両下肢筋力低下，骨量減少等の傷害を負わせた（第1犯行）。また，Xは，その間に，監禁中のAに着用させるため，下着4枚（時価合計2500円弱で，犯行後に被害弁償がなされている）を店頭で万引きした（第2犯行）。このような事実関係のもとで，第1審は，第1犯行の悪質さを特に強調して，Xに懲役14年の刑を言い渡した。【最一小判平成15年7月10日刑集57巻7号903頁［セレクト'03刑法4事件］参照】

入口の質問

1. 自宅2階の自室において監禁を継続する以前の段階で，Aをナイフで脅迫して自車のトランク内に押し込めて発進し，運転を継続した行為は，それぞれ未成年者略取罪（刑224前），逮捕罪（刑220前），監禁罪（刑220後）としての構成要件的評価を受けるものであるが，それらの罪数はどのように考えるべきか。また，それらと自室における監禁行為とはどのような関係

にあるか。
2. 傷害概念について，どのような考え方が主張されているか。
3. 監禁罪の罪質は何か。また，およそ監禁中に生じさせた傷害については，常に監禁致傷罪（刑221）の成立が認められるか。
4. 結果的加重犯における「傷害の罪と比較して，重い刑により処断する」の意味はどのようなものか。
5. 第1犯行全体の罪数はどのようなものになるか。
6. 第1犯行全体と下着の万引（第2犯行）との罪数はどのようなものとなるか。
7. わが国の刑法は，併合罪の処断について，加重主義を原則としながら，刑の種類に応じて，吸収主義と併科主義をも併用している。それぞれの考え方は，具体的に，どのような場合に，どのような形になるか。また，それぞれの方法を基礎づけている根拠は何か。

設例Ⅱ解題 制限併科主義と内在的制約

(1) 設例Ⅱは，制限併科主義に基づく併合罪加重による宣告刑の方が，併科主義に基づく単純数罪として処断する以上に重くなることが「確実に」予想される場合であり，そのような量刑が許されるかが問題となる。このような事例は極めて稀なものであり，従来，このような事態を想定した議論はなかったといってよい。これまで，単純数罪における併科主義と併合罪における制限併科主義との関係は，後者よりも前者の方が過酷な結果を招くということが当然の前提とされていたのである。

第1審判決は，略取の手段として逮捕・監禁が行われた第1犯行について，略取行為と逮捕監禁行為は「1個の行為」として評価できるから，未成年者略取罪と逮捕監禁致傷罪とは観念的競合となり，重い逮捕監禁致傷罪の刑（3月以上10年以下の懲役）で処断されるとした（刑54Ⅰ前）。そのうえで，逮捕監禁致傷罪と第2犯行の窃盗罪とが併合罪になるとして，逮捕監禁致傷罪の刑の長期を加重した懲役15年の範囲内で（刑47本，10），懲役14年の刑を言い渡した（新潟地判平成14・1・22判時1780号150頁）。他方，控訴審判決は，併合罪加重における制限併科主義は併科主義による過酷な結果を回避するためのものであることを前提に，第1犯行と第2犯行を単純数罪（併科）として処断した場合を仮定したうえで，第1犯行について刑の上限である10年の懲役を選択しても，第2犯行の刑はせいぜい1年の懲役にしかならないから，全体として11年の懲役を超えることはできないとした（東京高判平成14・12・10判時1812号152頁）。宣告刑が11年を超える場合には，併科主義による場合以上に過酷な結果になる（はずだ）と考えたのである。これに対して，最高裁は，有期刑の併合罪加重の方法を規定する刑法47条の趣旨について，「47条は，併合罪のうち2個以上の罪について有期の懲役又は禁錮に処するときは，同条が定めるところに従って併合罪を構成する各罪全体に対する統一刑を処断刑として形成し，修正された法定刑ともいうべきこの処断刑の範囲内で，併合罪を構成する各罪全体に対する具体的な刑を決することとした規定であ」り，第1犯行と第2犯行について併合罪加重を行った場合の「処断刑の範囲は，懲役3月以上15年以下となるのであって，量刑の当否という問題を別にすれば，上記の処断刑の範囲内で刑を決するについて，法律上特段の制約は存しない」として，14年の懲役を言渡した第1審判決の結論を維持した。

(2) 数個の行為によって数個の犯罪が成立する場合，それぞれの犯罪について刑を量定し，それぞれを別々に（単純加算して）執行するというのが，一般的なイメージである。このような

場合を単純数罪といい，その処断方法を併科主義という。しかし，わが国の刑法は，数個の行為に数個の犯罪が成立する場合のうち，確定裁判を経ていない数罪を併合罪と呼んで（刑45），原則として，併科主義による単純数罪の扱いに比べて有利な処断を認めている（刑46以下）。特に，有期刑が法定されている数罪が併合罪となる場合には，最も重い罪の法定刑の長期を1.5倍した刑の範囲内で処断される（刑47）。このような処断方法は，制限併科主義または加重主義と呼ばれる。こうした扱いの根拠については，いくつかの考え方があるが（林・後掲①290頁），確定裁判による規範意識の覚せいを要求されたという事実のない併合罪の場合は，単純数罪ほどには責任が重くないという点に求めることができよう。換言すれば，確定裁判を受けたことのない場合に刑を単純に併科するのは過酷であるという考慮が働いているのである（大谷・総論524頁，林・総論462頁，中川武隆・大コンメ4巻254頁）。この趣旨は，本来的には併合罪関係にある数罪について2個以上の裁判があった場合の刑の執行方法（刑51）についても妥当する（安井久治・大コンメ4巻272頁）。

最高裁判決によれば，宣告刑である14年の懲役は，最も重い罪（逮捕監禁致傷罪）の刑の長期（10年）を1.5倍した範囲（15年）内にあり，各罪の刑の長期を合計した長さ（20年）をも下回っているのだから，併合罪の処断としてなんらの問題もないとされる。このような理解は，条文の文理に忠実な解釈であるといえよう。これに対して，控訴審判決は，第1犯行と第2犯行とが単純数罪になる場合を仮定したうえで，仮定的な量刑に基づく併科よりも確実に過酷になる宣告刑として，14年の懲役を批判するのである。それは，併合罪の量刑に対する「書かれざる内在的制約」を47条に見るものであり，実質的観点からの目的論的解釈であるといえよう。

(3) 最高裁は，47条から導かれる処断刑の範囲内で量定される限り，なんらの法的制約を受けないから，具体的な宣告刑はどのようなものであってもよいと考えた。「量刑の当否という問題を別にすれば」という表現に，その趣旨をうかがうことができる。第1犯行の悪質さを強調し，それに第2犯行の動機・態様の悪さを加えて14年を宣告した第1審判決も，そのように考えたのであろう。もっとも，第1審判決の趣旨は必ずしも明確でなく（曽根・後掲③47頁と井田・後掲④78頁は正反対の理解に基づく），逮捕監禁致傷罪の刑そのものの加重を許容するもののようにも読みうる。そうであれば，それは，裁判による法定刑の修正（立法）を認めたものだということになる。控訴審判決は，第1審判決をそのようなものとして理解するところから，第1審判決には「法令適用の誤り」があるとした。しかし，47条はそのような処断を許容する規定でないことは明らかである。だからこそ，最高裁は，第1審判決の説示を「措辞がやや不適切であるといわざるを得ない」としたうえで，前述のような47条の趣旨を明らかにしたのである。したがって，14年の宣告刑を導く根拠は，極めて悪質な逮捕監禁致傷罪にそれ自体としては軽微な窃盗罪が加わったという事実に求めなければならない。

わが国の刑法は，量刑についての指針や法的規制を特に明示しておらず，裁判所に広い裁量を認めるという態度をとっている。最高裁判決は，47条の文理に忠実であると同時に，このような姿勢に適合するものでもある。しかし，だからといって，単純一罪においてすら，法定刑の枠内に収まっていさえすれば宣告刑をどのように量定してもよいというわけではない。犯罪に対する社会的非難の手段としての刑罰が，責任の程度に応じたものでなければならないことは（「量刑における責任主義」と呼ばれる），暗黙の前提とされている（なお，改正刑法草案48Ⅰ）。量刑不当が上訴理由とされているのも（刑訴381），このような前提が承認されているからである。同様のことは，併合罪の場合にも妥当しなければならない。しかも，併合罪加重における制限併科主義が単純数罪としての扱い（単純併科）に

よる過酷な結果を回避するためのものであれば，その宣告刑は，それぞれを単純数罪として処断する場合の量刑の合計を超えてはならないことになろう。また，併科主義に基づく単純数罪の刑が，それぞれの犯罪の法定刑を合計した後にその範囲内で量定されるのではなく，それぞれの犯罪について量定した刑を「併科」するものであることからすれば，併合罪加重において超えてはならない範囲は，それぞれの犯罪に対して「具体的に」量定される（はずの）刑（この判断自体は仮定的なものにならざるをえない）の合計ということになる。最高裁は，「［併科主義による過酷な結果の回避という］観点から問題となるのは，法によって形成される制度としての刑の枠，特にその上限である」として，具体的に判断されるべき問題を抽象的な問題に転化してしまった。しかし，このような論理が妥当するのは，単純数罪における併科主義が，それぞれの犯罪に対する法定刑を合計した後にその範囲内で量刑するという方法が採られる場合である。設例Ⅱにおいて14年の宣告刑を正当化するためには，極めて悪質な第1犯行に対する10年（これが限界である）の量定を前提として，被害額が小さく後に被害弁償もなされている第2犯行の窃盗罪それ自体に4年の刑が量定できなければならない。

併合罪加重における制限併科主義が併科主義に基づく過酷な結果を回避するためのものだという前提にたつ以上，47条には実質的な内在的制約があるといわざるをえず，単に「量刑の当否という問題」ですますことはできないように思われる。

展開質問 2

1. 控訴審判決は，第1審判決について，「［併合罪加重の意味は］その罪について法定刑を超える刑を科する趣旨の量定をすることができる，と解している」と捉えているが，そのような理解は正しいか。
2. 47条の意義について，控訴審判決のように，仮定的な量刑判断を付け加えて考えるアプローチは妥当か。
3. 最高裁判決に対しては，「手堅い，優等生的ともいえる現行法解釈」とする評価があるが（井田・後掲④81頁），それは何を意味しているのか。そのような評価は適切か。
4. 「併合罪加重の制限併科主義は併科主義による過酷な結果を回避するためのもの」という前提は妥当か。それに例外を認めることはできるか。

③ 罪数論と手続法

設例Ⅲ 土地無断売却事件

宗教法人（仏教寺院）の責任役員であるXは，代表役員の委任を受けて宗教法人所有の不動産等を管理していた者であるが，自己の経営する会社の資金等に充てるため，前後6回にわたって，寺有地7筆をほしいままに売却した。そのうち，2回にわたって売却した2筆の土地には，売却に先立って，Xが経営する会社を債務者とする抵当権ないしは根抵当権が設定されていた（先行処分行為）。このような事実にもとづいて，検察官は，売却にもとづく所有権移転行為（後行処分行為）のみについてX

を業務上横領罪で起訴した。【最大判平成15年4月23日刑集57巻4号467頁［セレクト'03刑法7事件］参照】

> **入口の質問**
> 1. 自己の占有する他人の不動産について、ほしいままに抵当権を設定する行為と、ほしいままにそれを売却する行為は、それぞれどのような犯罪を構成するか。
> 2. 「横領」の解釈について、領得行為説と越権行為説とが主張されているが、それぞれの内容はどのようなものか。
> 3. Xは業務上横領罪（刑253）で起訴されたが、同罪における「業務」はどのようなものとされているか。
> 4. 控訴審判決は、抵当権設定行為については背任罪を認める方が事案の解決として妥当のようにも思われるとするが、横領罪と背任罪の関係はどのようなものであり、どのように区別されるか。

設例Ⅲ解題 実体的罪数論と手続法との関係

(1) 設例Ⅲについて、最高裁大法廷は、先行処分行為と後行処分行為のいずれもが業務上横領罪を構成するという解釈を前提として、「売却等による所有権移転行為について、横領罪の成立自体は、これを肯定することができるというべきであり、先行の抵当権設定行為が存在することは、後行の所有権移転行為について犯罪の成立自体を妨げる事情にはならない」としたうえで、「所有権移転行為について横領罪が成立する以上、先行する抵当権設定行為について横領罪が成立する場合における同罪と後行の所有権移転による横領罪との罪数評価のいかんにかかわらず、検察官は、事案の軽重、立証の難易等諸般の事情を考慮し、先行の抵当権設定行為ではなく、後行の所有権移転行為をとらえて公訴を提起することができるものと解される。また、そのような公訴の提起を受けた裁判所は、所有権移転の点だけを審判の対象とすべきであり、犯罪の成否を決するに当たり、売却に先立って横領罪を構成する抵当権設定行為があったかどうかというような訴因外の事情に立ち入って審理判断すべきものではない」とした。このような判断は、上告趣意が先例として引用する昭和31年判決（最三小判昭和31・6・26刑集10巻6号874頁［土地の無断代物弁済事件］）と異なるものであり、その限りで昭和31年判決を変更したものである。

(2) 「横領」の解釈については領得行為説と越権行為説との間に対立がある。領得行為説を前提とする判例は、横領罪についても不法領得の意思を要求するが、結論的には広い範囲で横領を肯定するものである。不動産についても、売却、二重売買、贈与・交換、担保供用、債務弁済への充当などの事案に広く（業務上）横領罪の成立が認められている（吉本徹也・大コンメ13巻373頁以下）。設例Ⅲにおいては、先行処分行為と後行処分行為のいずれもが業務上横領罪に当たることが前提となっている。

一般に、同一物件について複数の横領行為が行われた場合、後行の処分行為は先行処分行為に成立する横領罪（状態犯）によって評価され、不可罰的事後行為であるとされている。例えば、大判明治43・10・25刑録16輯1745頁（土地の無断処分事件）は、他人の土地について仮装譲渡を受

けたかのような登記を有する者が，当該土地に勝手に抵当権を設定した後に売却したという事実について，いずれの行為も横領罪に当たるとして起訴された事案において，抵当権設定行為についてだけ横領罪の成立を認め，売却行為については別罪を構成しないとしていた。その趣旨は必ずしも明確ではないが，後行の処分行為は，横領罪を成立させる先行の処分行為の不可罰的事後行為であり，それに吸収されることを認めたものだとされている。上告趣意が引用する昭和31年判決は，その趣旨をさらに進めたものである。最高裁は，売却後の不動産の登記が未了であったことを悪用して，無断で抵当権を設定した後に代物弁済に供したという事案について，代物弁済（後行処分行為）について横領罪の成立を認めた控訴審判決を，訴因外の抵当権設定行為（先行処分行為）が横領罪を構成する可能性があることを理由に破棄して差し戻した。また，下級審判例ではあるが，売却した不動産の登記が未了であることを悪用して，①Ａのために根抵当権を設定し，②Ｂのために譲渡担保に供し，③Ｃに売却したという事案について，②③は①の不可罰的事後行為であるとして，③について横領罪の成立を認めた原判決を破棄し，控訴審において検察官が予備的に追加した①の横領の訴因について有罪を認定したものもある（東京高判昭和63・3・31判時1292号159頁［不動産の無断処分事件］）。

(3) さらに，公職選挙法における買収資金の交付・受交付行為と供与行為の関係について，昭和31年判決と同様の趣旨を判示した最高裁判例がある。最高裁は，Ｙに対する買収資金の交付の事実とＹとの共謀による選挙人への供与の事実が認められる事案において，両罪を併合罪としたうえで前者については有罪，後者については無罪とした原判決に対し，供与の事実が認定される以上は交付の事実は供与に吸収され，供与の事実について無罪が確定しているから被告人の刑責を問うことはできないとして，原判決を破棄し原審に差し戻した（最一小判昭和43・3・21刑集22巻3号95頁［第1の選挙買収事件］）。本判決は，先行事実に対する交付罪が後行事実に対する供与罪に吸収されること（犯罪吸収）を認めるものであり，一般に不可罰的事前行為に関する判例と解されている（狭義の包括一罪の事案とする理解も有力である）。

この事案は，供与の事実については無罪が確定していながら，証拠上は供与の事実を認定できることを理由として交付罪の成立が否定された結果，いずれの事実についても被告人を処罰できないという不合理な結論になった。そのため，長部裁判官が反対意見において処罰吸収説（供与の事実が無罪とされた以上は交付の事実がそれに吸収されることはありえないとする）を展開したのである。また，最高裁の考え方によれば，交付罪で起訴された被告人が供与罪の成立を主張する場合にはその立証を許さなければならないだけでなく，訴因に掲げた供与罪の成立を証明できない場合には（交付の事実が余すところなく証明できる場合にも）交付罪での処罰もできないことになってしまう。

こうした状況のなかで，最一小決昭和59・1・27刑集38巻1号136頁（第2の選挙買収事件）は，交付の事実が認められる場合には，たとえ供与の疑いがあったとしても，検察官は立証の難易等諸般の事情を考慮して交付罪のみで起訴することが許され，裁判所は，訴因の制約のもとにおいて交付罪の成否のみを判断すれば足り，訴因として掲げられていない供与罪の成否について審理したり，検察官に対して供与罪の訴因の追加・変更を促したりする義務を負うものではないとした。最高裁は，もっぱら訴因制度の趣旨を根拠として，犯罪吸収か処罰吸収かという罪数問題とは無関係に事案の解決を図ったのである（木谷明・最判解刑事篇昭和59年度31頁）。

(4) 第1の選挙買収事件で指摘された問題は，昭和31年判決についても当然に生じるものであった。昭和31年判決によれば，検察官はすべての事実を確認したうえで訴因を特定しなければならないだけでなく，先行処分行為の犯罪不成

立を証明しなければ後行処分行為についても起訴することができなくなってしまうからである。それは，設例Ⅲに対して最高裁がいうように，「訴因外の事実をめぐって，被告人が犯罪成立の証明を，検察官が犯罪不成立の証明を志向するなど，当事者双方に不自然な訴訟活動を行わせることにもなりかねず，訴因制度を採る訴訟手続の本旨に沿わないもの」となろう。昭和31年判決は後行処分行為が先行処分行為の不可罰的事後行為になるとの前提にたつようであるが（伊達秋雄・最判解刑事篇昭和31年度175頁），見方を変えれば，先行処分行為が後行処分行為の不可罰的事前行為であるともいいうる事案であった。昭和43年判決は，まさにこのような見方をしたものである。そもそも，明治43年判決も，先行処分行為に横領罪が成立する以上は，後行処分行為に横領罪の成立を認めて重ねて処断することは許されないとするだけで，昭和31年判決の趣旨までをも含んでいたわけではないと思われる。昭和31年判決の変更は，当然のことであったといえよう。

　昭和43年判決および設例Ⅲに対する大法廷判決は，ともに，実体的な罪数論の問題を回避して，訴因制度との関連で事案の解決を図ったものである（福崎伸一郎・「時の判例」ジュリ1255号141頁）。その論理構成は必ずしも明確なものではないが，おそらく，事案を全体的に考察したうえで，検察官は確実に立証可能な事実の部分を訴因として掲げ，裁判所はそれにもとづく事実認定をして犯罪の成否を判断し，あとは一事不再理効の問題として解決すれば足りると考えているように思われる。たしかに，このような結論を認めないと，検察官は不可能な訴訟活動を強いられることになり，訴因制度の意義が没却されることにもなろう。一罪の一部起訴の可否が問題にされるのも，このためである。その意味では，この問題を手続法的に解決しようとした最高裁の立場は理解しうる。また，事件の全体的考察という趣旨は，接続犯の時効について，個々の行為を別個に問題としないで，最終の行為を問題にすべきだとする判例にもうかがわれる（最二小判昭和31・8・3刑集10巻8号1202頁［連続的麻薬使用事件］）。しかし，訴因の特定も構成要件的評価と無関係にできるわけではない。訴因に掲げることができるということは，当該行為が犯罪としての構成要件的評価を受ける（可能性がある）ということを前提としなければならない。設例Ⅲにおいても，先行処分行為と後行処分行為のいずれもが（業務上）横領罪を成立させる可能性があるからこそ，検察官は，訴因を特定するに当たって立証の難易等の事情を考慮することができるのである。実体的な罪数論を前提とすることによって，はじめて，訴因の特定や時効の問題だけでなく，一部について刑の廃止があった場合，一部が親告罪となっている場合の扱いなどが整合的に解決されることになる（林・後掲①278頁以下，281頁）。

展開質問3

1. いわゆる不可罰的事前・事後行為は一般に「吸収関係」にあるといわれるが，その本質は，犯罪の成立そのものが吸収される場合（法条競合）なのか，処罰だけが吸収される共罰的事前・事後行為（包括一罪）なのか。
2. 1の質問の結論によって，同一物に対して別態様の横領行為が日時を隔てて行われた場合の結論が異なるか。
3. 設例Ⅲにおける先行処分行為と後行処分行為の関係は，実体的な罪数論において，どのような態様のものとして把握するのが妥当か。
4. 手続法的な観点から罪数論を考えることができるか。それは，実体的な罪数論とどのような異同があるか。

> **出口の質問**
>
> 1. 行為の個数，犯罪の個数，処断の方法の関係について，実体的な罪数論においてはどのように考えるのが適切か。
> 2. 論者によってさまざまに分類されている罪数の態様について，名称の相違は別にして，1の質問の観点から，どのように整理するのが適切か。
> 3. 2の質問の観点から整理された罪数の態様は，手続法上の効果について，どのような結論をもたらすか。

参考文献

① 林幹人「罪数論」芝原邦爾ほか編・刑法理論の現代的展開総論Ⅱ（日本評論社，1990）268頁
② 前田雅英「一罪と数罪」阿部純二ほか編・刑法基本講座(4)(法学書院，1992）272頁
③ 曽根威彦「併合罪加重における罪数処理——新潟少女監禁事件最高裁判決を中心として」現代刑事法5巻10号（2003）44頁
④ 井田良「併合罪と量刑——『新潟女性監禁事件』最高裁判決をめぐって」ジュリ1251号（2003）74頁

（丸山雅夫）

〈編集〉
　町野　朔（まちの・さく）
　　上智大学法学研究科教授
　丸山雅夫（まるやま・まさお）
　　南山大学大学院法務研究科教授
　山本輝之（やまもと・てるゆき）
　　名古屋大学大学院法学研究科教授

〈執筆者〉
　萩原　滋（はぎわら・しげる）
　　岡山大学大学院法務研究科教授
　辰井聡子（たつい・さとこ）
　　横浜国立大学大学院国際社会科学研究科法曹実務専攻助教授
　長井長信（ながい・ちょうしん）
　　北海道大学大学院法学研究科教授
　齋野彦弥（さいの・ひこや）
　　横浜国立大学大学院国際社会科学研究科法曹実務専攻教授
　島田聡一郎（しまだ・そういちろう）
　　上智大学法学部助教授
　川本哲郎（かわもと・てつろう）
　　京都産業大学大学院法務研究科教授
　末道康之（すえみち・やすゆき）
　　南山大学大学院法務研究科助教授
　橋田　久（はしだ・ひさし）
　　名古屋大学大学院法学研究科教授
　大越義久（おおこし・よしひさ）
　　東京大学大学院総合文化研究科・教養学部教授

ロースクール刑法総論

2004年（平成16年）4月10日　初版第1刷発行

編　者　　町　野　　　朔
　　　　　丸　山　雅　夫
　　　　　山　本　輝　之

発行者　　今　井　　　貴
　　　　　渡　辺　左　近

発行所　　信　山　社　出　版

〒113-0033　東京都文京区本郷6-2-9-102
TEL03(3818)1019　FAX03(3818)0344

Printed in Japan

Ⓒ2004，町野朔・丸山雅夫・山本輝之
印刷・製本／東洋印刷・和田製本
ISBN 4-7972-2287-5　C 3332